法学苑

本书由延边大学外国语言文学世界一流学科建设项目资助

尹茂国 / 著

# 儒家思想
# 对刑事司法模式的影响研究

法律出版社 | LAW PRESS

# 前 言

本书是以国家社科基金项目——儒家思想对刑事司法模式的影响研究(13XFX004)为基础,通过局部修补整合而成。

1979 年《刑事诉讼法》出台后,先后经历了 1996 年、2012 年及 2018 年三次修改,每次修改都或多或少地产生了一些变化,而在诸项变化当中,更多的是彰显了对法律移植的重视。移植就涉及选择问题——是因为别人有所以我们就要有,还是因为我们需要才要有。这毫无疑问是一个立场问题,而立场则主要取决于一个民族的思想文化。思想既是行为的先导,同时也是法律制度的文化基础,只有在思想的引领下,一个民族才能准确把握自身的需要和发展方向,也只有在思想的引领下,一个国家才能实现以我为主的法律继承、法律移植和法制改革。何为民族文化?对此,梁漱溟先生认为:“据我们看,所谓一家文化不过是一个民族生活的种种方面。”①“生活的根本在意欲而文化不过是生活之样法,那么,文化之所以不同由于意欲之所向不同是很明的。”②生活态度的不同导致了不同的文化,而不同的文化又表征了不同的生活样式,不同的生活样式又会影响今后的选择。在共性文化基础上的普适性制度面前,我们并没有标新立异的必要,而在差异性面前,则涉及以民族思想文化为支撑的自我选择问题。

在儒家思想的影响下,中国古代不仅创造了灿烂的中华文明,同时也形成了特色鲜明的儒家刑事司法模式。儒家思想不仅对中国古代产

---

① 梁漱溟:《东西文化及其哲学》(第 2 版),商务印书馆 1999 年版,第 19 页。

② 同上书,第 62 页。

生了实质影响，而且对东亚各国也影响较大，并形成了独具特色的中华法系。近现代以来，儒家思想文化在传承中虽遭遇了波折，但却并未实质退出，仍深深地影响着当下中国社会的方方面面，影响着中国人的世界观、价值观，并形成了独树一帜的中国人的生活样法。无论对刑事诉讼立法做出怎样的选择，无论对刑事诉讼模式进行怎样的架构，它都必须要符合普适性的社会发展规律，都必须要与中国人的生活样法保持一致，否则就很难产生持久的生命力。儒家所倡导的天下本位、和谐社会、礼治、德主刑辅、仁政、恤刑、教化为先等思想并未过时，也不应失效，而应与社会发展进程及时代要求结合起来，使其在新的历史时期绽放新的生命力，为建构现代刑事司法模式贡献应有的力量。注重儒家思想的现代意义和价值，并不是要机械地仿古，也不是要盲目地排斥西方现代刑事诉讼制度及刑事诉讼文化，而是要明确一种立场和方法，在以我为主的前提下，根据自我需要及社会发展规律，形成既有利于促进社会和谐又符合世界发展潮流的刑事司法模式。本书内容主要包括四个部分：

第一章为刑事司法模式的理论概述。刑事诉讼的核心是司法，围绕司法而形成的控、辩、审三方的诉讼地位及其相互关系构成了刑事诉讼的基本架构，并基于刑事诉讼基本构造概括刑事司法模式。刑事司法模式的形成并非孤立的社会现象，而是与国家类型、权力组织结构及文化存在密切的联系。与回应型国家和能动型国家相适应，司法呈现纠纷解决型司法和政策实施型司法。与科层式权力组织和协作式权力组织两种权力组织结构相适应，形成了两种特点迥异的刑事司法模式。在每种文化作用之下，又会形成与之相适应的刑事诉讼模式。刑事诉讼经历了弹劾式、纠问式到现代的职权主义、当事人主义和混合式诉讼模式。综观典型刑事司法模式的发展历程，总体呈现国家控审职责相分离、突出审判中立、注重控辩平等对抗、实体公正与程序公正并重、注重人权保障等演进特点。

第二章为儒家思想对中国古代刑事司法模式的影响。儒家主张人性本善，秉持理性之人、情感之人、道德之人及自然向上之人的人生哲学，倡导义务本位、家庭本位、伦理本位、道德本位、天下本位的社会哲学。在儒家思想的影响下,中国古代刑事司法模式总体上呈现控诉多元化、被告人无诉讼主体地位、审判者居于绝对主导地位、刑讯合法化及无真正意义上的辩护制度等特点。儒家思想对中国古代刑事司法模式的影响是多方面的,首先是无讼、息讼、厌讼的诉讼态度,然后是行政化色彩浓厚的刑事治罪模式,存在"重实体、轻程序""重道德教化""重亲情维护"的价值取向,在儒家"伦理本位""仁爱"等思想的影响下,"存留养亲"、"恤刑"、"录囚"、"死刑复核、复奏"、"秋审"及"朝审"等诉讼制度均体现了对亲情及伦理的维护,刑事司法呈现注重人情化、人道化及与自然保持协调一致的特点。

第三章为中国近、现代刑事司法模式。继传统的纠问式刑事诉讼模式之后,自 1840 年第一次鸦片战争开始,我国被动地开启了近代社会的历程。到 1949 年中华人民共和国成立之前,先后经历了清王朝晚期、中华民国临时政府时期、北洋军阀时期和国民政府时期,刑事司法模式总体上呈现职权主义刑事诉讼模式的特点。中华人民共和国成立前,并未形成系统化的刑事诉讼模式。中华人民共和国成立后,刑事诉讼制度又经历了 1949 年到 1979 年无刑事诉讼法典、1979 年《刑事诉讼法》、1996 年《刑事诉讼法》修正、2012 年《刑事诉讼法》修正及 2018 年《刑事诉讼法》修正五个阶段。1949 年到 1979 年时期,并未出台刑事诉讼法典,也未形成较为系统的刑事诉讼制度。1979 年《刑事诉讼法》时期,刑事司法模式总体上表现为强职权主义的诉讼模式。1996 年《刑事诉讼法》修正,依然表现出了强职权主义诉讼模式的特点。2012 年《刑事诉讼法》修正,在原有职权主义诉讼模式的基础上,融入了诸多当事人主义诉讼模式的元素,使这一时期的刑事诉讼模式呈现混合式诉讼模式的特点。2018 年《刑事诉讼法》修正主要是突出了与监察法相衔接的调整,增设了认罪认罚从宽制度、律师值班制度、速裁程序、刑事缺席审判程序等,其他方面基本上还是延续了 2012 年《刑事诉讼法》的诉讼模式。

第四章为儒家思想对建构现代刑事司法模式的影响。尽管儒家思想在历史传承上曾遭遇波折,但儒家思想并未就此消失,依然对中国社会产生着实质的影响,人们的伦理观念还是较强,比较注重人情观念,礼俗氛围依然浓厚,注重教育,有着积极的向上之心,贤人政治观依然留存,天下本位观仍然较为突出。这些不仅是儒家思想对当今社会产生影响的具体表现,同时也是儒家思想对中国社会进一步产生影响的社会基础。就儒家思想对建构现代刑事司法模式的影响而言,首先,表现为一种对建构立场与路径的影响。只有在民族文化的支撑下,才能准确把握自身的需要,进而作出正确的选择。无论是法律继承、法律移植还是法制改革,都必须以民族文化为基础,否则,就易于迷失自我,进而走向歧途。其次,是对刑事司法价值的影响。刑事司法的终极价值取向仍在于促进和谐社会的生成,在具体价值取向方面,要突出价值取向的多元化,以实现为一个民族或国家所珍视的价值追求。再次,是对刑事诉讼构造的影响。要建立以审判为中心的司法模式,这不仅是刑事诉讼结构科学化、合理化的要求,也是儒家和谐思想在刑事诉讼构造方面的具体体现。最后,是对刑事诉讼基本制度的影响。基于儒家仁爱思想,明确确立无罪推定、不强迫自证其罪等原则,并对司法机关之间的互相配合原则进行适时调整。刑事诉讼制度要体现对伦理道德的维护,要彰显在促进社会和谐方面的价值,刑事司法不是一个简单的定罪量刑活动,而是促进社会和谐的重要组成部分。

本书核心观点主要包括:思想引领制度,制度彰显思想,但二者并非完全契合,不能以先前制度的弊端,来否定儒家思想的应有价值。儒家思想仍然深深影响着当今社会,建设和谐社会依然是当今中国梦的应有之义,要充分重视儒家思想对建设和谐中国的意义和价值。儒家所倡导的“德主刑辅”思想并未过时,法律只是一个社会得以生存与发展的最低保障线,并非最高要求,应在法治的基础上,充分发挥道德的引领作用。刑事司法并非简单的定罪科刑活动,而是社会教化的重要组成部分,承载着促进社会和谐的重任。要注重刑事司法价值的多元化取向,维护伦理纲常也应是刑事司法的应有价值取向。由儒家仁爱思想引发了对程序公正的追求,刑讯逼供等非法取证方式、强制措施泛滥等现象并不是儒家仁爱思想的应有之义。要科学定位刑罚的目的和价值,使犯罪人重新回归社会是其应有的目的和价值所在。无罪推定、不强迫自证其罪等原则既是程序公正的应有之义,同时也与儒家的仁爱思想并行不悖。取消近亲属包庇罪,设立近亲属及特殊关系人的免证权,这是对冲突利益平衡后的选择。只有在思想文化的引领下,才能实现以我为主的法律继承、法律移植和法制改革。

在写作过程中,由于对儒家思想的研究有限,因此,在凝炼儒家人生哲学及社会哲学时,很多论据主要是借鉴了梁漱溟先生的观点,自我理解与分析方面还不够深入和全面。另外,囿于能力、资料及时间有限,在探讨儒家思想对建构现代刑事司法模式的影响方面,分析得也不够全面、细致、透彻。

# 目录


第一章　刑事司法模式的理论概述 …… 1

第一节　刑事司法概述 …… 1

一、司法 …… 1

二、刑事司法过程的性质 …… 11

第二节　刑事司法模式 …… 16

一、刑事司法模式的主要构成要素 …… 16

二、影响刑事司法模式的基本要素 …… 19

三、刑事司法模式的基本类型 …… 28

四、刑事司法模式的基本走向 …… 35

第二章　儒家思想对中国古代刑事司法模式的影响 …… 41

第一节　儒家的人生哲学与社会哲学 …… 42

一、儒家的人生哲学 …… 42

二、儒家的社会哲学 …… 54

第二节　中国古代刑事司法模式 …… 67

一、控诉多元化 …… 68

二、被告人无诉讼主体地位 …… 70

三、审判者居于绝对主导地位 …… 71

四、刑讯逼供合法化 …………………………………… 71
五、无真正意义上的辩护制度 …………………………… 72
第三节　儒家思想对古代刑事司法模式的影响………………… 72
一、对诉讼观的影响 …………………………………… 73
二、对诉讼构造的影响 ………………………………… 77
三、对诉讼价值的影响 ………………………………… 79
四、对诉讼制度的影响 ………………………………… 84

**第三章　中国近、现代刑事司法模式 ……………………… 88**
第一节　近代刑事司法模式……………………………… 88
一、清末时期拟定的刑事司法模式 ……………………… 88
二、南京临时政府时期的刑事司法模式 ………………… 93
三、北洋政府时期的刑事司法模式 ……………………… 97
四、国民党政府时期的刑事司法模式 …………………… 100
第二节　中华人民共和国刑事司法模式………………………… 103
一、中华人民共和国成立前的刑事诉讼制度 …………… 103
二、中华人民共和国刑事诉讼制度 ……………………… 104

**第四章　儒家思想对建构现代刑事司法模式的影响………… 167**
第一节　对儒家刑事司法模式价值的重新审视………………… 167
一、以和谐为理想目标 ………………………………… 168
二、倡导“德主刑辅” …………………………………… 172
三、司法具有教化功能 ………………………………… 176
四、注重对人情伦理的维护 …………………………… 177
五、基于“仁”的恤刑思想 ……………………………… 181
六、以刑去刑的司法价值观 …………………………… 182
第二节　儒家思想在我国的现实社会基础……………………… 183
一、伦理观念较强 ……………………………………… 184

二、人情观念较重 …………………………………………………… 185
三、礼俗氛围较浓 …………………………………………………… 186
四、注重教育 ………………………………………………………… 187
五、向上之心强 ……………………………………………………… 188
六、贤人政治观念依然留存 ………………………………………… 189
七、天下本位观念较为突出 ………………………………………… 190
第三节 儒家刑事司法模式在韩国的传承与启示…………………… 191
一、刑事诉讼立法进程 ……………………………………………… 191
二、混合式刑事诉讼模式 …………………………………………… 204
三、儒家刑事司法模式在韩国的传承 ……………………………… 205
四、对我国的启示 …………………………………………………… 222
第四节 儒家思想对建构现代刑事司法模式的意义………………… 224
一、对建构立场与路径的影响 ……………………………………… 224
二、对刑事司法价值取向的影响 …………………………………… 230
三、对刑事诉讼构造的影响 ………………………………………… 233
四、对刑事诉讼基本制度的影响 …………………………………… 237

结 语…………………………………………………………………… 248

参考文献………………………………………………………………… 249

# 第一章　刑事司法模式的理论概述

刑事司法模式不仅是刑事诉讼构造的总体表现,同时也是国家类型、权力组织结构、文化等诸多因素综合作用的结果。从严格意义上讲,刑事诉讼是较刑事司法更为宽泛的概念,包括从侦查、起诉、审判到执行的全过程,但就刑事诉讼模式与刑事司法模式的界定视角而言,二者并无本质区别。因为刑事诉讼的基本架构就是控、辩、审三方之间的诉讼地位及其相互关系,无论对刑事诉讼构造进行怎样的阐释,不可否认的是,在三方关系中,审判者作为司法主体的核心地位是无可置疑的。在审判者的主持下,在控、辩双方的参与下,围绕争议事项所进行的司法活动构成了刑事诉讼的核心内容。就刑事司法而言,侦查只是基础性的工作,从属于控、辩双方;执行是对裁判结果的落实,并不会对刑事诉讼构造产生实质影响。从某种意义上讲,刑事诉讼模式与刑事司法模式并无实质上的区别,本书并未对二者进行细化区分,而是将二者在等同的视角下使用。

## 第一节　刑事司法概述

### 一、司法

对司法的界定,离不开与立法及行政等的比较,否则无法或难以对司法进行准确定位,抑或如何定位司法都无所谓。

#### (一)立法

对立法、行政、司法的分析,离不开对国家的阐释。根据自然法学派的观点,国家是基于社会契约而产生。对此,霍布斯认为:“这就不仅是同意或协调,而是全体真正统一于唯一人格之中;这一人格是大家人人相互订立信约而形成的,其方式就好像是人人都向每一个其他的人说:我承认这个人或这个集体,并放弃我管理自己的权利,把它授予这人或这个集体,但条件是你也把自己的权利拿出来授予他,并以同样的方式承认他的一切行为。这一点办到之后,像这样统一在一个人格之中的一群人就称为国家,在拉丁文中称为城邦。”①既然国家是根据社会契约而产生,那么,国家就必须要依据普遍民意而运行。法律是上升为国家意志的普遍民意,因此也是国家各项职能得以存在并运行的依据。对此,卢梭认为:“有了社会公约,我们便使政治共同体得以存在并有了生命;现在要做的事情是,通过法律使它运作起来并表达其意志,因为使政治共同体得以形成和巩固的这一原始行为,还不能决定它为了保存自己应当做些什么事情。”②因为法律是国家存在并得以运行的依据,由此就涉及立法问题。法律应当是普遍民意的体现,何为普遍民意?卢梭认为:“所有人的意志和普遍意志之间经常存在巨大差别:后者只关注共同利益,前者关注的是私人利益,它只是个别意志的总和。可是,如果从这些个别意志中去掉那些相互抵消的首尾两端的意志,那么普遍意志就是剩余的不同于个别意志的总和。”③因此可以说,立法实际上就是将普遍民意集中起来,并通过立法程序上升为国家意志的行为。民主法治国度中,立法至少应具备以下四个特点。

1. 立法是民众期望按照自己意志管理自我的活动

国家是民众基于自身需要拟制的人,民众授予的权力构成国家的力量,各职能部门构成国家的躯干与肢体,法律则是国家的大脑,各职能部门及其权力的运行要服从法律的规制。民众授权形成国家的目的不在于国家本身,而在于通过国家来为自身谋取福利,这就决定了国家必须要根据普遍民意运行。但不可否认的是,“在权力未受到控制时,

---

① [英]霍布斯:《利维坦》,黎思复、黎廷弼译,商务印书馆1985年版,第131~132页。

② [法]卢梭:《社会契约论》,李平沤译,商务印书馆2011年版,第40~41页。

③ [法]卢梭:《社会契约论》(第3版),何兆武译,商务印书馆2003年版,第24页。

可以将它比作自由流动、高涨的能量,而其结果往往具有破坏性。权力的行使,常常以无情的和不可忍受的压制为标志;在权力统治不受制约的地方,它极易造成紧张、摩擦和突变。再者说,在权力可以通行无阻的社会制度中,发展趋势往往是社会上的权力者压迫或剥削弱者”。① 要使国家不背离为民服务的宗旨,保证国家权力不偏离授权人的初衷,就需要以立法方式,为国家注入意志,通过立法,要求国家权力按照普遍民意运行,要求民众行为合乎普遍民意。所以,立法实际上是民众期望按照自己意志管理自我的一种表现。

2. 立法是立法者的专门活动

法律应体现民众普遍意志,但如何保证法律是民众意志的体现,如何保证法律体现的不是独裁者的意志,以及又如何保证法律体现的是民众的普遍意志而不是个别人的意志,这就成了问题的一个关键所在。卢梭认为:“个人知道什么是幸福,但往往把幸福轻易失去;公众希望幸福,但却看不到幸福在哪里。这两者都需要有人去知道:告诉前者如何使他们的意志服从他们的理性,告诉后者如何了解自己需要什么。这样,公众的智慧就能使理性与意志在社会体中结合起来,从而使各部分能完美地通力合作,使全体的力量得到最大的发挥。”②因此,法律应体现普遍民意,但立法绝不可能成为每个人的活动。“只有人民才能通过组成立法机关和指定由谁来行使立法权,选定国家的形式。当人民已经表示愿意服从规定,受那些人所制定的和采取那些形式的法律的支配时,别人就不能主张其他人可以替他们制定法律。他们除了只受他们所选出的并授以权力来为他们制定法律的人们所制定的法律的约束外,不受任何其他法律的约束。”③法律由立法者制定,但法律绝非立法者单独意志的体现,只有与民众普遍意志相一致的那一部分立法者的意志,才能上升为国家意志,最终成为法律。

① [美]E. 博登海默:《法理学——法律哲学与法律方法》,邓正来译,中国政法大学出版社 1999 年版,第 373 页。

② [法]卢梭:《社会契约论》,李平沤译,商务印书馆 2011 年版,第 44 页。

③ [英]洛克:《政府论》(下),叶启芳、瞿菊农译,商务印书馆 1964 年版,第 89 页。

3. 立法是把握必然联系的活动

虽然卢梭认为“法律是公意的体现,公意永远是公正的,而且永远以公共利益为依归”①,但这主要是从要求法律不能脱离普遍民意的视角来说的,并不表明法律可以背离社会发展规律。在正常情况下,普遍民意应当与社会发展规律相一致,只有这样才能保证法律的科学性、稳定性、持久性,但这并不意味着法律与社会发展规律始终一致。一是立法者为了个人及小团体利益,以个别意志取代普遍民意,从而导致立法背离社会发展规律。毕竟由民众自发形成普遍意志来对抗立法者意志的可能性相对较小。二是由于立法者的能力问题,未能把握住必然联系,客观上误导了民众,进而导致了普遍民意与社会发展规律的背离。三是立法者把握了必然联系,但普遍民众的认识滞后,当立法者顺从普遍民意而立法时,客观上造成了普遍民意与社会发展规律的脱节。现实的障碍性因素并不能阻止对应然目标的追求,法律只有符合社会发展规律,才会具有持久的生命力,立法就实质上而言,就是作为立法者如何去把握普遍民众意志以及如何去把握社会发展规律的一种活动。

4. 立法实质上就是将普遍民众意志权威化的活动

法律体现的是普遍民众的意志,但并非所有普遍民意都会成为法律,只有上升为国家意志的普遍民意,才能最终成为法律。普遍民意上升为国家意志,实质上就是赋予普遍民意权威性的过程。这种权威性一方面源自民众对自我意志的尊重——既然法律体现的是普遍民意,服从法律就是对自我意志的信服;另一方面源自国家强制力的保障——上升为国家意志的普遍民意不仅具有了普遍约束力,而且推行上也有了国家强制力的保障,国家强制力的刚性某种意义上也会塑造法律的权威性。

综上所述,立法实际上就是由民众授权所产生的立法者,按照法定程序,将符合社会发展规律的普遍民意上升为国家意志的活动。立法既是为拟制的人——国家注入意志的活动,也是为国家及民众提供行为依据及行为规范的活动。

① [法]卢梭:《社会契约论》(第3版),何兆武译,商务印书馆2003年版,第35页。

(二)行政

民众授权形成国家的目的是满足自身的需要,即在自然状态下,靠个体力量难以满足诸如安全、秩序等的需要,政权存在的价值就在于为民众谋取最大的福祉。行政的核心在于政,何为“政”? 对此,孙中山认为:“政治两字的意思,浅而言之,政就是众人的事,治就是管理,管理众人的事便是政治。有管理众人之事的力量,便是政权。今以人民管理政事,便叫做民权。”[①]换句话说,行政就是政府按照民众的普遍意愿,运用民众授予的权力,根据基于民众普遍意志所形成的法律,为民众谋取福祉的活动。

1. 行政是国家存在的基本价值取向

在立法、行政、司法等国家职能中,立法是将普遍民意成为国家及民众基本行为准则的活动,行政是根据法律实现民众普遍需求的活动,司法则是化解矛盾以实现社会公正与秩序的活动。对于立法与行政的关系,卢梭有着独到的见解:“一切自由的行为,都是由两个原因相结合而产生的。这两个原因,一个是精神的,即决定这种行为的意志;另一个是物理的,即实施这种行为的力量。当我向一个目标走去的时候,首先必须是我心里想走到那里去,其次是我的腿能使我走到那里去。一个瘫痪的人想跑,一个身子灵活的人不想跑,这两个人都将停止在原地不动。政治体也有这种动力;我们可以同样把它们区分为力量与意志,把后者称为立法动力;把前者称为行政权力。没有这两者的结合,政治体便不能或者不应当做任何事情。”[②]虽然立法表现为为国家注入意志的一种活动,但注入意志的目的还是保障政权按照普遍民意运行,进而达到为民众服务的宗旨。因此,从实质上来说,立法是一种抽象行为,并不与民众基本需求直接挂钩。司法是一种被动行为,不能积极干预民众生活。而行政则是与民众的基本需求密切联系在一起的活动,它构成了国家最基本的职能,是民众授权形成国家的基本价值取向。

---

① 《孙中山选集》(下卷),人民出版社 1981 年版,第 692 页。

② [法]卢梭:《社会契约论》,李平沤译,商务印书馆 2011 年版,第 64 页。

2. 行政必须以一定的力量为支撑

行政权力是行政的力量，属于国家权力的组成部分，归根结底源于民众的授予。民众将行政权授予国家并非一种理想的做法，而是不得已而为之的一种选择。因为权力的总量是不变的，授予国家的权力愈多，则意味着自身保留的权利越少，受到来自国家的管理就会增多，个体的自由度就会降低。但作为个体而言，所努力的一切都是为了追求最大化的自由与平等，正如卢梭所言："如果我们努力探索全体人民的最大幸福——这是一切立法体系的最终目的——究竟是什么，那么，我们将发现它可以归结为两个主要的目标，即自由与平等。"①洛克也认为："人不会选择越来越差的生活方式，因为不能设想，任何理性的动物会抱着每况愈下的目的来改变他的现状。"②个体之所以选择交出权力，也是基于利弊权衡后所作出的一种无奈选择。正是因为民众的授权，才使政府具有了行政的力量。

3. 行政是政府运用权力积极服务于民的过程

既然民众授权是为了自身需要的满足，政府就应该将权力转化为为民服务的力量；除了为保障行政权正常运行所不得不做的对权力的制约外，政府不应将权力用于自身。对此，卢梭认为："既然政府的全部力量始终是国家的力量，是不变的，那么，我们便可以得出结论说：它愈把这种力量消耗在它自己的成员身上，它剩下来用于全体人民的力量便愈少。"③因此，就应然视角而言，政府权力源于民，理应服务于民，政府的权力越大，其服务的能力就应越强。民众对待政府的态度，如同主人对待仆人，不仅要求仆人始终忠诚于主人的意志，而且还要求仆人以积极的态度，勤勉地完成各项工作，不允许有任何的懈怠。但不可否认的是，在主人意志模糊、监管不到位的情况下，极易导致仆人篡位、越位、不到位情况的发生，而对服务积极性的要求也极易导致行政权的扩张性与侵略性。

---

① [法]卢梭：《社会契约论》，李平沤译，商务印书馆2011年版，第58页。
② [英]洛克：《政府论》(下)，叶启芳、瞿菊农译，商务印书馆1964年版，第80页。
③ [法]卢梭：《社会契约论》，李平沤译，商务印书馆2011年版，第69页。

4. 行政是应当依据普遍民意运行的活动

政府的权力越大,为民服务的力量就越强,但其脱离民众控制的可能性也就越大。一旦政府脱离了民众控制,政府意志取代了普遍民意,民众就由主权者沦为了事实上的被统治者。对此,卢梭认为:"君主的统治意志只能是而且也应当是执行公意或法律;他的力量只不过是集中在他身上的公共的力量而已。一旦他想自行采取某种绝对的和独立的行为,则总体的联系便开始松弛,如果君主具有了某种比主权者的意志更为活跃的个别意志,并使他手中掌握的公共力量服从他的个别意志,这时,可以说就会出现两个主权者:一个是权利上的主权者,一个是事实上的主权者。这样一来,社会的结合马上就会消失,政治共同体就会立即瓦解。"①为实现政府权力服务于民的宗旨,一是要求政府必须依法行使职权,因为在民主体制下,法律体现的是上升为国家意志的普遍民意,依法行政就相当于依普遍民意行政;二是在依法行政的基础上,行政还应遵循体现普遍民意的习惯、风俗、传统做法等;三是在行政自由裁量的范围内,需要动态地把握普遍民意,使具体行政行为合乎普遍民意。

5. 行政是有待于评价的政府行为

既然强调行政的服务性,则要求政府必须依民众需求而行政,突出行政的积极性、主动性,但同时又要求政府不可不作为、不能乱作为。到底行政效果如何,则涉及对行政的评价问题。评价主要表现为:一是民众对行政效果的普遍性评价,即民众站在授权者的视角,对被授权人——政府行使行政权情况的总体评价,这种评价直接关系被授权人是否合格,是否具备继续充当被授权人资格的问题。二是在具体行政关系中,具体行政相对人及民众对行政权主体的评价。这种评价针对的是具体行政行为的合法性及合理性,不具有法律上的评价效力,仅代表具体行政相对人及民众对具体行政行为的态度和看法。三是来自政府内部的评价。这种评价既包括同级相关行政监管部门的评价,也包括上级行政部门的评价,属于行政权力体系内部的自我监管和自我制

① [法]卢梭:《社会契约论》,李平沤译,商务印书馆2011年版,第68页。

约。四是来自司法机关的评价。这种评价并非司法机关主动实施的，而是基于行政相对人的请求，是最终的并具有法律约束力的评价。

综上所述，行政直接与民众的普遍需求联系在一起，是民众授权形成国家的重要价值取向。民众的授权构成行政的力量，行政的服务性突出了行政的主动性，行政的主动性则又极易导致行政权的扩张性。行政必须依普遍民意而行，立法既是为国家注入普遍民意的活动，也是为行政权的设立及运行提供基本依据的过程。但无论行政效果如何，都要接受来自行政相对人、社会民众、行政内部监管机构及司法机关的评价。

（三）司法

司法并非简单的法律适用活动，而是司法者运用司法权，按照法定程序，在当事人及其他诉讼参与人的参加下，对诉诸诉讼程序内的争议居中作出裁判的活动。

1. 司法是以纷争存在为前提

无论是自然状态下，还是国家状态下，无论是个体之间，还是个体与国家机关及其他组织之间，都会产生各种各样的争议或纠纷。因为追求利益，所以导致了争议的发生，对此，马克思认为："人们奋斗所争取的一切，都同他们的利益有关。"①"从本质属性来讲，利益首先表现为一种需要。"②"人的需要是与生俱来的人的内在规定性。"③"需要是指行为者由于在生理上或心理上的某种缺乏而失去平衡，产生不适或紧张状态，从而要求自动追求新的平衡，消除不适或紧张状态的倾向。"④由于需要的客观存在，导致了对利益的追求，在利益资源有限的情况下，在利益最大化的驱使下，纷争在所难免。出现纷争，就涉及如何解决的问题，解决的关键是要对纷争作出裁判，裁判则需要一定的标准和准则。自然状态下，人们根据自然法来裁判；国家状态下，则主要

---

① 《马克思恩格斯全集》（第1卷），人民出版社1995年版，第82页。
② 沈宗灵主编：《法理学研究》，上海人民出版社1990年版，第58页。
③ 王伟光：《利益论》，人民出版社2001年版，第38页。
④ 张文显主编：《法理学》，法律出版社1997年版，第134页。

依据体现普遍民意的法律来裁判。因此，司法不同于行政，行政是需要积极主动的作为，而司法则恰恰相反，必须以纷争的存在为启动前提，没有纷争就没有诉讼，没有诉讼就没有司法。

2. 司法是由中立第三者居中裁判的活动

裁判权并非天然地归属于国家，在自然状态下，每个人都是自己的执法者和司法者。洛克认为："这也是一种平等的状态，在这种状态中，一切权力和管辖权都是相互的，没有一个人享有多于别人的权力。"①但这并非理想选择，爱尔维修认为："每一个人都是根据自己得到的印象快意或不快意来评判人和物，公众无非是一切个人的集合，因此他们只能拿自己的利益来当作判断的准绳。"②对此，洛克也表达了同样的看法："在自然状态中，缺少一个有权依照既定的法律来裁判一切争执的知名的和公正的裁判者。因为，既然在自然状态中的每一个人都是自然法的裁判者和执行者，而人们又是偏袒自己的，因此情感和报复之心很容易使他们超越范围，对于自己的事件过分热心，同时，疏忽和漠不关心的态度又会使他们对于别人的情况过分冷淡。"③由此产生了授权第三者来行使司法权的需要，洛克认为："设置在人世间的裁判者裁判一切争端和救济国家的任何成员可能受到的损害，这个裁判者就是立法机关或立法机关所委任的官长，而出于这种裁判者的改造，人们便脱离自然状态，进入一个有国家的状态。而无论在什么地方，如果任何数量的人们不管怎样结合起来，没有这种可以向其申诉的裁判权力，他们就仍处在自然状态中。"④作为司法者，首先要求必须是当事人之外的第三者。司法者不应当是卷入争议的当事人，霍布斯对此有着精辟的论断："人们不应该成为他自己的案例中的公断人或裁决者。"⑤其次还应要求司法者必须是与争议没有利害关系的中立者，"如果一个人期望自己会从争议一方胜出另一方中获得更大的利益或荣耀

① [英]洛克：《政府论》(下)，叶启芳、瞿菊农译，商务印书馆1964年版，第5页。

② [法]爱尔维修：《论精神》，Chez Bassompière，Liège 1938年俄文版，第34页。

③ [英]霍布斯：《论公民》，应星、冯克利译，贵州人民出版社2003年版，第78页。

④ [英]洛克：《政府论》(下)，叶启芳、瞿菊农译，商务印书馆1964年版，第54页。

⑤ [英]霍布斯：《论公民》，应星、冯克利译，贵州人民出版社2003年版，第35页。

的话，那他就不应该成为公断人”。[①]

3. 司法是被动与主动相结合的活动

司法不同于行政，行政主体可以基于行政权积极主动干预个体生活，而司法在启动时是被动的，司法主体不能积极主动干预个体生活。托克维尔曾经说过：“从性质上来说，司法权自身不是主动的。要想使它能够行动，就得推动它。向它告发一个犯罪案件，它就惩罚犯罪的人；请它纠正一个非法行为，它就加以纠正；让它审查一项法案，它就予以解释。但是，它不能自己去追捕罪犯、调查非法行为和纠察事实。”[②]之所以在启动方面，将司法定位为一种被动活动，主要是考虑：首先，是出于对司法公正的追求。如果司法启动时表现为一种积极主动的活动，那么就意味着司法者具有了积极的利益追求，一旦司法者有了利益追求，就会失去中立者的地位，因而也就难以保障司法公正的实现。其次，司法并不是化解矛盾、解决纠纷的首选，而是正义的最后一道防线，既然是最后的，自然也是不能轻易启动的。最后，是出于权力体系内部分工与相互制约的需要。如果司法成为积极主动的追诉活动，那么必然导致控告与裁判合二为一，使权力体系内部的相互制约失去意义，进而导致司法专断。但司法的被动性仅限于启动环节，一旦司法程序启动，案件进入了司法环节，司法就不应再保持被动状态，“因为无论是事实认定还是法律适用，都不是一个消极的、被动的过程，而恰恰是一个积极的、主动的认知和判断过程”。[③]

4. 司法是以追求公正为目标

无论对司法价值进行怎样的定位，无论对诉讼程序进行怎样的设计，不可否认的一点是，追求公正永远是司法的目标所在。因为“没有公正就不可能有权威；没有权威，诉讼就将变成一场毫无意义

---

① [英]霍布斯：《论公民》，应星、冯克利译，贵州人民出版社2003年版，第35页。

② [法]托克维尔：《论美国的民主》(上卷)，董果良译，商务印书馆1991年版，第110页。

③ 尹茂国：《裁判权让渡：一个不得已的选择——基于刑事法官职业风险化解视角的思考》，载《法律科学》(西北政法大学学报)2016年第5期。

的游戏”①。司法公正不仅包括实体公正,也包括程序公正。程序公正虽然有独立于实体公正之外的价值,但不可否认的是,追求实体公正是司法永恒不变的价值目标,也是诉讼程序设计时的重要价值取向。只不过实体公正的评价标准难以固定,比较而言,程序公正的衡量标准更为明确,甚至程序公正的实现与否直接关系人们对实体公正实现与否的判断。

5. 司法具有终极的权威性

争议的产生本身就是缺乏权威性的体现,若实力相当而意见相左,争议各方中又缺乏让意见相左者信服的权威者,争议就在所难免。无论是行政主体与公民个体之间,还是公民个体之间,都会产生争议。这说明行政主体及公民个体都非终极权威者,一旦他们之间发生争议,当通过其他途径无法解决时,便只能寻求司法途径解决,因为只有司法才具有终极的权威性。司法的终极权威性不是因为司法总是公正的,而是因为它是最终的,对此,美国的杰克逊大法官曾有过精辟的论断:“我们不是因为没有错误而成为终极权威,我们只是终极权威而没有错误”。司法的终极权威性首先是体现在司法作为一个系统而言的,即相对于行政及其他个体来说,司法具有最终的决定权。另外,就司法系统内部而言,则又存在一个层级的问题,处在最顶层的司法主体将成为司法体系内部的终极权威者。

综上所述,司法基于纷争而存在,启动方面是被动的,不能积极主动将案件纳入司法程序中,但一旦司法程序启动,司法就转化为积极的事实认定及法律适用活动。无论对司法进行怎样的定位,程序公正基础上的实体公正永远是司法的价值目标所在。相对于行政及其他个体活动而言,司法具有终极的权威性。

**二、刑事司法过程的性质**

概括来说,刑事司法就是刑事司法主体运用司法权,在刑事诉讼参与人的参加下,按照法定程序,处理刑事案件的活动。

---

① 汪建成:《冲突与平衡——刑事程序理论的新视角》,北京大学出版社2006年版,第99页。

（一）刑事司法旨在维护社会的安全与秩序

任何纠纷和争执都会对社会安全与秩序造成影响，安全与秩序是人的基本需要之一，出于对安全与秩序的追求，民众才授权国家行使司法权。霍布斯认为："安全是人服从其他人的目的，如果这点没有兑现的话，就意味着，不会有人服从其他人，或者说，无人会交出按照他自认为最好的方式去自卫的权利。可以认为，如果没有订立旨在人的安全的协议，人就不会为任何东西所约束，就不会放弃他们对所有东西的权利。"①相对来说，对社会安全与秩序破坏最为严重的则是犯罪行为，因为它一方面对个体的合法权益造成了严重侵害，另一方面，还对立法者拟通过法律所要实现的社会安全与秩序造成了严重破坏，这是对立法者权威性的一种挑战。正如霍布斯所说："罪恶非但是指违犯法律的事情，而且也包括对立法者的任何藐视。因为这种藐视是一举将他所有的法律破坏无余。"②立法是对利益的初次分配与确定，司法则是对立法中被破坏的利益分配的一种救济和矫正。刑事司法不仅要通过罪与非罪的裁判来表明对犯罪的否定态度，而且还要通过必要的强制手段，来实现对犯罪的惩处，进而维护法律所保障的社会安全与秩序。

（二）刑事司法是建立在事实认定基础上的法律适用活动

刑事司法直接表现为根据法律处理刑事案件的活动，但适用法律的前提是事实认定，因此，事实认定及法律适用构成了刑事司法的基本内容。

1. 事实认定

事实是发生在过去的已然，而非将要发生的可能性；事实是客观存在，而非主观臆断；事实需要依靠主观能动性认知，并非自然而然地生成。

（1）事实认定最终应由司法者作出认定

对司法公正的追求，客观上要求司法者必须是与案件争议无关的中立第三者，否则，就不应该成为裁判者。这虽然解决了司法者与争议

① ［英］霍布斯：《论公民》，应星、冯克利译，贵州人民出版社2003年版，第61～62页。

② ［英］霍布斯：《利维坦》，黎思复、黎廷弼译，商务印书馆1985年版，第226页。

案件利益无涉的问题，但同时又将司法者置于困难境地。因为司法者既不能是当事人，也不能是亲身感知案件事实的证人，其对案件事实的把握，依靠的不是自身的直接感受，而是间接的审查判断，这无形中为司法者准确把握案件事实造成了困难。从控、辩、审三方基本诉讼架构而言，控、辩双方处在向审判者描述案件事实并提供事实依据的地位。除法定情形外，对于辩方而言，只是处在选择性的地位，但对于控方而言，则通常承担了描述指控事实及提供事实依据的责任，至于案件事实到底如何，其最终裁判权则掌握在审判者手中，这里的审判者应当是等同于司法者的一个概念，或至少应包含在司法者范畴之内。

(2)事实认定是建立在证据基础之上的认知活动

没有证据就没有事实，证据是事实的载体。无论是英美法系所强调的证据的可采性，还是大陆法系所主张的证据能力，都是从程序公正视角对证据提出的形式要件要求，证据与待证事实之间的关联性则构成了证据的内在属性。证据与待证事实之间是否存在关联及存在多大程度的关联，则涉及对关联性的把握问题，也就是所谓的证明。证明是通过主观把握客观联系的活动，到底有没有把握及多大程度上把握了客观联系，则需要一个衡量标准。无论是英美法系的排除合理怀疑，还是大陆法系的自由心证，实际上都从不同的视角表明，证明就是一个由客观到主观的认知活动，司法者认定的案件事实只不过是司法者基于自身对证据判断所得出的事实认定。司法事实认定虽然最终表现为一种主观判断，但这种主观判断既不是凭空想象，也不同于主观臆断，而是基于对证据审查判断基础上的有理由的内心确信，或者是排除其他合理怀疑后的不得不信。

2. 法律适用

就刑事司法而言，法律适用是在事实认定的基础上，根据法律对案件作出处理的活动，不仅包括对案件的定性，也包括在定性基础上的妥善处理。对于司法者而言，一旦事实认定，就需要查找相对应的法律规定，为案件的处理寻找法律依据。但为具体案件寻找法律依据并不是一件容易的事情，这不仅受司法者认知能力的限制，还受法律自身特点的制约。案件事实与具体法律规定的衔接并不是自动生成的过程，而是司法者主观能动性发挥的过程。司法者不同于立法者,立法者是由具体到普遍,而司法者则是由普遍到具体,由普遍到具体就涉及法律发现、法律解释及法律处理的问题。法律发现就是司法者在诸多法律规范中,寻找与案件事实最相适应的法律规范的活动,但所发现的法律规范到底是否与案件事实最相适应,则涉及法律解释问题。法律解释不仅仅是对法律规范应有含义的解释,同时也是对法律规范与案件事实相对应的合理性阐释,还是说服当事人、相关法律适用监督者及社会民众接受司法裁决的活动。法律处理是在已形成的案件事实基础上,根据所发现的法律规范,对案件作出具体处理的活动,法律处理实际上就是法律规定与具体案件事实相对接的过程。由于司法者认知能力的不同,针对同一案件事实,不同的司法者也会在法律发现、法律解释及法律处理等方面,作出不同的选择。这也是司法实践中,相同或相近案件由不同的司法者处理,但结果却千差万别的一个原因所在。之所以会出现上述情况,一方面受司法者认知能力的限制,另一方面也与法律的自身特点相关。规范性是法律的基本特征,成文法中的法律规范是对同一类案件处理标准的高度概括,普遍约束力本身就意味着针对性不强、灵活性不够。法律是规范的,但案件是具体的,以一个带有普遍性的规范来处理各具特殊性的案件,这无疑是将司法者置于困难境地,但这也正是司法者的价值所在。如果立法者能为每一个具体案件找到答案,那么就不需要司法者的存在,或者至少司法者不具有特别的存在价值。正是因为立法者只是为处理一类案件确立了一个规范性的标准,也可以说只是确立了一个框架式的标准,至于具体如何处理则仍需要司法者来把握。司法的过程实质上就是司法者在法律确定的大框架内,根据已形成的案件事实,为具体案件寻找规则点的过程。这个规则点应当是在法律原则或法律规范所确定的大框架内的诸多规则点中,由司法者为处理某个具体案件确立标准,而一旦这个标准得到了普遍认可,那么,基于这个标准对案件所作出的处理就极有可能成为之后司法者处理该类案件的参照,甚至是成为判例或判例法的重要渊源。

### (三)刑事司法是建立在惩罚基础上的矫正活动

刑事司法是围绕刑罚权运行而展开的定罪科刑活动,刑事司法并不必然地导致定罪科刑的结果,但不可否认的是,是否及如何定罪科刑构成了刑事司法的主要内容。定罪是对犯罪行为的否定性评价,科刑则是基于否定性评价所作出的处理。科处刑罚的基础首先是基于趋利避害的人性,因为无论是资格刑、财产刑、自由刑还是死刑,均不同程度地表现为给犯罪人施加一定的惩罚,惩罚所给犯罪人带来的痛苦既是对其先前犯罪行为的一种回报,也是对今后类似行为的一种预防,还是使犯罪人重新回归社会的一种救治手段。对于惩罚的意义,霍布斯认为:“安全不是被协议而是被惩罚所担保的,而这种担保只有这种情况下才是足够的,即对特定的错误的惩罚是如此之重,以至于犯这种错误的后果比未犯的后果显然要糟糕。因为就自然的必然性而言,所有人都会选择对他们自己来说显然有利的事。”①但司法的目标绝非简单的定罪科刑,刑罚的作用也不应无限地放大。霍布斯认为:“在报复或惩罚中,人们所应考虑的是未来的益处而非过去的恶行。也就是说,允许施加惩罚只是为了矫止犯错者,或为了让其他人也许会由于这个人的受惩而得到警示,从而改变他们的行为。假如犯错者担保了未来的和平,那自然法会迫使每个人原谅他,此外,因为报复只考虑过去,所以它完全是毫无目的的胜利和荣耀(因为它只考虑过去,而目的则是将来的事)。任何没有目的的事都是没有实在意义的。报复不去考虑未来,而为自负所激发,因而它是没有理性的。没有理性地伤害另一个人会挑起战争,它违背了基本的自然法。因此,人在报复中必须要向前看而不能向后看,这就成为自然法的一条法则。违背了这条原理通常就叫‘残酷’。”②因此,刑罚的意义更在于将来而非过去。对于社会而言,犯罪人是背离社会正常规则行为的人,是社会机体中的病体部分,除维护健康社会机体而不得已所采取的清除措施外,更应侧重于矫正而非清除。正如卢梭所说:“刑罚的频繁,表明政府的软弱和无能。没有任何一个坏人是我们无法使之在任何一件事情上都不能做出善行的。我们没有权利擅用死刑,不能借口杀一儆百而杀罪犯,只有在保存他就不

① [英]霍布斯:《论公民》,应星、冯克利译,贵州人民出版社2003年版,第62页。
② 同上书,第32页。

可能不给人们带来危险的情况下,我们才能处死他。"①这既是对刑罚价值的阐释,也是近现代恢复性司法的理论根基。

## 第二节 刑事司法模式

模式通常是指事物的标准样式,一般应具备以下五个特点:一是普遍认可性。一种样式之所以被认为是标准的,首先因为它是大众的,只有被大众普遍认可的,才能成为标准样式。被大众认可则意味着模式不仅符合民众的普遍意志,而且被民众视为行之有效的标准样式。二是规律性。模式虽然从外在方面来看,表现为侧重于主观性的价值评判,但不可否认的是,民众普遍意志会经常与规律联系在一起,一种模式如果得到了民众的普遍认可,除被暂时蒙蔽等情形外,该种模式也应当是符合基本规律的样式,否则难有持久的生命力。三是稳定性。模式既然是标准样式,而标准样式的形成本身就是一个去伪存真的长期过程,经过长期积淀所形成的模式就应具有较强的稳定性,否则,不仅不符合事物的发展规律,而且也难以成为较为固定的标准样式,进而失去存在意义。四是相对性。模式具有相对性是因为差别性的存在,只有在比较当中,才能彰显模式的存在意义,正如陈瑞华所说:"人们在说某一刑事诉讼程序的构造形成特定的'模式'时,一般是相对于另一刑事诉讼程序而言的。"②五是历史发展性。所有的模式都是一定历史阶段的标准样式,既不可能一成不变,也不可能持久有效。这种变化既包括修改、补充、完善意义上的量变调整,也包括量变基础上的质变活动。正是由于这种不断的模式更新与交替,才推动了社会的不断发展与进步。

### 一、刑事司法模式的主要构成要素

"刑事诉讼模式是指追诉方、被追诉方和裁判者在刑事诉讼中的

---

① [法]卢梭:《社会契约论》,李平沤译,商务印书馆2011年版,第40页。

② 陈瑞华:《刑事诉讼的前沿问题》(第2版),中国人民大学出版社2005年版,第91页。

地位、相互关系及其体现形式的总体系。”①作为一种刑事司法模式，它之所以存在并区别于其他模式，从深层次上讲，由于它是一定观念作用下的产物，但表现于外在并被人们所把握的则是构成刑事司法模式的基本要素，以及各基本要素在刑事司法中的地位及其相互关系。

（一）刑事司法主体

“司”的本义为职掌、主管，司法实际上就是依法处理案件的活动，但这里的“处理”不是简单的案件解决活动，而是具有终局性的法律适用活动。刑事司法主体从狭义上讲，就是掌控终局性裁判权的主体，这里的“终局性”不是指使裁决发生法律效力意义上的终局，而是指在控、辩、审三方关系中，享有最终案件裁判权。作为审判者，是否享有案件最终裁判权会直接影响刑事司法的模式。而作为裁判者的司法主体，其在整个国家机构中的地位及与其他国家机构之间的相互关系，则直接决定了司法主体能否独立行使裁判权，能否独立行使裁判权则会直接关系刑事司法的模式。因此，这里的“司法主体”是从裁判权归属及能否独立行使的狭义视角而言的，并非等同于刑事诉讼主体。

（二）刑事诉讼参与者的地位

就刑事司法而言，控告、辩护、审判构成了刑事诉讼的基本职能，但三项基本职能并不必然地由三个不同的职能主体分别行使，既存在一项职能由不同诉讼参与者行使的情况，也存在一个诉讼参与者行使不同职能的现象。因此，刑事诉讼职能是区分刑事诉讼参与者身份角色的一个标志，而并非界定刑事诉讼主体地位的主要标准。在刑事司法过程中，参与者所享有的权力（或权利）与承担的职责（或义务）决定了其所处的诉讼地位，不同的刑事诉讼参与者所处的刑事诉讼地位则构成了刑事司法模式的基础。并非所有刑事诉讼参与者都具有刑事诉讼主体地位，如我国台湾地区学者陈朴生认为：“诉讼，乃一程序，应由一定主体进行之。从其基本的法律关系言，乃当事人与法院间之法律关系，亦即基于请求及接受审判与法院为审判而生之权利义务关系。故

---

① 陈光中主编：《刑事诉讼法》（第6版），北京大学出版社、高等教育出版社2016年版，第31页。

诉讼,系由法院及两造当事人组织之,即以法院及当事人为其主体。至为辩护人、辅佐人、代理人之诉讼关系人及告诉人、告发人、证人、鉴定人等之第三人,虽为各个诉讼行为之主体,但与诉讼本身并无基本的法律关系。"[①]我国台湾地区学者胡开诚则进一步明确了诉讼主体与诉讼行为主体的关系:"诉讼主体,是为进行刑事诉讼之主体,就现行刑事诉讼之立法而言,应包括法院及两造当事人在内,至于辩护人、辅佐人及告发人等,仅为各个诉讼行为之主体,而非进行刑事诉讼之主体。"[②]也就是说,刑事诉讼参与者既包括刑事诉讼主体,也包括仅为刑事诉讼行为之主体的其他诉讼参与人,各刑事诉讼参与者的刑事诉讼地位及刑事诉讼主体的范围是衡量刑事诉讼模式的一个重要标准。

(三)相互关系

对刑事司法主体及刑事诉讼参与者诉讼地位的界定并不是孤立的,其界定本身就是基于刑事诉讼参与者之间的相互关系,离开相互关系的确定,则刑事诉讼主体及地位也就无从谈起。就刑事司法中的相互关系而言,主要是指追诉方、被追诉方及裁判者三方之间的关系。因为上述三方是构成刑事司法的基础,缺一不可,其他诉讼参与者则并非刑事司法过程中的不可或缺之人。在追诉方、被追诉方及裁判者三方关系中,首先是对裁判者的定位。对裁判者的定位取决于两方面因素:一是司法权在整个国家权力体系中的设置情况,司法权是否独立、是否由法院独立行使裁判权以及是否由法官独立行使裁判权直接关系裁判者的诉讼地位。二是裁判者在刑事诉讼关系中的具体地位,而这更取决于追诉方与被追诉方的刑事诉讼地位。作为裁判者,其基于裁判权所拥有的强势地位是毋庸置疑的,但就应然视角而言,裁判者不应从任何一方的胜出中获取利益,中立地位决定了其强势地位,不是为了哪一方的利益,而只能是为了自身的利益——裁判者的利益在于作出一个为社会所能接受的公正裁判,在没有阻滞的情况下,其权力的运行是以

① 陈朴生:《刑事诉讼法实务》(增订版),台北,海天印刷厂有限公司1981年版,第11页。

② 胡开诚:《刑事诉讼法论》,台北,三民书局股份有限公司1983年版,第11页。

最终实现其利益为界限的。因此,作为追诉方与被追诉方来说,如果没有法律所赋予的权力与权利,其只能成为刑事诉讼行为之主体,不可能成为刑事诉讼主体,追诉方与被追诉方是否具备刑事诉讼主体地位,会直接影响刑事诉讼模式的构成。而作为追诉方是否具有监督审判者的权力,追诉方与被追诉方是否具有平等的刑事诉讼地位,被追诉方是否被强迫成为证据的主要来源等,也都会不同程度地影响刑事诉讼模式的构成。

刑事司法模式以刑事诉讼构造为支撑,但这并不是说刑事诉讼构造自然而然地就会形成刑事司法模式。其前提是在刑事诉讼构造的大框架下,刑事诉讼制度不仅能够持久存在,而且还能够稳定地传承,这样才能形成较为固定的刑事司法模式。另外,刑事司法模式总是相对而言的,一种刑事司法模式之所以能够区别于其他刑事司法模式,不只是表现为刑事诉讼构造的不同,更取决于基于该刑事诉讼构造所形成的刑事诉讼制度的影响力。只有具备持久、稳定的由内而外的影响力,才能形成被普遍认可的刑事司法模式。这种认可首先表现为在一个国家中的持久而又稳定地认可与传承,进而表现为在一定区域内的持久影响力,以及由此促成以一个国家的刑事诉讼制度为基础,在一定区域范围内,形成了一定规模的、结构相同或相近的刑事诉讼制度。

## 二、影响刑事司法模式的基本要素

刑事司法模式的形成并不是孤立的社会现象,而是与一个国家的国家类型、权力组织结构及文化有着密切的联系。

### (一)国家类型

国家与社会的关系构成了不同的国家类型,对照比较鲜明的两种类型:第一种是仅仅为社会提供一个制度框架;第二种是倾向于管理社会。当二者走向极端的时候,第一种可以被称为回应型国家,第二种则可以被称之为能动型国家。从回应型国家的定位来看,它表现为是以社会为本位,国家自身并无独立于社会的利益追求,不主动干预社会,以维护社会秩序及解决社会纠纷为根本任务。“回应型政府的任务限定在为其追求自我选定目标的公民提供一个支持性框架上。它所采取的手段必须能够释放出社会自我管理的自生自发力量。国家不去构想与社会和个人(私人)利益相分离的自我利益:不存在内生的国家问题,只有社会问题和个人问题。人们常说,这种‘简约主义’的政府只做两件事情:维护秩序,并且为解决公民无法自行解决的纠纷提供一个平台。”①与回应型国家不同的是,能动型国家则走向另一个极端,国家与社会并无明显界限,国家致力于塑造社会,社会是被国家化的社会。国家基于社会自我管理能力不足的推定,通过政策与法律的推行,来不断实现对社会的管理与改造。“这样一种国家并不满足于采取几项推动性的政策和福利计划。它信奉或致力于实践一种涉及美好生活图景的全面理论,并且以其作为基础来设计一个在理念上面面俱到的改善其公民之物质和道德境况的计划。社会生活的全部领域,即使是那些发生在幽暗私隐之处的事务,都有可能接受以国家政策为标准的评价,并按照国家政策的要求被加以塑造。”②

与上述两种国家类型相适应,司法也呈现两种典型面孔:纠纷解决型司法和政策实施型司法。纠纷解决型司法呈现以下六个特征:一是法律注重授权性规定,倾向于将刑事诉讼权利转化为公民个体所享有的权利,不以实体正义为唯一价值取向,立法重视对程序正当性的维护,程序规则具有自身的完整性及相对于实体法的独立性,司法过程与司法结果同样重要,对程序规则的严重违反可导致实体结果的无意义。二是当事人具有相对独立的诉讼地位以及平等的诉讼权利,是刑事诉讼中的诉讼主体,并为保证控辩平等对抗设计了较为完善的国家法律援助制度。三是由当事人掌控刑事诉讼程序的进程,由作为当事人的控诉方启动诉讼程序,控辩双方可就事实问题进行协商与交易,交易结果通常会对最终结果产生实质影响。审判范围受诉讼请求限制,当事人尤其是被指控者并不必然地成为证据的主要来源。四是作为裁判者的司法者处于中立地位,注重对刑事程序公正的维护。“决策者的中立性及其裁决的实体正确性是两个互不相干的变量:一位宣告了正确

---

① [美]米尔伊安·R.达玛什卡:《司法和国家权力的多种面孔——比较视野中的法律程序》(修订版),郑戈译,中国政法大学出版社2015年版,第95页。

② 同上书,第104页。

结果的决策者很可能不平等地对待了当事人,而一位平等地对待了所有当事人的决策者有可能宣布了一个错误的结果。面对这两种价值之间的潜在张力,回应型国家毫不犹豫地将程序的公正性置于结果的正确性之上。如果在结果的准确性与正义的实现之间画上等号,在平等对待与公平性之间画上等号,一个必然的结论便是:回应型国家——因此也包括纠纷解决型程序——更加看重公平而不是正义。"①裁判者并不主动调查取证,也不提前接触案件事实,以一个"司法白板"的状态介入刑事案件审理当中,依靠控辩双方当事人来获取案件信息,通过刑事诉讼当事人之间的举证、质证、辩论,来了解案件事实,选择所要适用的法律,最大化地保障裁判者中立、公正的司法地位。五是律师普遍参与刑事诉讼过程,律师以维护当事人合法权益为出发点,尊重当事人的意愿,并在刑事诉讼中发挥重要作用,在法律允许的范围内,可以不择手段地建构出最有利于当事人的主张和证明,最大化地维护当事人的合法利益。六是维护刑事判决的稳定性,不会因为法律或事实错误而轻易改变判决,这也是由决策层面单一化所导致的一种结果。

政策实施型司法则与能动型国家相适应,注重国家政策的贯彻实施,司法不以纠纷解决为主要目标,个案解决只是国家推行政策的一个手段和平台,通过纠纷解决来实现国家对社会的治理与调控,因此,无论是法律还是司法,都不过是国家推行政策的手段,表现出了与回应型国家法律程序完全不同之处。"一个真正的能动型国家的法律程序,是一种围绕着官方调查这一核心概念而组织起来的程序。"②它的特征主要表现为:一是注重对实体正义的追求,程序法的意义在于有利于实现实体正义。"如果司法过程的目的是借助偶然发生的案件来实施国家政策,决策的正当性便主要取决于它们所获致的正确结果。妥当的程序是那种能够增加获得实体上正确的结果之可能性(或者最大化这种可能性)的程序,而不是那种能够成功地体现公平理念或保护某些

---

① [美]米尔伊安·R.达玛什卡:《司法和国家权力的多种面孔——比较视野中的法律程序》(修订版),郑戈译,中国政法大学出版社2015年版,第176~177页。

② 同上书,第191页。

并列的实体性价值的程序。于是,在这种意义上,能动型国家的程序法像影子一样忠实地追随着相关的实体法。”①由于司法是一个不完善的程序正义过程,无论怎样努力,都不可能设计出一整套完善的程序,通过该程序就一定能够达至正确的实体结果,由此导致了程序规则的灵活性与可变性。二是对当事人的刑事诉讼主体地位彰显不够,当事人更像是刑事诉讼中的主要程序参与者,而非刑事诉讼程序的主宰者。赋予当事人权利的目的在于有助于决策者获取重要案件信息,以帮助其作出正确的实体结论,而非出于维护当事人的个体权益。三是刑事诉讼程序由国家控制,刑事诉讼程序的启动与终结由国家掌控,刑事诉讼当事人只有在与国家实施政策的动机保持一致时,才能对程序产生影响力,但最终选择权仍由国家保留。决策者不受刑事诉讼当事人请求范围的限制,可以根据情况进行必要的问题延伸或变更。注重对事实真相的追求,为了获取事实真相可以不惜代价,甚至是决策者主动进行事实调查。在事实发现方面,刑事诉讼当事人更多的是表现为一个义务主体,一个作为案件重要信息提供者的角色,配合决策者查清事实。四是决策者并非消极的中立者,而是国家政策的积极实施者。决策者掌控刑事诉讼的进程,刑事诉讼当事人在刑事诉讼中的请求需要符合决策者的政策实施动机,否则很难得到支持。为了追求实体公正,可以通过各种途径了解案件信息,并不刻意追求决策者公允的刑事诉讼地位,决策结果应与国家政策保持一致。五是律师参与刑事诉讼应与国家实施政策的目标保持一致,而不是以单纯维护当事人利益为价值取向。律师独立发挥作用的空间有限,其介入程序的前提是不会影响国家刑事诉讼利益的实现。尽管律师也是从有利于维护刑事诉讼当事人权益的视角展开工作,但这是国家为最大化地实现实体公正所进行的必要分工,而非为维护当事人个体利益的权力让渡。六是刑事判决具有可变性,无论是事实错误还是法律错误,只要是涉及影响实体公正的情况,都被视为是重新启动审判程序的情形,因此,从某种意义上

---

① [美]米尔伊安·R. 达玛什卡:《司法和国家权力的多种面孔——比较视野中的法律程序》(修订版),郑戈译,中国政法大学出版社 2015 年版,第 192 ~ 193 页。

说，所有判决都是暂时性的，并非不可改变的终局裁判。

（二）权力组织结构

刑事诉讼的核心要素是刑事诉讼权利，不同的刑事诉讼权利组织结构会形成不同的刑事诉讼构造，进而形成不同的刑事司法模式。美国的米尔伊安·R.达玛什卡根据公职人员的性质、公职人员之间的关系及公职人员作出决策的方式，将权力的组织分为科层式权力组织和协作式权力组织。[①] 理想型的科层式权力组织对应以下特征：一是官员的职业化，即权力由专门化的职业人员行使。二是严格的等级秩序，即权力之间存在明显的上下等级关系，下级要服从上级。三是决策的技术性标准，逻辑法条主义是这种标准的主要体现，达玛什卡认为："在等级森严的科层化组织中，上层官员的逻辑法条主义的态度确定了整个组织的基调，这一点是不足为奇的：主导性的观念形成于上层，并且层层渗透到下层官员当中，如果不是处在这样的持续影响之下的话，这些下层官员本来就更容易接受外行人士对个别正义的呼吁的影响。"[②]理想型的协作式权力组织则表现为：一是外行官员可以行使权力，即权力被赋予非职业人员，他们在一些临时场合或在有限的时间内暂时行使权力。二是权力的平行分配，即权力在非职业人员之间广泛分布，不存在明显等级关系，只有一个单一的权力层次。三是追求实质正义，即决策时不采用技术性决策标准，允许决策者按照其所掌握的开放的实质正义标准作出决策。

由于权力组织的不同，与之相适应的法律程序也不同，与科层式权力组织及协作式权力组织相对应的法律程序呈现明显的差别。理想型的科层式法律程序表现为：一是层级分明且环环相扣的递进式程序。对此，达玛什卡认为："由于科层意味着存在多个层次、多个等级，因此法律程序必须分步骤进行。而且，由于科层式组织倾向于职能上的专业分工，所以每一个步骤自然都会被分配以相应的子任务。一个步骤

---

① 参见［美］米尔伊安·R.达玛什卡：《司法和国家权力的多种面孔——比较视野中的法律程序》（修订版），郑戈译，中国政法大学出版社2015年版，第21页。

② 同上书，第30页。

专门致力于收集和整理相关的材料，一个步骤致力于初审，再有一个步骤致力于上级审查，如此这般，取决于权力金字塔的层数。因此，在初始决策者（审判者）面前进行的程序只是一部连续剧中的一集，其剧情不足以描述整个故事。"[①]二是上级拥有最终决定权。上级法院的监督既可以由当事人上诉启动，也可以依职权自行启动，而且不受下级法院审判范围的局限，可以全面审查并作出决策。三是卷宗主义。卷宗是决策者作出决策的重要依据，"科层结构中的官员喜欢以书面文档为根据来作出决策。卷宗里包含的文件并不是旨在帮助某一位特定官员组织其活动的官方内部文件，而是为初始决策和复核决策提供基础的信息源"[②]。四是审判采取逐步推进的方式，即审判程序并不集中，而是分段进行。理想型的协作式法律程序则表现为：一是程序的集中化，不同于科层式层层相扣的递进式程序，单一、未分化的权力组织结构决定了以初审法官为中心的集中审判程序。二是决策的单一化，通常初审判决终结刑事审判程序，"从一种非常一般的意义上讲，上诉权并没有被尊崇为正当程序的重要组成部分"。[③] 三是庭审的实质化，重当庭证供，轻卷宗主义，所有证据当庭出示，所有事实形成于当庭，而且注重庭审的集中性与连续性。四是私人诉讼行为的合法化。官方并不垄断诉讼活动，诸多诉讼行为由私人完成，搜集证据及举证、质证等活动均依赖当事人去完成。五是决策的实质正义化。决策者拥有较大的自由裁量权，可以根据其所掌握的开放的实质正义标准作出决策。

由于权力组织结构的不同，进而形成了与权力组织相适应的法律程序，理想化的科层式法律程序与协作式法律程序呈现了截然不同的特征，并由此塑造了风格迥异的刑事司法模式。

### （三）文化

文化是人类改造世界的结果，而文化的形成又不断塑造着社会，

---

① ［美］米尔伊安·R.达玛什卡：《司法和国家权力的多种面孔——比较视野中的法律程序》（修订版），郑戈译，中国政法大学出版社2015年版，第63页。

② 同上书，第66页。

③ 同上书，第79页。

是文化塑造了刑事司法模式，而刑事司法模式本身就是文化的重要组成部分。对文化的定义多种多样，梁漱溟说："据我们看，所谓一家文化不过是一个民族生活的种种方面。总括起来，不外三方面：(一)精神生活方面，如宗教、哲学、科学、艺术等是。宗教、文艺是偏于情感的，哲学、科学是偏于理智的。(二)社会生活方面，我们对于周围的人——家族、朋友、社会、国家、世界——之间的生活方法都属于社会生活一方面，如社会组织，伦理习惯，政治制度及经济关系是。(三)物质生活方面，如饮食、起居种种享用，人类对于自然界求生存的各种是。"[①]生活态度的不同造就了不同的文化，而不同的文化又表征了不同的生活样式。而文化之所以不同，主要是由意欲所决定，并根据对待意欲的态度，将人生路向分为三种，梁漱溟认为："至于文化的不同纯乎是抽象样法的，进一步说就是生活中解决问题方法之不同。此种解决问题的方法——或生活的样法——有下列三种：(一)本来的路向：就是奋力取得所要求的东西，设法满足他的要求；换一句话说就是奋斗的态度……(二)遇到问题不去要求解决，改造局面，就在这种境地上求我自己的满足……(三)走这条路向的人，其解决问题的方法与前两条路向都不同。遇到问题他就想根本取消这种问题或要求……所有人类的生活大约不出这三个路径样法：(一)向前面要求；(二)对于自己的意思变换、调和、持中；(三)转身向后去要求；这是三个不同的路向。"[②]

1. 第一种人生路向

这种人生路向就是意欲膨胀的生活样式，人的需要是客观存在的，有了需要就要追求需要的满足，而且为了满足需要不惜一切手段，表现出一种积极向外攫取以满足自我需要的人生态度。由此导致人与自然之间是一种征服与被征服的关系，征服自然促进了科学的发达，也造就了工业文明的出现。在人与人的社会关系上，更加看重他人对于自我需要满足的价值，表现出了以个人为本位的社会价值观，在自我满足需

① 梁漱溟：《东西文化及其哲学》(第2版)，商务印书馆1999年版，第19页。

② 同上书，第61页。

要能力有限的情况下,人与人之间呈现浓厚的功利主义倾向。在政治方面,个人为本位的社会价值观易于推动自由、平等、民主、人权保障等观念与制度的形成。因为当每个个体都以自我为中心的时候,很难形成绝对性的权力,必然导致政治上以民主为基础,社会关系中则是以契约为基础,而契约又是以自由、平等为基础。个人本位主义及意欲膨胀极易导致精神层面的分裂,靠现世人们的自身力量难以形成统一的精神支柱。因此,宗教在人们的精神世界中便扮演了重要的角色。为保障个体权利,维护社会秩序,避免社会被泛滥的欲望所淹没,由此促使强调权利与义务相统一的法律成了重要的社会行为规范,法治也就自然成了国家治理社会的首选路径。

基于第一种人生路向的影响,刑事司法模式则呈现以下特征:对待诉讼态度方面,具有好讼倾向,在意欲不加节制的情况下,每个个体都追求利益的最大化,由此导致争议与纠纷无可避免,在理智处理与情感调和当中,更倾向于选择理智指引下的诉讼方式来解决。在司法队伍方面,注重法律职业化建设,司法权与行政权有着明确的界限,司法队伍呈现明显的职业化色彩。法官作为裁判者具有独立、中立的诉讼主体地位,这也是法律职业化的必然要求,与争议利益无涉是对裁判者的基本要求。突出控辩双方在刑事诉讼中的主体地位,强调控辩双方平等对抗,通过控辩双方的平等对抗来发现事实、认定事实。为了实现控辩双方的平等诉讼地位,突出辩护律师的合法诉讼地位,充分发挥辩护律师在诉讼中的重要作用。强化刑事诉讼中的人权保障理念,这也是以个人为本位在刑事诉讼中的体现。刑事诉讼不以追诉犯罪为唯一价值取向,在追求实体公正的同时,更加注重程序公正的实现。

2. 第二种人生路向

这种人生路向并不否定人的意欲,但相对于第一种人生路向而言,不是有了意欲就一定要通过向外攫取来获得满足,而是更加强调意欲与当下所拥有的一种调和,以最终实现和谐为目标。这种和谐至少表现为人作为自我的和谐、人与自然的和谐、人与人之间社会关系的和谐。人作为自我的和谐主要表现为一种清明安和的理性状态,能时刻把持自我,不愚弊,不暴力冲动,始终具有把握必然联系的正确之心。

在当下资源有限的情况下,能通过调和自我来抑制意欲的膨胀,实现意欲与有限资源的协调,进而达到身心的安和,实现和谐的自我。在人与自然的关系上,不是一味地通过征服自然以满足自我的意欲,而是将自然与人看做宇宙中的共同存在,通过人与自然关系的调和,来实现人与自然的和谐。在这种路向的影响下,人类征服自然的能力不够强,科学也不够发达,这也是自然而然的事情。在人与人的关系方面,和谐则意味着关系的融洽,而关系的融洽实质上就是情感的平和顺畅。人与人之间的关系有远有近,其情感要求也不尽相同,由此涉及伦理问题。人与人之间情感的和谐需要以彼此的付出为基础,由此决定了理顺人们之间关系的不是以权利与义务为基础的法律,而是以义务为本位的道德。以伦理为本位的社会首先注重的就是关系的由近到远,距离个体最近的也就是最重要的关系,因而也是最需要和谐的关系,家庭自然而然地也就成为社会和谐的基础。由家庭到社会,由家人到亲属再到其他人,整个社会在伦理关系的基础上,在礼的作用下,形成了一种不同于第一种人生路向的社会秩序。在这种社会中,不以个体为本位,不强调个体的权利、自由、平等,每个个体都是创建和谐社会的义务主体。无论是家长还是君主,在各自领域内,都拥有绝对的自上而下的权力,法律并非治国的主要方略,而只是道德的一种辅助手段。

在这种人生路向之下,诉讼模式呈现以下特征:对待诉讼态度方面,表现为息讼、厌讼、不好讼。既然不倡导个人本位,不强调个体权利保障,在严格的伦理关系中,在礼的作用下,一方面难以产生纠纷和矛盾;另一方面,即使有了纠纷和矛盾,也倡导通过忍让或调和的方式解决,诉讼既非首选也非理想选择,因为,诉讼毕竟是另一种方式的争斗,不利于和谐社会的形成。在诉讼权力的设置方面,司法权与行政权往往是合一的,因此,也不存在法官、检察官、律师等专门的法律职业者,行政官员往往就是司法官员。司法官员掌控诉讼的进程,在诉讼中处于绝对的主导地位,当事者不具有独立的诉讼主体地位。强调司法的教化功能,诉讼目标直接指向和谐社会这一终极目标,重实体、轻程序,不强调人权保障、程序公正、控辩平等对抗等诉讼理念,具有恤刑主义倾向,带有明显的道德法律化、法律道德化倾向。

3. 第三种人生路向

此种人生路向与前两种路向不同,前两种路向都未否定意欲的存在,只是在意欲面前,是通过穷尽一切所能,积极向外攫取以实现意欲的满足,还是立足当下,通过调和自身意欲以实现自我的和谐,这是二者的基本区别所在。但第三种路向则是完全走向反向,既然意欲使人们陷入功利与争斗,既然意欲难以满足而使人们不断陷入烦恼之中,既然意欲是一切痛苦的根源,那么,解决的方法就是去掉意欲。通过意欲的去除,来摆脱现世的困扰,以实现自我的解脱。这种去除意欲的人生态度是完全出世的人生路向,与所要探讨的刑事诉讼模式没有直接关联,本书对此种人生路向不作过多评述。

因此,从外在上看,刑事司法模式直接表现为刑事诉讼的基本构造,但从深层次上看,刑事司法模式还是刑事诉讼基本观念作用的结果。这里的观念不是个别思想和意志的体现,而是至少在一个国度中,具有一定民众思想基础并居于统治地位的思想和意志。观念落实到制度、社会关系、行为方式等方面,形成了较为稳定的思维模式、行为方式、社会制度,随着时间的推进,就会转化为对一个社会方方面面产生影响的文化,其中就包括对刑事司法模式的影响。这不仅包括对犯罪的态度、对惩罚犯罪与保障人权的摆位,还包括对实体公正与程序公正关系的梳理、对公正与效率等诉讼价值的选择等,这些都会对刑事诉讼的构造产生重大影响,而刑事诉讼构造又会对刑事司法模式产生直接影响。因此,刑事司法模式归根结底还是由一个社会中居于主导地位的刑事诉讼文化所决定的。

## 三、刑事司法模式的基本类型

对刑事司法模式基本类型的分析离不开对历史的考察,只有基于对历史脉络的梳理,才能对刑事司法的典型模式进行概要把握。目前的通说观点认为:"按刑事诉讼历史发展,刑事诉讼经历了弹劾式、纠问式到现代的职权主义、对抗制和混合式诉讼模式。"①

---

① 陈光中主编:《刑事诉讼法》(第 6 版),北京大学出版社、高等教育出版社 2016 年版,第 31 页。

### (一)弹劾式诉讼模式

"早期的弹劾式诉讼主要在奴隶制和封建制早期的国家实行。"① 奴隶制和封建制早期是人类刚刚进入国家状态的社会,生产力的不发达决定了物质资源的匮乏,物质资源匮乏就会导致国家政权的弱化。因为生产力的发展水平决定了社会上的大多数人都必须参加一线生产劳动,只有少量的剩余产品可供给国家职能部门及公职人员,这也就意味着国家只有少数职能部门及公职人员去履行维护国家安全、行政、立法及司法的职责,而在上述职责当中,显然国家安全与行政直接关系民众的最基本需要,因此,也是国家的首要职责。在物质资源有限的情况下,能够投入司法的也就非常有限,由此导致司法权的弱化,进而产生了与该社会状况相适应的弹劾式诉讼模式。具体表现为:一是以自诉方式启动刑事诉讼程序,即控告完全由私人进行,国家不承担控告责任。与控告相应的调查事实、收集证据等事项则全部由当事人负责,国家不承担侦查及审查起诉等职责,追诉犯罪的重任完全落在了当事人的身上,体现了国家司法权弱化的一面。二是刑事诉讼当事人地位平等。既然当事人全部由私人构成,政府不作为其中的一方当事人,那么,在刑事诉讼当事人之间就不存在一个绝对的强者,这就为刑事诉讼中的平等奠定了基础。三是事实发现仰仗于当事人。既然国家不承担侦查职责,那么,事实发现就只能依靠当事人,通过控告方与被控告方的举证及相互辩论,为裁判者提供事实依据。四是裁判者处于中立而又消极的诉讼地位。中立是对裁判者最基本的要求,由诉讼取代"血亲复仇",这本身就是社会文明的标志,而裁判中立则无疑是诉讼的根本。裁判者站在与争议无涉的中立立场,客观审视通过控告方与被控告方举证及辩论所发现的事实,然后居中作出裁决。裁判者不会就争议事项去主动调查取证,从发现事实真相的视角评判,裁判者表现出了消极裁判的一面。五是带有神明裁判的色彩。事实建立在证据基础之上,而证据的种类及对证据的收集、审查、判断又仰仗于科学技术,在生

---

① 陈光中主编:《刑事诉讼法》(第6版),北京大学出版社、高等教育出版社2016年版,第31页。

产力落后的奴隶制和封建制早期,由于科学技术不发达,结果导致证据的种类不丰富,同时也会影响对证据的收集、审查和判断,进而影响对事实真相的把握。裁判者作为普通智识的人,在事实认定方面,并不具有远远超越于普通人的能力,但裁判者的职责又不允许其拒绝裁判或作出模糊不定的裁判。因此,“在弹劾式诉讼中,利害相对的诉讼双方各执一词,互不相让,是非曲直难以判断,法官遂求助于神,期冀神灵给予一定的启示来甄别某些争议事实的直伪和双方主张的曲直。因此,神示证据制度是早期弹劾式诉讼的特征之一”。①

从形式上看,弹劾式诉讼模式彰显了当事人在刑事诉讼中的主体地位,由当事人启动诉讼程序,并由当事人推进刑事诉讼程序的进程,裁判者只是与争议无涉的消极裁判者,体现了对当事人诉讼权利及诉讼地位的尊重。但不可否认的是,将打击犯罪及维护社会秩序的重任委诸于当事人,以及通过神明裁判方式来进行裁判等,都不同程度地体现了国家的不作为及司法权力的弱化,而导致上述现象的深层次原因,归根结底还是与生产力落后及人的智识有限不无关系。

(二)纠问式诉讼模式

为了弥补弹劾式诉讼模式的不足,强化国家在追诉犯罪、惩罚犯罪及维护社会秩序方面的职能,纠问式诉讼模式表现出了与弹劾式诉讼模式迥然不同的一面,“纠问式诉讼的本质特征是法官主动依职权追究犯罪”。② 具体表现在:一是采取国家追诉原则,把追诉犯罪当成国家的重要职责,不实行不告不理的原则。一旦发生犯罪案件,不仅被害人方可以向官府提起控告,官府也可以主动发现并追诉犯罪。即使被害人方没有提起控告的情况下,官府也可以依职权主动追诉犯罪,突出了国家在惩罚犯罪、维护社会秩序方面的职能。二是突出“法官集权主义”。这里的“法官集权主义”不同于现代意义上的“以审判为中心”,而是强调裁判者在整个刑事诉讼中的主导地位。裁判者不仅承

---

① 陈光中主编:《刑事诉讼法》(第6版),北京大学出版社、高等教育出版社2016年版,第31页。

② 同上书,第32页。

担审判职能，而且还负责侦查及审查起诉职能，既负责调查取证，又负责指控和审判，集三方面职能为一体，体现了集权式刑事司法模式的特点。三是当事人不具有刑事诉讼主体地位。除裁判者之外，当事人及其他刑事诉讼参与人不具有诉讼主体地位，仅为刑事诉讼行为之主体，而不是刑事诉讼之主体。由于裁判者所处的绝对主导地位，决定了在整个裁判过程中，一切以裁判者为中心，其他所有诉讼参与者都必须服从裁判者的指挥，不具有与裁判者相抗衡的地位和力量，被害人及被告人只是证据的重要来源，是裁判者查清事实并作出裁决的诉讼参与者及配合者，并不具有独立的刑事诉讼主体地位。四是审判过程的非公开化。“审判一般秘密进行，不但庭审前的调查活动是秘密的，法庭审判一般也不公开。”[①]审判过程的非公开化与裁判者在刑事诉讼中的绝对主导地位密不可分，权力集中必然排斥任何方式的制约与监督，尤其是来自被管理者——民众的监督和制约，否则会对其权威性产生不良影响。审判过程公开则意味着裁判者要向民众展示裁判结果形成的过程，而这在客观上无疑对裁判者产生了一种制约和监督，尽管这种制约和监督未必是法定的，但对裁判者所产生的影响的确是客观存在的。五是刑讯逼供的正当化。在生产力落后、科技不发达的状况下，裁判者发现事实的能力和途径极为有限，但人们期冀裁判者作出公正裁决的要求不会因此降低，如何作出一个令当事人（至少是受害人）及民众所能接受的裁决便成为裁判的理想目标。当荒诞的神明裁判方式备受质疑后，又难以通过环环相扣的间接证据来印证案件事实，裁判者发现案件事实的重点便自然而然地落在了被告人身上。因为在无人知道案件事实真相的情况下，被告人承认犯罪事实无疑是最能说服受害人及社会民众接受裁判结果的理想选择。而从趋利避害的人性视角出发，被告人不会选择主动承认犯罪事实，更何况存在被告人并非犯罪人的情况，在此情况下，出于完成职责的考虑，刑讯逼供也就成为裁判者的不二选择，而审判不公开无疑又为刑讯逼供提供了便利条件。

---

① 陈光中主编：《刑事诉讼法》（第6版），北京大学出版社、高等教育出版社2016年版，第32页。

综上所述,纠问式诉讼模式弥补了弹劾式诉讼模式的不足,强化了国家在追诉犯罪、维护社会秩序方面的职责,具有积极的进步意义。但纠问式诉讼模式采取的是集权式的诉讼方式,侦查权、审查起诉权及审判权集于裁判者一身,裁判者的绝对主导地位必然导致当事人及其他诉讼参与人地位的弱化,当事人并不具有独立的刑事诉讼主体地位。被追诉人不仅不具有独立的刑事诉讼主体地位,而且还是证据的主要来源,由此导致刑讯逼供的合法化、正当化。总体来看,生产力的落后及人权保障观念的淡化使纠问式刑事司法模式呈现集权且非人道的一面。

(三)职权主义诉讼模式

"职权主义诉讼模式继承了纠问式诉讼的某些特征,主要为德国、法国等大陆法系国家所实行。"①其特征主要表现为:一是强调法官的诉讼主导地位。这里所说的法官诉讼主导地位不同于纠问式的"法官集权主义",是建立在控、审分离基础上的法官地位的强化。由法官推进诉讼进程,这并不意味着法官可以为所欲为,相反,法官的诉讼行为要接受来自控、辩双方的监督和制约,但不可否认的是,法官在刑事诉讼进程中的主导地位还是毋庸置疑的,控、辩双方必须要服从并接受法官的组织和指挥。二是当事人具有独立的诉讼主体地位。追诉人与被追诉人均是享有法定诉讼权利(权力)并承担法定诉讼义务(责任)的刑事诉讼主体,处于刑事诉讼主导地位的法官并不具有剥夺或限制当事人行使法定诉讼权利(权力)的权力,这与纠问式诉讼模式迥然不同。三是强化对实体正义的追求。首先,法官并不是一个消极的裁判者。为查明事实真相,法官拥有主动调查取证的权力,突出了法官在惩治犯罪、维护社会秩序方面的职责,表明法官不是一个单纯的在争议双方之间作出孰是孰非的消极裁判者。其次,实行自由心证证据制度。在一定证据条件基础上,赋予了裁判者在事实认定方面更大的自由裁量权,避免了法定证据制度僵化、形式化的问题,摒弃了刑讯逼供,体现了对实体正义及诉讼文明等价值的双向追求。

① 陈光中主编:《刑事诉讼法》(第6版),北京大学出版社、高等教育出版社2016年版,第32页。

职权主义诉讼模式与纠问式诉讼模式虽然都强化法官在刑事诉讼中的主导地位,都突出对客观真实的追求,但又有实质不同。职权主义诉讼模式是建立在控、审分离的基础上,法官在刑事诉讼中并不享有绝对的权力,主导但不集权,当事人拥有独立的诉讼主体地位,体现了诉讼科学、民主的一面。实行自由心证证据制度,摒弃了刑讯逼供,彰显了对实体正义追求的同时,又体现了对诉讼文明的兼顾。

(四)当事人主义诉讼模式

所谓的当事人主义诉讼模式并不是要否定法官的诉讼主体地位,只不过是与职权主义诉讼模式相比较,这种诉讼模式更加突出当事人在刑事诉讼中的主体地位。具体表现在:一是法官只是中立的裁判者,不主动调查取证。这里的"不主动调查取证"不是指法官在认定事实方面毫无作为,也不是指法官不可以对控辩双方提出的证据进行审查核实,而是指法官不能取代控告者或被控告者的位置,直接成为事实的调查者,进而沦为侦查者的角色。二是突出当事人的刑事诉讼主体地位。首先,裁判所依据的事实由当事人负责提供。"案件事实的发现委诸控诉方和辩护方的举证和辩论,在法庭调查中实行交叉询问制度。"①作为裁判者不能超越指控范围,应当完全以控告内容为裁判对象,不承担追诉犯罪任务,体现了国家追诉任务只是由国家追诉机构承担,而不是由所有国家机构均担的司法理念与制度。其次,当事人可以选择刑事诉讼的走向。作为一方当事人的控告方,可以选择提起刑事诉讼,也可以选择撤回起诉,作为裁判者并无干涉的权力,但一旦撤回起诉,是否还能再行起诉则取决于裁判者。最后,追诉方与被追诉方可以就争议事项进行协商。对被告人自愿认罪的案件,法官无须进行实质审查,可直接作出有罪裁判。对于被告人拒不认罪的案件,则允许控辩双方就争议事项进行协商,法官并不进行实质干预,尊重控辩双方的协商意见与结果。

当事人主义诉讼模式继承了弹劾式诉讼模式的诸多因素,彰显了

① 陈光中主编:《刑事诉讼法》(第6版),北京大学出版社、高等教育出版社2016年版,第33页。

当事人在刑事诉讼中的主体地位。国家承担追诉犯罪任务,但并不等于说所有国家机关都直接承担追诉犯罪、惩治犯罪的任务。当事人主义诉讼模式更加强化法官在刑事诉讼中的中立地位,把拟裁判案件仅仅当成是发生在控辩双方之间的争议,即使其中一方也可能表现为代表国家的检察官,法官的任务不是一定要为每一个犯罪案件找到一个犯罪人,而只是站在中立者的立场审视争议双方的主张,重点审视控告方的主张能否成立。既然法官表现为与利益无涉的中立裁判者,那么,起诉与不起诉、起诉后又撤诉以及争议双方协商解决争议也就自然而然地成为当事人之间的事情,法官并没有强行干预的理由和必要。法官的中立性易保障当事人在诉讼中的平等地位,平等才能产生控辩双方之间的实质对抗,对抗既有利于查清争议事实,同时也可消耗争议双方力量,进而有助于推动争议的协商解决。法官完全以一个中立者的身份来对待控辩双方之间的争议,体现了法官注重纠纷化解而并不刻意求真的司法理念。

(五)混合式诉讼

"混合式诉讼又称'折中主义诉讼',是兼采职权主义诉讼和当事人主义诉讼的因素形成的,主要实行于第二次世界大战以后的日本、意大利等国家。"①这是站在当今世界比较典型的混合式诉讼国家的视角而言的,事实上,无论是职权主义还是当事人主义诉讼模式,虽然就抽象的理论视角而言,它们都有着各自的界限和确定标准,而且在关键点上差异性较大,这也是二者之所以能够成为典型刑事诉讼模式的主要原因。但是实际上,无论是纯粹的职权主义诉讼模式,还是纯粹的当事人主义诉讼模式,如果到了具体国家的层面,都已经难觅踪迹。因为在大多情况下,各国往往以职权主义或当事人主义诉讼模式中的一种为基础,然后批判性地借鉴、吸收其他诉讼模式中的有益经验,形成所说的混合式诉讼模式。这种混合式刑事诉讼模式的形成有着深刻的历史与现实原因。就历史视角而言,刑事诉讼模式首先受两大法系的影响较大,而两大法系本身又是历史、地理及重大事件的产物,正如主流观

① 陈卫东主编:《刑事诉讼法学》,高等教育出版社 2017 年版,第 50 页。

点所言:“总而言之,大陆法系和英美法系存在很多不同之处。导致这些差别的原因,主要是历史传统的不同,而某些重大历史事件起了重大作用,不同的地理环境也是一个重要因素。”[①]刑事司法模式作为两大法系框架中的一个组成部分,不可避免地会受到影响。就现实状况而言,随着世界一体化的推进,各国在政治、经济、文化等方面的沟通交流越来越频繁;随着彼此依赖程度的增加,各国相互借鉴的情况越来越多,差别逐渐减小,两大法系也呈相互融合之势。“从当代发展趋势上看,西方两大法系的差别越来越小,呈现一种相互靠拢、相互融合的趋势。”[②]与之相适应的,混合式刑事诉讼模式也呈逐步扩散之势,只不过在程度上有所不同。就我国刑事诉讼制度的发展进程而言,以往更多地与大陆法系职权主义诉讼模式相契合,但随着近年来刑事诉讼制度的不断完善,立法中也逐步融入了诸多英美法系当事人主义诉讼模式的因素,呈现了混合式诉讼模式的一些特点。因此,抛开抽象层面的典型刑事司法模式的视角具体到国家层面,世界总体上趋向于选择混合式刑事司法模式。

## 四、刑事司法模式的基本走向

综观人类社会历史上出现的典型刑事司法模式,尽管千差万别、各有千秋,但从发展历程上来看,总体上又呈现了一定的规律性。

### (一)国家控、审职能相分离

根据自然法学派的观点,在自然状态下,人人都是自我的执法者和司法者。洛克认为:“人人基于他所享有的保障一般人类的权利,就有权制止或在必要时毁灭所有对他们有害的东西,就可以给予触犯自然法的人以那种能促使其悔改的不幸遭遇,从而使他并通过他的榜样使其他人不敢再犯同样的毛病。在这种情况下并在这个根据上,人人都享有惩罚罪犯和充当自然法的执行人的权利。”[③]但问题的关键是:一

---

① 张文显主编:《法理学》(第4版),高等教育出版社、北京大学出版社2011年版,第155页。

② 同上。

③ [英]洛克:《政府论》(下),叶启芳、瞿菊农译,商务印书馆1964年版,第8页。

是个体的能力有限,难以充当惩罚犯罪及自然法执行人的角色。二是个体基于人性的弱点,每个人都从自我的利益视角去作出评判,难以保证执法和司法的公正性。因此,霍布斯认为:"每个人都是自然法的执行者,每个人都是自己权利的维护者,缺少一个有权依照既定的法律来裁判一切争执的知名的和公正的裁判者。"①正是基于上述考虑,人们通过授权方式形成国家,而在诸项国家职责当中,很重要的一项职责就是追诉犯罪、惩罚犯罪,进而维护社会秩序,保障民众的人身及财产安全。国家承担追诉犯罪、惩罚犯罪的重任,但并不等于说,所有的国家机构都直接承担该项职责。追诉犯罪与居中裁判均是国家的重要职责,但并不是说,每个国家机构都可以行使上述职权。从历史发展进程来看,国家机构内部进行职责分工,由不同的机构来分别承担追诉及审判职责更为科学合理。弹劾式诉讼模式虽然实现了控、审分离,但没有体现国家追诉原则,弱化了国家在追诉犯罪方面的职责,体现了国家的不积极作为,并不符合民众授权形成国家的初衷,因此,并非理想选择。纠问式诉讼模式弥补了弹劾式的不足和弱点,但同时又走向了另一个极端,司法权过于集中,形成了司法领域的国家专制,在国家内部没有实现追诉权与裁判权的分离,完全由一个国家机构来行使追诉权和裁判权,诉讼结构不够科学合理。近现代的职权主义诉讼模式及当事人主义诉讼模式均实现了控审分离,作为审判者不能主动启动诉讼程序,贯彻没有控告就没有审判的原则。尽管裁判者在职权主义诉讼模式与当事人主义诉讼模式中的诉讼地位和权限存在差别,但都确立了控诉与审判职能相分离的原则。

(二)突出审判中立原则

在控、辩、审三方架构中,裁判者作为司法主体,应处于中立地位,这是对裁判者在刑事诉讼中的基本角色定位。无论是古代的弹劾式诉讼模式、纠问式诉讼模式,还是近现代的职权主义诉讼模式、当事人主义诉讼模式,在所有刑事司法模式中,都强调审判者的中立性。这种中立性首先表现为审判者不能从任何争议一方的胜出中获取利益,但问

① [英]霍布斯:《论公民》,应星、冯克利译,贵州人民出版社2003年版,第78页。

题的关键是如何保证审判者中立地位的实现。在古代的弹劾式及纠问式诉讼模式之下，受生产力发展水平及制度建设不完善的制约，难以对审判者形成有效的制约，审判中立往往只是一种理想追求。近现代的职权主义诉讼模式及当事人主义诉讼模式不仅强调审判中立，而且在法律制度层面，将其确立为一项基本原则，以彰显其在刑事诉讼中的重要地位，并确保其得到有效实施。但在具体保障程度上，职权主义诉讼模式与当事人主义诉讼模式还是存在一定区别。比较而言，职权主义诉讼模式更强调国家在追诉犯罪、控制犯罪及维护社会秩序方面的职责，突出对实体公正的追求，如在刑事诉讼中保留了法官主动调查取证的权力，在某种意义上会对法官的中立性造成一定的影响。当事人主义诉讼模式则更加注重对审判中立性的保障，突出当事人在刑事诉讼中的主体地位，这某种意义上也是对审判中立原则最有效的维护。裁判者在刑事诉讼中的利益追求，将实现公正视为裁判者唯一的诉讼价值取向，尤其是注重对程序公正的追求。不刻意强化裁判者在追诉犯罪、控制犯罪及维护社会秩序中的任务，努力将法官塑造成相对比较“消极”的中立者。

（三）注重控辩平等对抗

对抗的基础是平等，没有平等就没有对抗，控辩双方平等对抗不仅有助于查清案件事实，达到兼听则明的诉讼效果，而且还是程序公正的直接体现。从刑事诉讼发展的历史进程来看，经历了从控辩失衡到控辩逐渐平等对抗的过程。早期的弹劾式诉讼模式尽管确立了控辩双方的诉讼主体地位，主张控辩平等对抗，但这种对抗主要是限定在当事人之间，而非国家控诉主体与被控告方的对抗，也可以说，是建立在国家职能弱化基础上的一种无奈选择，并非整体视角的理想选择。纠问式诉讼模式则过于彰显国家在追诉犯罪方面的职责，法官集所有权力于一身，处于绝对的主导地位，无论是受害方还是被指控方，都不具有诉讼主体地位，是当事者但并不享有当事人的权利，自然也就谈不上平等对抗问题。职权主义诉讼模式之下，法官虽然居于绝对的主导地位，但当事人也仍然具有诉讼主体资格，即使在公诉案件当中，被追诉人因为有辩护律师的帮助，也能与国家的专门控诉机构相抗衡，控辩双方平等对抗的基本架构是确定的。比较而言,当事人主义诉讼模式更加强调控辩双方的诉讼主体地位,赋予了当事人充分的诉讼权利。这种控辩对抗不仅仅是形式上的平等对抗,更是实质意义上的平等对抗,完全由控辩双方来推进诉讼的进程,事实认定仰仗于控辩双方的举证、质证,法官更多的是扮演一个居中的组织者及裁判者的角色。因此,作为当事人的控辩双方不仅享有同等的诉讼权利与地位,并能在刑事诉讼中进行实质的平等对抗,这已成为刑事诉讼发展的一个总体趋势。

(四)实体公正与程序公正并重

综观刑事诉讼模式的发展历程,大致经历了由重实体公正到实体公正与程序公正并重的过程。在纠问式诉讼模式之下,重实体、轻程序的倾向非常明显,为了实现实体公正,可以不惜一切代价,不计较方式与手段。这里的实体公正甚至不是指单纯地作出一个符合法律规定的裁判,而是直指司法的终极价值取向,为了实现终极价值取向可以忽略争议案件的实体意义。例如,为了实现社会的和谐,可以暂时将实体争议搁置一旁,竭尽所能地化解纠纷与矛盾,努力促进和谐关系的形成,法律只是促进社会和谐的工具,程序的价值并不被重视,自然也就谈不上程序公正的实现问题。职权主义诉讼模式则体现了实体公正与程序公正并重的一种态势,刑事诉讼程序有着严格的法律制度保障,司法人员必须依法行事,不允许为了实体结果而置程序于不顾,实体结果必须严格按照法定程序获得。但通过法律所确定的诉讼制度中,方方面面都折射出国家对实体公正的侧重,不轻易地为了实现程序公正而放弃对实体公正的追求。当事人主义诉讼模式虽然也强调实体公正与程序公正的并重,但当二者发生利益冲突的时候,却倾向于作出程序公正优于实体公正的选择。例如,在非法证据排除规则方面,就体现出了不会因为实体公正而放弃对程序公正的追求。因此,从刑事司法模式的演进进程来看,由重实体公正到实体公正与程序公正并重是一种总体的发展路向。

(五)注重人权保障

就利益与法律相结合的视角而言,权利实质上就是被法律所确认并加以保障的利益。除无须法律确认的已被人们所普遍认可的利益之外，法律所保障的利益往往是人们诸多利益中较为重要的利益，因此，权利也是关乎人之生存与发展的重要利益。“从本质属性上讲，利益是社会主体的需要在一定条件下的具体转化形式，它表现了社会主体对客体的一种主动关系，构成了人们行为的内在动力。”①在民主国家中，法律是多数人普遍意志的体现，将何种利益纳入法律范围之内，既取决于一国国民的价值取向，也涉及人类社会的整体发展进程。刑事诉讼法不仅要强调公民权利的保障，同时还要突出对刑事诉讼权利的规制。权力源于权利，在总量不变的情况下，二者呈此消彼长态势，从某种意义上也可以说，对刑事诉讼权利的制约实质上就是公民诉讼权利的保障。易于与刑事诉讼权利发生冲突的权利，往往是需要重点保障的权利，而这主要集中在对犯罪嫌疑人与被告人的权利保障方面，因为行使犯罪追诉权经常与被追诉人权利保障之间发生冲突，这种冲突主要表现为国家追诉机构需要以损减被追诉人权利的方式，来实现追诉犯罪、惩罚犯罪的目标任务，如刑事诉讼中针对被追诉人的搜查、扣押、技术侦查及拘传、取保候审、监视居住、拘留、逮捕等强制措施，都构成对被追诉人隐私权、财产权、人身权的一种损减。从刑事诉讼的发展进程来看，对被追诉人权利的保障状况是界定刑事诉讼模式的一个重要标准。在纠问式诉讼模式之下，被追诉人并不具有诉讼主体资格，被追诉人就是一个被追诉的对象，是一个证据的主要来源，通过刑讯逼供等方式来实现对犯罪的追诉，是一种常态化的选择。到了近现代之后，无论是职权主义诉讼模式还是当事人主义诉讼模式，均表现出了对被追诉人权利保障的重视，被追诉人不仅具有刑事诉讼主体资格，而且还享有广泛的刑事诉讼权利。不强迫自证其罪已成为一项基本原则，针对损减被追诉人权利的强制措施限定在不得已而为之的程度，既不能作为首选，更不能当做理想选择。尊重与保障人权已成为一种潮流，只不过在特定的历史发展阶段，囿于生产力发展水平及人类的认知能力，还不得不在控制犯罪、维护社会秩序与被追诉人权利保障之间作出一种平衡性的选择，但从总体发展趋势来看，以不损减或少损减被追诉人

---

① 张文显主编：《法理学》，高等教育出版社 1999 年版，第 215 页。

权利的方式,来实现追诉犯罪、惩治犯罪、维护社会秩序的价值目标,应当成为一种不可逆转的潮流。

综上所述,司法以纷争存在为前提,具有中立性、被动性、公正性及终极权威性等特点。刑事司法旨在维护社会的安全与秩序,是建立在事实认定基础上的法律适用活动,是通过惩罚以实现对犯罪人的矫正活动。刑事司法模式以刑事诉讼构造为基础,具有普遍认可性、规律性、稳定性、相对性、历史性等特点,刑事司法主体及诉讼参与者的诉讼地位、相互关系构成刑事司法模式的基本要素。刑事司法模式的形成并非孤立的社会现象,而是与国家类型、权力组织结构及文化存在密切的联系。根据国家与社会的关系,将国家划分为两种极端类型:回应型国家和能动型国家。与回应型国家和能动型国家相适应,司法呈现两种典型面孔:纠纷解决型司法和政策实施型司法。不同的权力组织结构会形成不同的刑事诉讼构造,进而形成不同的刑事司法模式,米尔伊安·R.达玛什卡将权力的组织分为科层式权力组织和协作式权力组织,与两种权力组织结构相适应,形成了两种特点迥异的刑事诉讼模式。文化是人类改造世界的结果,而文化的形成又不断塑造着社会。如果将文化界定为生活之样法,生活样法不同会形成不同的民族文化。生活样法取决于人生路向,梁漱溟先生将人生路向分为三种:向前面要求型、自我调和型、转身向后型。三种不同的人生路向形成三种不同的文化,而在每种文化作用之下,又会形成与之相适应的刑事诉讼模式。基于对历史脉络的梳理,刑事诉讼经历了弹劾式、纠问式到现代的职权主义、当事人主义和混合式诉讼模式。综观典型刑事司法模式的发展历程,总体呈现国家控审职责相分离、突出审判中立原则、注重控辩平等对抗、实体公正与程序公正并重、注重人权保障的演进特点。

# 第二章　儒家思想对中国古代刑事司法模式的影响

儒家思想并非中国最早的哲学思想，也不是中国历史上唯一的哲学思想，但的确是对中国社会影响最大且占据主导地位的思想。正如梁漱溟先生所说："何以说中国文化，断自周孔以后，而以前不计？则以中国文化之发展开朗，原是近三千年的事，即周孔以后的事，此其一。中国文化之流传到现在，且一直为中国民族所实际受用者是周孔以来的文化。三千年以上者，于后世生活无大关系，仅在文化史上占分量而已，此其二。"[①]"儒术自汉而定于一尊，成为中国思想之正统，汉室运祚亦以此绵远，不同于秦。是故开出此大一统之局者，不是儒家；而稳定此大一统之局者，则是儒家。事情虽不自它发之，却待它来收功。此后二千年便再不能舍儒者和儒术而求治。"[②]"两千余年来中国之风教文化，孔子实为其中心。"[③]不同的宇宙观及人生观会形成不同的世界观、价值观，进而对社会的形成及发展进程产生影响。儒家思想所处的主导地位决定了其在中国社会发展进程中的重要影响力，这种影响力表现在对人生态度、社会关系调整及治世经国之道等诸多方面。司法制度是国家制度的重要组成部分，刑事司法是中国古代司法的主要表现形式，儒家思想作为主导思想，不可避免地会对中国古代刑事司法模式产生重大影响。

---

① 梁漱溟：《人生的三路向：宗教、道德与人生》，当代中国出版社 2010 年版，第 85 页。

② 梁漱溟：《中国文化要义》（第 2 版），上海人民出版社 2011 年版，第 200 页。

③ 梁漱溟：《人生的三路向：宗教、道德与人生》，当代中国出版社 2010 年版，第 85 ~ 86 页。

## 第一节 儒家的人生哲学与社会哲学

"思想是什么？思想是知识的进一步。就着已知对于所未及知的宇宙或人生大小问题而抱的意见同态度。"①哲学是体系化的思想，"所谓哲学可以说是思想之首尾衔贯自成一家言的"②。儒家关于自然、人生及社会等方面所持有的态度，构成了儒家思想的基本内涵，而体系化的儒家思想则形成了关于人生及社会总体态度的儒家哲学。

### 一、儒家的人生哲学

社会是人的社会，人是社会的人，不管哲学表现形式如何，也不管各哲学流派的侧重点如何，其最终不外乎是关于人的哲学，对人生的探求是哲学世界的永恒主题。儒家思想总体上就是关于人生的哲学，始终围绕人是什么、怎样为人、持何种人生态度、如何与人相处等系列问题展开，可以说，对人生的探讨构成了儒家哲学的核心。

#### （一）理性人生

儒家人生哲学首先要回答"人是什么？"的问题，而人是什么则直指人的本性。梁漱溟先生认为："兹先说性情。说情，我指人的情感意志，而情感意志（包括行动在内）所恒有的倾向或趋势，我便谓之性。"③"性在于身，情现于外"并不意味着二者的背离，相反，性是情的内在基础，情是性的外在流露，二者密不可分。既然性是人的内在规定性，那么人之初的本性到底是什么？儒家对这个问题的总体回答是"性本善"。"我们再来看孔家性善的道理。孔子虽然没有明白说出性善，而荀子又有性恶的话，然从孔子所本的形而上学看去其结果必如是。"④为了进一步印证人性之善，梁漱溟先生又说："人性之云，意谓人情趋向。趋向如何非必然如何，而是较多或较大地可能如何。事实上，人之

---

① 梁漱溟：《东西文化及其哲学》（第2版），商务印书馆1999年版，第39页。

② 同上书，第41页。

③ 梁漱溟：《人心与人生》（第2版），上海人民出版社2011年版，第146页。

④ 梁漱溟：《东西文化及其哲学》（第2版），商务印书馆1999年版，第135页。

有恶也，莫非起于自为局限，有所隔阂不通。通者言其情同一体，局者谓其情分内外。肯定了恶起于局，善本乎通，而人类所代表的宇宙生命本性恰是一直向着灵通而发展前进，昭昭其可睹，则人性善之说复何疑乎？”①灵通相对于自私，恶起于自私，善本乎无私。人的灵通之性——善并非外来，而是人所固有，儒家认为人具有正确认知和把控自我的本性。“人自然会走对的路，原不须你操心打量的。遇事他便当下随感而应，通是对的，要于外求对，是没有的。我们人的生活便是流行之体，他自然走他那最对，最妥帖最适当的路。他那遇事而感而应，就是个变化，这个变化自要得中，自要调和，所以其所应无不恰好。所以儒家说：‘天命之谓性，率性之谓道’。只要你率性就好了，所以就又说这是夫妇之愚可以与知与能的。这个知和能，也就是孟子所说的不虑而知的良知，不学而能的良能，在今日我们谓之直觉。这种求对求善的本能、直觉，是人人都有的……”②也就是说，人本性是善的，这种善取决于人人所固有的直觉，直觉决定人的思想与行动，只要按照直觉思想与行动，就是循天理行事，无须认真打量与计算，一旦打量计算，人就会迷失自我，所有的私心、私欲均是计算打量的结果，都不是按照直觉行事的表现。因此，人要做到“去私欲，存天理”，而要做到这一点，就要始终保持敏锐的直觉。“这种直觉人所本有，并且原非常敏锐，除非有了杂染习惯的时节。你怎样能复他本然敏锐，他就可以活动自如，不失规矩。”③人一生所要努力的就是如何保持敏锐的直觉，“此敏锐的直觉，就是孔子所谓仁”。④“但仁虽然是情感，却情感不足以言仁。仁是一个很难形容的心理状态，我且说为极有活气而稳静平衡的一个状态，似乎可以分为两条件：（一）寂——像是顶平静而默默生息的样子；（二）感——最敏锐而易感且很强。能使人所行的都对，都恰好，全仗直觉敏锐，而最能发生敏锐直觉的则仁也。仁是体，而敏锐易感则其

---

① 梁漱溟：《人心与人生》（第2版），上海人民出版社2011年版，第148页。

② 梁漱溟：《东西文化及其哲学》（第2版），商务印书馆1999年版，第130页。

③ 同上书，第131页。

④ 同上。

用;若以仁兼赅体用,则寂其体而感其用。若单以情感言仁,则只说到用,而且未必是恰好的用,故言仁者不可不知寂之义。"[①]也就是说,人之所以能有敏锐直觉,全凭寂的存在,保持敏锐直觉实际上就是求仁。"儒家完全要听凭直觉,所以唯一重要的就在直觉敏锐明利;而唯一怕的就是直觉迟钝麻痹。所有的恶,都由于直觉麻痹,更无别的原故,所以孔子教人就是'求仁'。"[②]儒家认为仁是人最大的美德,对仁的追求就是对美德的追求,因此,儒家将"求仁"视为人生的头等大事,"求仁"就是要追求一个完美的自我,也就是所谓的"修身"。"求仁"并非向外逐求,因为"仁"就在自我之上,"求仁"就是要保持直觉敏锐,直觉敏锐的心理基础是"寂","寂"实际上就是人平静通达的心理,心平则气和,通达则灵通,只有平静通达,才能始终直觉敏锐,这种平静通达之心理也就是所谓的理性。正如梁漱溟先生所说:"此和谐之点,即清明安和之心,即理性。"[③]"所谓理性者,要亦不外吾人平静通达的心理而已。"[④]理性与理智联系密切但略有不同,"盖理智必超乎'无所为'的冷静地步,而后得尽其用;就从这里不期而开出了无所私的感情(impersonal feeling)——这便是理性。理性、理智为心思作用之两面:知的一面曰理智,情的一面曰理性,二者本来密切相联不离。譬如计算数目,计算之心是理智,而求正确之心理是理性"。[⑤] 如果说理智表现为用,那么,理性就是体,能保持人思想及行动正确的是理性,能助人成事者则为理智。"以理智为人类特征,未若以理性当之深切著明;我故曰:人类的特征在理性。"[⑥]"理性实为人类的特征,同时亦是中国文化特征之所寄。"[⑦]因此,理性是人正确认知并把控自我的本性,儒家所倡导的"求仁"实质上就是要做一个理性之人。

---

① 梁漱溟:《东西文化及其哲学》(第2版),商务印书馆1999年版,第133页。
② 同上书,第132页。
③ 梁漱溟:《人生的三路向:宗教、道德与人生》,当代中国出版社2010年版,第113页。
④ 同上书,第102页。
⑤ 同上书,第105页。
⑥ 同上书,第121页。
⑦ 同上书,第101页。

(二)情感人生

人是直觉之人、仁之人、理性之人,直觉归于情感,仁也是一种情感,理性则是无所私的感情,因此可以说,人是受情感支配而非受理智支配的人。人之所以是情感之人,主要是因为人不同于动物,动物基本依靠本能生存,人虽有本能,但却不仰仗本能生活,而这恰恰归功于理智。"动物之情,因本能而始见;人类情感之发达,则从本能之减弱而来,是岂可以无辨?理智把本能松开,松开的空隙越大,越能通风透气。这风就是人的感情,人的感情就是这风。而人心恰是一无往不通之窍。所以人的感情丰啬,视乎其生命中机械成分之轻重而为反比例(机械成分越轻,感情越丰厚),不同乎物类感情,仅随附于其求生机械之上。"①依靠本能生存就意味着行动的单一化、重复化、机械化,个体之间差异性不大,虽然也有群体性生活,但更多的是依靠本能处理个体间的关系,且关系并不复杂。理智把人从本能中解放出来,在理性的基础上,人们的认知能力并不完全一致,对同一件事情会有不同态度或处理方式,由此导致个体的差异性及关系的复杂性,进而形成了丰富的情感。情感是意志与行动的内在驱动力,情感丰富且集中时,则会促使人的意志更为坚定,行动也更为有力。反之,如果人的意志和行动不是以情感为基础,而是计算打量的结果,则意志不仅易于摇摆且行动无力。梁漱溟先生认为:"从情感就可谈到冲动(impulse)。假若以情感从属于心,那冲动便从属于身。假若以知与行来分别,情感尚在从知到行的较前阶段,冲动既入于其较后阶段。冲动实为吾人行动所不可少的支持力;行动起来,勇于赴前,有时奋不顾身,不计得丧者在此焉。"②但需要说明的是,冲动有时构成意志的驱动力,并不等于说意志就是冲动的结果,因为冲动往往带有很大的盲目性,盲目的冲动是背离理性的。意志来自意识的明白果决,而明白果决则建立在自觉之上,也就是建立在理性之上。为了保证意志不偏离直觉,往往需要不断反省。"孔子差不多常常如此,不直接任一个直觉,而为一往一返的两个直觉;此一返

① 梁漱溟:《人生的三路向:宗教、道德与人生》,当代中国出版社2010年版,第119页。

② 梁漱溟:《人心与人生》(第2版),上海人民出版社2011年版,第150页。

为回省时附于理智的直觉。又如好恶皆为一个直觉,若直接任这一个直觉而走下去,很容易偏,有时且非常危险,于是最好自己有一个回省,回省时仍不外诉之直觉,这样便有个救济”。[①] 依直觉行事为理性之要求,依直觉回省同样也是理性的体现。情感不仅指自我情绪处于清明安和的理性状态,更指人与人相互感召之间,如何使自我始终处于清明安和的和谐状态,如何与他人保持顺畅的和谐关系,这二者构成了人生的永恒主题。因此,就总体上而言,人是情感之人。

（三）自然向上人生

儒家对生命持积极态度,认为人生的意义在于无目的的自然向上。对此,梁漱溟先生认为:“生命是什么？就是活的相续。活就是向上创造。向上就是有类于自己自动地振作,就是活;活之来源,则不可知。”[②]“生命者无目的之向上奋进也。”[③]“整个生命的本身是毫无目的的。有意识的生活,只是我们生活的表面。就人的一生那么长的时间言之,仍以无意识生活为多。并且即在自己觉得好像有目的,其实仍是没有目的。就一段一段琐碎的生活上,分别目的与手段,是可以的;就整个生活说,没法说目的——实在也没有目的。”[④]人之所以会不断向上,其动力源于自我而非外来。自我之向上动力实质上还是源于人的需要,“需要是指行为者由于在生理上或心理上的某种缺乏而失去平衡,产生不适或紧张状态,从而要求自动追求新的平衡,消除不适或紧张状态的倾向”。[⑤] “需要一旦达到较强的程度,被行为者所意识到,就会转化为动机,推动行为者朝着满足需要的方向活动。”[⑥]需要是客观存在的,是人行动的内在动力所在,东西方学者对此几乎表达了相同的看法。马斯洛在阐释人类的基本需要时认为:“人是一种不断需求的动物,除短暂的时间外,极少达到完全满足的状态。一个欲望满足后,

---

① 梁漱溟:《东西文化及其哲学》(第2版),商务印书馆1999年版,第148页。

② 梁漱溟:《人生的三路向:宗教、道德与人生》,当代中国出版社2010年版,第174页。

③ 同上书,第160页。

④ 同上书,第174页。

⑤ 张文显主编:《法理学》,法律出版社1997年版,第134页。

⑥ 同上书,第133页。

另一个迅速出现并取代它的位置,当这个被满足了,又会有一个站到突出位置上来。人总是希望着什么,这是贯穿他整个一生的特点。"①人的需要由低到高,可以划分以下几个层次:生理需要、安全需要、归属和爱的需要、自尊需要、自我实现的需要。②"动机理论的创立者们对于以下两个事实从未给予过适当的尊重:第一,人类只能以相对或者递进的方式得到满足;第二,需求似乎按某种优势等级、层次自动排列。"③"毋庸置疑,这些生理需要在所有需要中占绝对优势。具体说,假如一个人在生活中所有需要都没有得到满足,那么是生理需要而不是其他需要最有可能成为他的主要动机。"④"如果生理需要相对充分地得到了满足,接着就会出现一整套新的需要,我们可以把它们大致归纳为安全类型的需要(安全、稳定、依赖、保护、免受恐吓、焦躁和混乱的折磨、对体制的需要、对秩序的需要、对法律的需要、对界限的需要以及对保护者实力的要求等)。"⑤"如果生理需要和安全需要都很好地得到了满足,爱、感情和归属的需要就会产生,并且以此为中心,重复着已描述过的整个环节。对爱的需要包括感情的付出和接受。"⑥"即使所有这些都得到满足,我们仍然可以(如果并非总是)预期:新的不满足和不安往往又将迅速地发展起来,除非个人正在从事着自己所适合干的事情。一位作曲家必须作曲,一位画家必须绘画,一位诗人必须写诗,否则他始终都无法安静。一个人能够成为什么,他就必须成为什么,他必须忠实于他自己的本性。这一需要我们可以称之为自我实现(self-actualization)的需要。"⑦"它指的是人对于自我发挥和自我完成的欲望,也就是一种使人的潜力得以实现的倾向。这种倾向可以说成是一

---

① [美]亚伯拉罕·马斯洛:《动机与人格》,许金声等译,中国人民大学出版社2012年版,第9页。

② 同上书,第19~29页。

③ 同上书,第9页。

④ 同上书,第20页。

⑤ 同上书,第22页。

⑥ 同上书,第27页。

⑦ 同上书,第29页。

个人越来越成为独特的那个人,成为他所能够成为的一切。"[①]综上所述,马斯洛认为人的需要是客观存在的,需要是动机的生理驱动力,需要由低到高存在层次,低层次需要满足后,促使人不断向高层次需要追求。

儒家虽然没有像西方学者那样直接论证需要及需要的层次,但儒家并不否定需要的存在,并且也强调需要乃是人不断向上之内在基础。如梁漱溟先生认为:"欲望通常表现于吾人意识上,而欲望之本则在此身。"[②]"人生从一堕地便带来了种种缺乏(缺食、缺衣、缺……),或说带来了一连串待解决的问题,此即欲望之本,而苦亦即在是焉。苦非缺乏不得其满足之谓乎?苦非问题不得其解决之谓乎?"[③]"因为我们问之不已——追寻不已。一问即有一答——自己所为的答。问不已答不已,所以'事'之涌出不已。因此,生活就成了无已的'相续'。这探问或追寻的工具其数有六:即眼、耳、鼻、舌、身、意。凡刹那间之一感觉或一念皆为一问一答的一'事'。在这些工具之后则有为此等工具所自产出而操之以事寻问者,我们叫他大潜力,或大要求,或大意欲——没尽的意欲。"[④]欲望表现为一种意识,产生欲望的根本在于自身,自身实际上就是人所存在的需要,需要是欲望之本。缺乏是需要的基础,因为缺乏所以才需才要,需要导致欲望的产生,欲望得不到满足就会导致苦。"问"实质上就是需要的一种表达,"答"则是追求需要的满足,"问不已答不已"则是不断地追求需要的满足。

中西方学者虽然都肯定需要的存在,但在对待需要满足的态度上却是不同,并据此产生了两种不同的人生路向。西方走的是向外追逐不已的路向,也就是"本来的路向"。梁漱溟先生认为:"本来的路向:就是奋力取得所要求的东西,设法满足他的要求;换一句话说就是奋斗的态度。遇到问题都是对于前面去下手,这种下手的结果就是改造局

---

① [美]亚伯拉罕·马斯洛:《动机与人格》,许金声等译,中国人民大学出版社2012年版,第29页。

② 梁漱溟:《人生的三路向:宗教、道德与人生》,当代中国出版社2010年版,第15页。

③ 同上。

④ 同上书,第3页。

面，使其可以满足我们的要求，这是生活本来的路向。”[①]按照这种人生路向，人是以自我为中心的，所有的一切都围绕着自我需要的满足而展开，人一旦有需要就一定要奋力追求需要的满足，由此导致向外欲求不止。自然是满足人类欲求的客体，因此崇尚征服自然；为了提高认识和改造世界的能力，崇尚科学精神和科学方法；突出个人本位主义，反对威权，崇尚民主。欲求满足则乐，欲求未满足则苦，但由于欲求不止，导致人苦恼空虚不已。正如梁漱溟先生所说：“原来这样人生空虚无意义之感，还是一个错误。这因多情多欲，一味向前追求下去，处处认得太实，事事要有意义，而且要求太强，趣味太浓，计较太盛。将一个人生活的重心，全挪在外边。一旦这误认为实有的找不着了，便骤失其重心，情志大动摇起来，什么心肠都没有了。只是焦惶慌怖，苦恼杂集，一切生活都作不下去。”[②]“人类生活有可满足的，不定得满足的，绝对不能满足的，三次第问题。人类是先从对于自然界要求物质生活之低的容易的问题起，慢慢解决移入次一问题，愈问愈高，问到绝对不能解决的第三问题为止。”[③]“我告诉你，你莫以为人类所遇到的问题，经人类一天一天去解决，便一天从容似一天，所谓问题的解决，除掉引入一更难的问题外，没有他义，最后引到这个无解决的问题为止。除非你莫要去解决问题，还可以离得这项困厄的问题远些，但是人类一天一天都在那里奋力解决问题，那是拦不住的。那么这个问题便眼看到我们前面了，我们遇到这种不可抗的问题没有别的，只有出世。”[④]人类欲求不止则问题不止，问题不止则解决不已。

儒家并不否定人的意欲的存在，“孔家本是赞美生活的，所有饮食男女本能的情欲，都出于自然流行，并不排斥。若能顺理得中，生机活泼，更非常之好的；所怕理智出来分别一个物我，而打量、计较，以致直觉退位，成了不仁”。[⑤] 只不过儒家不是一味地强调意欲的满足，而是

① 梁漱溟：《人生的三路向：宗教、道德与人生》，当代中国出版社 2010 年版，第 61 页。

② 梁漱溟：《东西文化及其哲学》（第 2 版），商务印书馆 1999 年版，第 104 页。

③ 同上书，第 118 页。

④ 同上书，第 111 页。

⑤ 梁漱溟：《东西文化及其哲学》（第 2 版），商务印书馆 1999 年版，第 132 ~ 133 页。

要顺其自然,始终保持一种和谐状态。"孔家没有别的,就是要顺着自然道理,顶活泼顶流畅的去生发。他以为宇宙总是向前生发的,万物欲生,即任其生,不加造作必能与宇宙契合,使全宇宙充满了生意春气。"①与西方不同的是,在遇到问题时,不是奋力地去求解决,而是调和自己的意欲,与周围环境契合,始终保持自我的和谐,由此儒家走向了与西方不同的路向。"遇到问题不去要求解决,改造局面,就在这种境地上求我自己的满足。例如屋小而漏,假使照本来的路向一定要求另换一间房屋,而持第二种路向的遇到这种问题,他并不要求另换一间房屋,而就在此种境地之下变换自己的意思而满足,并且一般的有兴趣。这时下手的地方并不在前面,眼睛并不向前看而向旁边看;他并不想奋斗的改造局面,而是回想的随遇而安。他所持应付问题的方法,只是自己意欲的调和罢了。"②儒家之所以认为人是可以摆脱欲望控制的,是因为人有主宰自我的"心",对此,梁漱溟先生认为:"我觉悟到欲望之本,信在此身,但吾心则是卓越乎其身而能为身之主宰的。从而吾人非定然要堕陷纠缠在欲望里。"③因此,在儒家看来,意欲固然不能摒弃,但欲望也并非不可抑制,贪婪与禁欲都不符合人的本性。"人类的本性不是贪婪,也不是禁欲,不是驰逐于外,也不是清净自守,人类的本性是很自然很条顺很活泼如活水似的流了前去。"④"生命流畅自如则乐,反之,顿滞一处则苦。"⑤不是人想要如何,而是人如流水一样自然顺畅,不设定目标,不顿滞一处,顺其自然,永不停歇自我脚步,在自然顺畅中展示生命的活力与律动,生活中处处充满生机与趣味。

人之所以向上,归根结底还是因为人有向上之心。"向上心,即不甘于错误的心,即是非之心,好善服善的心,要求公平合理的心,拥护正义的心,知耻要强的心,嫌恶懒散而喜振作的心……总之,于人生利害

① 梁漱溟:《东西文化及其哲学》(第2版),商务印书馆1999年版,第127页。

② 同上书,第61页。

③ 梁漱溟:《人生的三路向:宗教、道德与人生》,当代中国出版社2010年版,第18页。

④ 同上书,第157页。

⑤ 同上书,第19~20页。

得失之外,更有向上一念者是,我们总称之曰:‘人生向上’。”[①]这种自然向上之心并非外来,也不是欲望驱使的结果,而是为人所固有的直觉。正如梁漱溟先生所说:“我今所要求的,不过是要大家往前动作,而此动作最好要发于直接的情感,而非出自欲望的计虑。”[②]情感越浓则力量越大,由此带来由内向外的往前动作,形成了不断向上的奋斗人生。对此,梁漱溟先生认为:“这种努力去改变‘前此的我’的局面而结果有所取得,就是所谓奋斗。所以凡是一个用力就算是奋斗;我们的生活无时不用力,即是无时不奋斗,当前为碍的东西是我的一个难题;所谓奋斗就是应付困难,解决问题的。”[③]人之所以能够应付困难、解决问题,是因为人不仅具有向上之心,还有向上之力,这种向上之力就是人的智慧。“人类为什么还能充分具有这么大生命的创造性呢?就因为人的生命中具有智慧。”[④]“智慧就是生下来一无所能,而其后竟无所不能的那副聪明才智。换句话说,亦就是能创造的那副才智。”[⑤]“创造可大别为两种:一是成己,一是成物。”[⑥]“人类文化一天一天向上翻新进步无已,自然是靠外面的创造;然而为外面创造之根本的,却还是个体生命;那么,又是内里的创造要紧了。”[⑦]因此,成己是成物的根本。成己不是说为自我人生设置一个目标,然后通过不断努力去实现之。在儒家看来,人生本无目的,成己更重要的是不迷失自我,始终保持直觉敏锐。“儒家盖认为人生的意义价值,在不断自觉地向上实践他所看到的理。”[⑧]这个“理”实质上就是人所固有的敏锐直觉,“不断自觉地向上实践”实际上就是保持自然流畅的人生状态,不使自己的心灵蒙尘,始终成为一个理性之人。成物是指人对社会的贡献,这种贡献不单纯

---

① 梁漱溟:《人生的三路向:宗教、道德与人生》,当代中国出版社 2010 年版,第 115 页。

② 梁漱溟:《东西文化及其哲学》(第 2 版),商务印书馆 1999 年版,第 213 页。

③ 梁漱溟:《人生的三路向:宗教、道德与人生》,当代中国出版社 2010 年版,第 4 页。

④ 同上书,第 176 页。

⑤ 同上。

⑥ 同上。

⑦ 同上书,第 177 页。

⑧ 同上书,第 117 页。

指物质创造方面,更指人对和谐社会的贡献,还指人对他人成己方面的贡献。成己与成物是密切联系的,成己是成物的根本,而成物在某种意义上是成己的组成部分和外在表现。

(四)道德人生

儒家所倡导的理性人生、情感人生、自然向上人生,实际上都指向儒家所追求的理想目标——和谐人生。和谐人生不仅包括人与自然的和谐、人与人之间的社会和谐,还包括人自我的和谐。和谐人生也可谓之道德人生,因为道德实质上就是生命的和谐,由此引发了对道德的思考。"道德是什么?即是生命的和谐,也就是人生的艺术。所谓生命的和谐,即人生生理心理——知、情、意——的和谐;同时,也是我的生命与社会其他人生命的和谐。所谓人生的艺术,就是会让生命和谐,会做人,做得痛快漂亮。"[①]从这个意义上讲,道德首先意指一种人生的理想状态即生命的和谐,同时还意味着通向生命和谐的道路。生命和谐首先是知、情、意的和谐,"知的和谐"不仅包括人对自我的了解和把握,使自己不迷失自我,始终保持直觉敏锐,还包括对与社会其他人之间关系的准确把控。"情的和谐"首先意味着自我心理的和谐,个人心情、情绪始终处于清明安和状态,同时还意味着与他人情感沟通与交流的和谐。"意的和谐"则表明个人思想意志与行动始终处于理性支配之下,自然向上,顺畅和美,充满无穷趣味。所以说,"道德是最深最永的趣味,因为道德乃是生命的和谐,也就是人生的艺术"。[②] 因为道德,人生充满趣味;因为道德,人生成就和谐。正所谓:"'德者得也',正谓有得于己,正谓有以自得。自得之乐,无待于外面的什么条件,所以其味永,其味深。我曾说过人生靠趣味,无趣味则人活不下去。活且活不下去,况讲到道德乎?这于道德完全隔膜。"[③]所以道德不是对生命的拘束,而恰恰是让生命绽放的力量。正如梁漱溟先生所说:"所谓道德,并不是拘谨;道德是一种力量,没有力量不成道德。道德是生命的

① 梁漱溟:《人生的三路向:宗教、道德与人生》,当代中国出版社 2010 年版,第 94 页。

② 同上书,第 100 页。

③ 同上书,第 97 页。

精彩,生命发光的地方,生命动人的地方,让人看着很痛快、很舒服的地方,这是很明白的。我们的行动背后,都有感情与意志的存在。情感要求越直接,越有力量;情感要求越深细,越有味道。反过来说,虽然有要求,可是很迂缓,很间接,这样行动就没有力量,没有光彩。还有,情感要求虽然是直接,可是很粗,也没有味道。"[①]没有情感支撑的行动是乏力的,而缺乏道德支撑的情感要求是粗浅、短暂而又乏味的,因此说,道德是最深最永的趣味。"凡是有道之士,都能有以自得——人生不能无趣味,没趣味就不能活下去。人之趣味高下,即其人格之高下,人格高下,从其趣味高下之不同而来;可是,都同样靠趣味,离趣味都不能生活。"[②]儒家所谓的"修身"某种意义上就是要成为一个有德之士,成为一个人格高尚之人。

道德既是人生的理想状态,同时也是达至人生理想状态的路径,即通过道德之修养,来达至道德人生的理想状态。如何修道需要具体的方式和手段,这种方式和手段主要表现为礼和乐,道德的依傍就是礼和乐。正如梁漱溟先生所说:"纵然倚重在道德上,道德之养成似亦要有个依傍,这个依傍,便是'礼'。"[③]从功能上看,二者发挥作用的侧重点不同。"所谓'礼主其减,乐主其盈',大概礼是起于肃静收敛人的暴慢浮动种种不好脾气;而乐则主于启发导诱人的美善心理;传礼的自容易看人的不好一面。"[④]也就是说,礼更侧重于对人们心理与行为的约束,使人们不烦乱、不躁动、不暴戾,内心始终处于理性的清明安和状态,一直保持直觉的敏锐,不迷失自我,可以说,礼是达至和谐人生的外在基础性保障。但只是约束并不足以产生和谐,和谐人生首先从和谐心理开始,而人们内心的和谐单凭约束是难以实现的。内心的清明安和不是约束的产物,而是需要不断地充盈。只有内心充满正能量,人才能不烦乱、不躁动、不暴戾,也只有内心充满正能量,人才能由内而外地真正

① 梁漱溟:《人生的三路向:宗教、道德与人生》,当代中国出版社 2010 年版,第 99 页。
② 同上书,第 100 页。
③ 梁漱溟:《中国文化要义》(第 2 版),上海人民出版社 2011 年版,第 105 页。
④ 梁漱溟:《东西文化及其哲学》(第 2 版),商务印书馆 1999 年版,第 151 页。

达至和谐,而能够让人内心充盈的则无外乎“乐”。因此,诗、书、礼、乐是实现道德人生的重要路径,“礼”侧重于外在约束,“书”重在开启心智、明白事理,而“诗”和“乐”则重在陶冶人们的情操,让人内心充盈顺畅、和美无比、趣味十足、自然向上,最终成就和谐人生。儒家倡导道德人生,主张通过修养道德来实现道德人生,其所要求的对象范围并非限于某一个人或某一类人,而是要求所有的人都需要如此,由此决定了道德并非神秘、高大之物,而是人人努力所能做到的。尽管未必人人最终都会成为“得道之人”,但不可否认的是,经过努力,人人都有成为“得道之人”的可能。因此说,“道德并不以新奇为贵,故曰庸言庸行”。[①]但庸言庸行只是表明人人皆有修道之可能,并不表明“道”之庸俗,也不是要落入俗套。相反,儒家赞美生命之真,唾弃世俗圆滑,并把世俗圆滑称之为“乡愿”,认为“乡愿”是道德的敌人。对此,梁漱溟先生认为:“‘乡愿,德之贼也。’乡愿是什么？即是他没有自己生命的真力量,而在社会上四面八方都应付得很好,人家都称他是好人。”[②]因为这种“好人”失去了生命之真,缺乏向上之力,不仅迷失了自我,而且对他人及社会没有贡献,不可能成为有道之人。

## 二、儒家的社会哲学

人生哲学是儒家哲学的重要组成部分,但儒家哲学始于人生哲学却又不限于此。儒家哲学从修身开始但从来没有局限在修身上,而是将修身作为放眼天下的基石。“古之欲明明德于天下者,先治其国;欲治其国者,先齐其家;欲齐其家者,先修其身;欲修其身者,先正其心;欲正其心者,先诚其意;欲诚其意者,先致其知,致知在格物。物格而后知至,知至而后意诚,意诚而后心正,心正而后身修,身修而后家齐,家齐而后国治,国治而后天下平。”[③]可以说,如何通过修身、齐家、治国,最终实现天下大同,这无疑构成了儒家社会哲学的核心。

### (一)义务本位

儒家将个体自我和谐及社会和谐作为理想目标,而实现和谐的关

---

① 梁漱溟:《人生的三路向:宗教、道德与人生》,当代中国出版社 2010 年版,第 100 页。

② 同上书,第 97 页。

③ 《礼记·大学》。

键就是抑制欲望的泛滥。当欲望泛滥时，人的眼中只有自我，自我之外的所有都是满足欲望的工具和手段，满足则乐，不满足则苦，而欲望的无止境导致人们始终处于不满足的悲苦与烦恼之中，无法自拔，和谐更无从谈起。和谐实质上是情感的和谐，社会关系的和谐也以人与人之间情感的和谐为基础，而要实现自我和谐及社会和谐，就必须要抑制人的欲望，因为情感的和谐是以相互的付出为基础的，而欲望则是倾向于向外攫取以满足自我需要，与情感和谐背道而驰。正因如此，儒家并不主张欲望的泛滥，而是强调人在情感中的付出。正如梁漱溟先生所反复强调的："人在欲望中恒只知为我而顾不到对方；反之，人在感情中，往往只见对方而忘了自己。实则，此时对方就是自己。凡痛痒亲切处，就是自己，何必区区数尺之躯。普泛地关情，即不啻普泛地负担了任务在身上，如同母亲要为他儿子服务一样。"[①]"人在情感中，恒只见对方而忘了自己；反之，人在欲望中，却只知为我而顾不到对方。"[②]因此，注重情感实则是抑制欲望的良策，但如何将人的注意力放在情感而非欲望上面则成了问题的关键所在。追逐欲望实际上是以自我为本位的表现，强调个人本位必然导致权利本位，注重个体的权利与自由。当每个个体都以自我为本位，都将注意力放在自我权益的追逐上时，欲望的泛滥便不可避免。因为在个体追逐权益时，他人便极有可能成为满足我之权益追逐的客体，或者不得不承担了满足或配合满足我之逐求的义务，相互间是互为主体的契约关系，很难产生情感上的和谐关系。情感的基础在于相与，相与就意味着对他人承担了义务，当以我为中心对四面八方的人承担了义务时，就意味着我与周围四面八方的人建立了程度不一的情感关系，情感越近越厚，则承担的义务也就越多越重，由此形成了以义务为本位的社会观。以义务为本位易于产生和谐社会，当个体把相与他人视为一种道德上的义务时，有所回报固然欣慰，无对应性回报也是自然，因为道德上的义务并不必然地对应回报，从而易于产

---

① 梁漱溟：《人生的三路向：宗教、道德与人生》，当代中国出版社 2010 年版，第 119～120 页。

② 梁漱溟：《中国文化要义》（第 2 版），上海人民出版社 2011 年版，第 87 页。

生和谐个体。而一个不求回报却甘愿付出的个体也必然会得到周围人乃至社会的普遍认可,进而以个体为中心,与周围人形成了和谐的社会关系。但这种义务本位观并不是要否定权利,也不是要摒弃所有的利益,而只不过是不直接指向利益,不以追求利益作为行动的出发点和目标。当个体对周围四面八方的人承担了义务后,一方面,具有得到直接回报的可能性;另一方面,也会拥有作为一个社会个体去享受和谐社会的权利。正如梁漱溟先生所言:"人非有所享用享受不能生活,而生活是尽义务的前提,显然生活权利不能没有。其所以不提来说,正为事先存在了。须知这义务原是从伦理彼此相互间生出来的;我既对四面八方与我有关系的人负担着义务,同时四面八方与我有关系的人就对我负担着义务;当人们各自尽其对我的义务时,我的权利享受不是早在其中了吗?"①这实际上是一种极其高明的治世之道,同样一件事情,把它视为权利赋予社会个体,则个体便会产生奋力向外逐求的欲望,满足则乐,不满足则苦。而如果将之设置成个体的一项道德义务,有回报则欣慰,没有直接回报也是自然,因为这本就是应当去做的。由于心境的不同,结果会导致两种截然不同的社会效果:一种是欲望不止,则痛苦不断,社会上欲望横流;另一种是付出不止,则其乐无穷,社会和美无比。当每个社会个体只是一味地向外逐求时,尤其是在利益资源有限的情况下,社会个体间处于一种竞争甚至是敌对关系之中。而当社会个体只考虑为他人及社会承担义务时,个体是作为一个和谐细胞融入社会的,不仅易于形成和谐社会,而且也会享受到作为和谐社会一分子所应当享受的和谐社会成果。

(二)伦理本位

以义务为本位,个体对周围四面八方的人承担义务,但这并不意味着社会关系的简单化、等同化。人与人之间的关系有近有远,人与人之间的情感也厚薄不一。"一个人的生命,不自一个人而止,是有伦理关系。伦理关系,即是情谊关系,亦即是其相互间的一种义务关系。"②由

---

① 梁漱溟:《人生的三路向:宗教、道德与人生》,当代中国出版社2010年版,第139页。

② 同上书,第121页。

于关系远近不同,人们之间的情谊不同,由此导致彼此间所要承担的义务也不同,这与建立在契约关系基础上的西方个人本位社会完全不同。因此说,“伦理的社会就是重情谊的社会,反之,在中国社会处处见彼此相与之情者,在西洋社会却处处见出人与人相对之势”。[①] “是关系,皆是伦理;伦理始于家庭,而不止于家庭。”[②]费孝通先生也认为:“我们儒家最考究的是人伦,伦是什么呢?我的解释就是从自己推出去的和自己发生社会关系的那一群人里所发生的一轮轮波纹的差序。”[③]也就是说,一个人的出生如同一粒石子扔进平静的湖里,会形成一圈圈的波纹,这一圈圈的波纹就如同以自我为中心与周围人所形成的伦理关系。距离中心最近的既是最小的也是最清晰的,这就是家庭伦理关系圈,具体包括父母与子女关系、夫妻关系、兄弟姊妹关系。次之则是基于血亲及姻亲所形成的亲属关系圈,这个关系圈不是单一的,而是由近到远、由小到大不断向外层层扩展的关系圈。再向外扩展,则是基于特定身份所形成的关系圈,这些关系圈往往都是与血缘、婚姻及特定身份等相关所形成的关系圈,相对较为固定。除此之外,还存在与特定身份无关但却对一个人影响较大的朋友关系圈,以及处在最外围的有可能相识、相遇的陌生人关系圈。伦理关系强调的是情谊关系,情谊越亲越重,则关系越融洽、越和顺。而在诸关系圈中,最亲、最重的莫过于家庭关系圈,儒家将整个社会关系家庭化,务必促使人与人之间的关系近、情谊浓。“举整个社会各种关系而一概家庭化之,务使其情益亲,其义益重。由是乃使居此社会中者,每一个人对于其四面八方的伦理关系,各负有其相当义务;同时,其四面八方与他有伦理关系之人,亦各对他负有义务。全社会之人,不期而辗转互相连锁起来,无形中成为一种组织。”[④]伦理关系虽然从家庭关系开始,但又不止步于家庭关系,而是根据伦理关系圈的大小、远近,由小到大、由近到远地推及出去,将整个社

① 梁漱溟:《中国文化要义》(第2版),上海人民出版社2011年版,第86页。

② 同上书,第79页。

③ 费孝通:《乡土中国,生育制度》,北京大学出版社1998年版,第27页。

④ 梁漱溟:《中国文化要义》(第2版),上海人民出版社2011年版,第79页。

会关系家庭关系化，通过引远入近，将远距离关系的人拉近，不断厚重人与人之间的情感，最终实现天下一家、社会和谐、世界大同的理想目标。而在诸伦理关系中，家庭关系既是最近的关系，也是情谊最深厚的关系，因而也是彼此承担义务最重的关系。就父母与子女关系而言，义务可以重到为对方付出一切的程度，关系也可以近到不分彼此的境界。兄弟关系虽较父母子女关系稍远，但也可达到不分彼此的境地。在父母与子女及兄弟情面前，一切付出都是应当的，为彼此承担任何义务都是自然的，因为他们是一体的。其他社会关系虽然不同于家庭关系，但儒家将其他社会关系家庭化，按家庭伦理关系标准对待其他社会伦理关系，把较远关系亲近化处理，把较淡情谊厚重化对待。让每个社会成员都觉得为他人乃至为社会付出是理所当然的，因为"四海之内皆兄弟"，为兄弟付出无可厚非，在儒家思想指导下，中国社会呈现浓浓的伦理本位色彩。在血亲或姻亲伦理关系中，家庭化色彩极为明显，如叔父、婶娘、舅父、舅妈及堂兄、堂弟、表兄、表弟等称呼，均是亲属关系家庭化的体现。在无血亲、姻亲的特定身份关系中，也同样折射出浓浓的家庭化特点，如在师徒关系中，师者称师父，所以就有了"一日为师终身为父"的说法，而徒弟则被称为徒子、徒孙，家庭化色彩一目了然。而在朋友关系方面，也同样家庭化视之，"好朋友就是好兄弟"，既然是好兄弟，彼此间的付出就是应当的，关系也自然是融洽的、和顺的。即使在与陌生人的交往关系中，也很少直呼其名，同辈中往往冠以哥、弟之称，借以彰显关系的密切或本应当如此。因此说："伦理社会所贵者，一言以蔽之曰：尊重对方。"[①]通过"伦"来确定关系和名分，通过"理"来理顺关系，而无论在关系中处于何种名分，都各自为他人承担了大大小小的义务。通过付出来厚重情谊，通过厚重情谊来实现社会和谐，当每个个体都在为他人付出的时候，也就意味着每个个体都是享受权利的主体，每个个体正是通过这种先付出的方式，最终去享受和谐社会所产生的成果。

---

① 梁漱溟：《中国文化要义》(第2版)，上海人民出版社2011年版，第87页。

（三）道德本位

在伦理本位社会中，人与人之间的关系是以情感为基础的，因此，伦理关系首先表现为一种情谊关系，情谊构成了伦理社会的基础。情谊以付出为基础，因此，伦理关系又是一种义务关系，因为义务是厚重情谊的路径，建立在厚重情谊基础上的伦理关系才会是和谐的。道德是生命的和谐，生命的和谐不仅包括自我的和谐，也包括与他人关系的和谐。道德既是一种理想状态，也是通往理想状态之道。道德作用于内而产生影响于外，即通过对人内心发挥作用，进而对人外在行为产生影响。道德发挥作用需要载体，这个载体总体而言就是礼和乐。道德总是要期待为每个人所能拥有，因此往往表现为"庸言庸行"，具体到礼上，则表现为礼俗。"这就为人们在社会中总要有能以彼此相安共处的一种路道，而后乃得成社会共同生活。此通行路道取得公认和共信便成为当时当地的礼俗。凡行事合于礼俗，就为其社会所崇奖而称之为道德；反之，则认为不道德而受排斥。"①也就是所谓的"道德而通俗化，形见于风尚，即成了礼俗。"②礼俗的意义重在肃静收敛人的愚蔽偏执之情和强暴冲动之气，使人不失理性，不欲望泛滥，始终将注意力放在情感调和之上，自我秉持清明安和之心，与他人保持融合顺畅之和谐关系。

伦理关系不同，则对礼俗的要求也不一致。"人性有男女之情，妒忌之别，为制婚姻之礼；有交接长幼之序，为制乡饮之礼；有哀死思远之情，为制丧祭之礼；有尊尊敬上之心，为制朝觐之礼……故婚姻之礼废，则夫妇之道苦，而淫僻之罪多；乡饮之礼废，则长幼之序乱，而争斗之狱蕃；丧祭之礼废，则骨肉之恩薄，而背死忘先者众；朝聘之礼废，则君臣之位失，而侵陵之渐起。"③而在所有礼俗中，最重的莫过于祭礼。祭礼之所以重，主要在于：第一，启诱情感，抑制欲望。既然伦理关系就是情谊关系，那么调和伦理关系首先从启诱情感开始，通过启诱情感，使人

---

① 梁漱溟：《人生的三路向：宗教、道德与人生》，当代中国出版社 2010 年版，第 125 页。
② 梁漱溟：《中国文化要义》（第 2 版），上海人民出版社 2011 年版，第 195 页。
③ 《汉书·礼乐志》。

们从欲海中摆脱出来。“大约情欲要分界限是没有的,然大概可以说情感是对已过去与现在;欲望是对现在与未来;所以启诱情感,要在追念往事;提倡欲望,便在希慕未来。祭礼之所以重,无非永人念旧之情。”[1]如果从欲望与功利的视角出发,逝者对于生者是没有意义的,因为逝者对于生者欲望的满足起不了作用。但如果从启诱情感的视角而论,则情况截然不同。一个人对逝去的人尚敬重如斯,存有如此深厚的情感,那么对于生者更应彼此尊重,通过彼此尊重来不断增深情谊,因为情谊不仅在活着时有意义,即使逝去时,也不会追随逝者而去。第二,反思自我,保持理性。人在感叹人生短暂时,往往容易失去自我,陷入及时行乐或欲望泛滥之境地。而在祭礼的烘托下,当人们在追忆逝者的同时,也在不断反思自我,会重新审视人生的意义和生命的价值。生命的重点恰恰不是追逐那些“生不带来,死不带去”的物件,而是不追随逝者而去的情谊;生命的重点不是奋力向外逐求,而是要不断反躬自修,不失理性,不迷失自我,始终保持自我和谐,始终保持与他人的和谐。因此,祭礼能收敛人的愚蔽偏执之情和暴戾冲动之气,拭去蒙在心灵上的灰尘,重新回归理性之中。第三,增强责任感、使命感,明确人生方向。伦理社会的基础是情谊和义务,但无论是情谊的涵养还是义务的承担都是一种付出,付出需要责任感和使命感。祭礼不仅仅是对先人的一种感念,更是对生者责任感、使命感的一种提示和警醒。伦理社会中,每个人都要对四面八方的人承担义务,而首要的就是对家族所要承担的义务。一个人的所作所为不单纯是个人行为,而是与一个家族的荣辱兴衰联系在一起,不仅要对祖宗负责,还要对子孙后代负责,现在所拥有的一切是基于先人的付出,而现在的所作所为又关乎子孙后代能否兴旺发达。祭礼这样郑重的做法,使平淡的人生顿生千钧重量,责任感、使命感油然而生,人生方向顿明。

儒家为不同的伦理关系创制了不同的礼,如朱熹家训中所示:“君之所贵者,仁也。臣之所贵者,忠也。父之所贵者,慈也。子之所贵者,孝也。兄之所贵者,友也。弟之所贵者,恭也。夫之所贵者,和也。妇

---

① 梁漱溟:《东西文化及其哲学》(第2版),商务印书馆1999年版,第147页。

之所贵者，柔也。事师长贵乎礼也，交朋友贵乎信也。”“见老者，敬之；见幼者，爱之。有德者，年虽下于我，我必尊之；不肖者，年虽高于我，我必远之。慎勿谈人之短，切莫矜己之长。仇者以义解之，怨者以直报之，随所遇而安之。人有小过，含容而忍之；人有大过，以理而谕之。勿以善小而不为，勿以恶小而为之。人有恶，则掩之；人有善，则扬之。”从朱熹家训中可以看出，每个人在伦理关系中都有明确的身份，基于各自的身份，每个人都必须要对他人承担相应的义务。而在诸礼俗体系中，孝悌无疑也是重要的。“孝弟实在是孔教唯一重要的提倡。他这也没有别的意思，不过他要让人作他那种富情感的生活，自然要从情感发端的地方下手罢了。人当孩提时最初有情自然是对他父母，和他的哥哥姊姊；这时候的一点情，是长大以后一切用情的源泉；绝不能对于他父母家人无情而反先同旁的人有情。”①“只须培养得这一点孝弟的本能，则其对于社会、世界、人类，都不必教他什么规矩，自然没有不好的了。要想使社会没有那种暴慢乖戾之气，人人有一种温情的态度，自不能不先从家庭做起，所以说：‘君子笃于亲，则民兴于仁。’”②“因为它所要的，不过是孝弟勤俭四字；只此四字，便一切都有了。孝弟则于此伦理社会无所不足；勤俭则于此职业社会无所不足。说道德，道德只是这个；说礼俗，礼俗正不外此。”③以孝悌之礼为人伦之基础，由此向外不断拓展，形成了君仁臣忠、父慈子孝、兄友弟恭、夫和妇柔、礼师信友、尊老爱幼、尊德远不肖等一整套完整的礼俗体系。

礼更加注重由内而外的自觉自律，法律则强调对人外在行为的规制，伦理社会强调的是以情感为基础、以义务为本位，由此决定了中国古代德主刑辅、教化为先的治世之道。正如梁漱溟先生所言：“礼俗示人以理想所尚，人因而知所自勉，以企及于那样；法律示人以事实确定那样，国家从而督行之，不得有所出入。虽二者之间时不免相滥，然大较如是。最显明的，一些缺乏客观标准的要求，即难以订入法律；而凡

① 梁漱溟：《东西文化及其哲学》（第2版），商务印书馆1999年版，第145页。

② 同上。

③ 梁漱溟：《中国文化要义》（第2版），上海人民出版社2011年版，第195页。

有待于人之自勉者,都只能以风教礼俗出之。法律不责人以道德;以道德责人,乃属法律以外之事,然礼俗却正是期望人以道德;道德而通俗化,亦即成了礼俗。——明乎此,则基于情义的组织关系,如中国伦理者,其所以只可演为礼俗而不能成法律,便亦明白。”[①]道德、礼俗责人以自觉自律,而自觉自律则需教化,教化不是要教会人做什么,而是启诱人原本就固有的善之本性,具体可以将其称之为理性。“道德、礼俗、教化,是辗转循环互为影响;三者无一定先后之序,而有贯乎其中者,则理性是已。理性,宽泛而言,就是人们的心思作用;狭义则指人心所有之情义。道德之自觉自律,舍心思作用则无可能,舍情义之感则不能生动有力。”[②]儒家正是通过启诱人之理性这种方式,来发挥道德、礼俗的作用,使人通过向四面八方的人承担义务的方式,来实现情感的融合与顺畅,进而实现和谐社会。因此,儒家从不主张离世,而是植根于现世,靠人自身的努力,去创造人人所理想的和谐社会,这也是宗教在中国并未真正存在的根本原因所在。对此,梁漱溟先生认为:“道德为理性之事,存于个人之自觉自律。宗教为信仰之事,寄于教徒之恪守教诫。中国自有孔子以来,便受其影响,走上以道德代宗教之路。”[③]中国之所以走上了与西方不同的路向,主要是两个方面的原因:一是强调伦理本位,主张通过伦理来确定名分,通过伦理来组织社会。二是因为注重以礼乐为依傍的道德的作用,通过礼来规范约束人的外在,使人不偏离道德之路;通过乐来涵养人的内在,使人始终保持理性状态。当伦理与道德有机地结合在一起以后,那么,社会不仅组织有序,而且人与人之间关系和谐,外在合乎礼,内在处于理性之中,正是因为有以礼为主要依傍的道德的存在,中国走向了道德之路,而这一切的形成,可以说孔子功不可没。“所以他纳国家于伦理,合法律于道德,而以教化代政治(政教合一)。自周孔以来二三千年,中国文化趋重在此,几乎集全

---

① 梁漱溟:《中国文化要义》(第2版),上海人民出版社2011年版,第116页。

② 同上书,第196~197页。

③ 梁漱溟:《人生的三路向:宗教、道德与人生》,当代中国出版社2010年版,第89页。

力以倾注于一点。”[①]某种意义上可以说，中国文化的核心内容实质上就是礼俗，它不仅影响了社会组织结构，使中国社会组织结构在上千年的历史发展进程中，未发生实质性的变化。另外，礼俗还深深地影响了中国的社会史，它使中国社会历久鲜变，文化传承生生不息。“中国伦理本位的社会，形成于礼俗之上，多由儒家之倡导而来，这是事实。现在我们说明儒家之所以如此，正因其有见于理性，有见于人类生命，一个人天然与他前后左右的人，与他的世界不可分离。”[②]而儒家之所以能奠基中国文化，也不是因为别的，只是因为中国在社会早期就出现了倡导理性主义的天才，正如梁先生所说：“中国文化只是由于出了非常的天才，没有什么别的缘故。”[③]

（四）家庭本位

家庭在中国有不同一般的意义，它不仅是社会的基本组成部分，就个体而言，某种意义上还是整个社会。它融政治、经济、教育等诸功能于一体，不仅是个体成长的摇篮，更是个体奋斗一生的目标。第一，家庭是最基本的政治组织形式。在伦理社会中，家庭关系是伦理关系的发源地，一个人与外界的所有伦理关系首先始于家庭关系。家庭是社会的缩影，社会是家庭的放大，从某种意义上来说，家庭构成了基本的社会组织形式。在儒家看来，天下皆为一家，君主只不过是国家这个大家庭的家长，各级衙门也不过是规模不同的家庭，一个官吏来了，就如同一个家长来了。君主和各级官吏更多时候不是扮演一个统治者的角色，而是扮演一个家长的角色，所以也才会有“父母官”的称谓。第二，家庭是基本的生产单位。在农业社会中，家庭就是基本的生产单位，所有土地归属及耕作均以家庭为主。商业也呈现浓浓的家庭化色彩，往往外面是商铺，里面就是家庭。就手工业而言，在家里安置几部织布机，就形成了家庭式的手工业作坊。第三，家庭是基本的教育机构。一个人的成长首先从家庭教育开始，父母不仅是家长，更是言传身教的老

① 梁漱溟：《人生的三路向：宗教、道德与人生》，当代中国出版社 2010 年版，第 122 页。
② 同上书，第 120～121 页。
③ 梁漱溟：《东西文化及其哲学》（第 2 版），商务印书馆 1999 年版，第 159 页。

师,所以也就产生了家训、家风等规范化的教育内容。子女出现问题首先是家长的教育失职,因此也就有了“子不孝父之过”的说法。即使专门从事教育的人员,其教育场所也往往设在家里,也就是所谓的私塾。第四,社会问题家庭化处理。既然“天下为一家”“四海皆兄弟”,那么,做事自然首先从蓄积情感开始,遇到问题时要商量着来,而把寻求官府解决作为最后的无奈选择。在“父母官”眼中,所有民间矛盾均是家庭内部的事情,都是发生在百姓之间的内部纠纷,因此,依法裁断并非首选,和谐化解才是解决问题的关键所在。单纯给个案一个答案并非目的,如何通过个案来实现对当事人及社会的教化,才是最终的目的。第五,家庭是人一生奋斗的目标。家庭既是人汲取能量不断前行的动力源泉,又是人生的意义所在,一个人的命运前途同家庭紧紧连在一起。“每一家人在社会中地位可能有很大升降,这给予家庭伦理以极大鼓励作用。一家人(包含成年的儿子和兄弟),总是为了他一家的前途而共同努力。就从这里,人生的意义好像被他们寻得了。何以能如此?其中有几点道理:(一)他们是在共同努力中。(二)所努力者,不是一己的事,而是为了老少全家,乃至为了先人为了后代。(三)同时,在他们面前都有一远景,常常在鼓励他们工作。当其厌倦人生之时,总是在这里面(义务感和远景)重新取得活力,而又奋勉下去。”①人生的最大乐趣也是在家庭之中,享受天伦之乐是多数人的理想所在。“普通人所尝得者不过如俗语‘居家自有天伦乐’,而因其有更深意味之可求,几千年中国人生就向此走去而不回头了。”②

(五)天下本位

儒家倡导伦理本位、道德本位、家庭本位,但伦理道德始于家庭却不止于家庭。儒家从未将视野局限在狭义的家庭观上,而是将天下视为一个大家庭,立足家庭,胸怀天下,引远入近,举重若轻,将天下家庭化之。理想虽高远,但实现举措却又现实可行,不离世、不厌世,又不局于一人一己一团体之私利,放眼世界,胸怀天下,儒家思想虽非宗教,但

---

① 梁漱溟:《中国文化要义》(第2版),上海人民出版社2011年版,第84~85页。

② 同上书,第84页。

其功效与地位在中国却不亚于宗教。

天下本位观与儒家所持的人生哲学密切联系在一起,儒家既然强调以情谊为基础的伦理观与道德观,那么必然要抑制私欲,因为人在欲望中时,所考虑的只有自我,而在情感当中,人的重点皆在被用情之人身上。私欲易于导致陷入竞争和敌对关系状态,因为在利益资源有限的情况下,当自我欲望满足与他人欲望满足之间发生矛盾冲突时,斗争在所难免。为了争取斗争的胜利,在自身力量不足的时候,人们更容易形成利益团体,通过团体力量来实现对利益的追求。竞争或斗争越激烈,则团体越具有存在价值,其凝聚力也越强。小到一家庭,大到一国家,均是团体形式的表现。如果仅仅是为了一家或一国的利益而努力追逐,则都是一种私欲,私欲容易使人迷失善的本性,而所有使人迷失理性的都是一种恶的体现。"自私者唯局于其一身是固然矣;若其范围虽大于此身,却仍然联系在此,如局于一家一国者,便仍然是自私。往往有人把较大范围的自私也看成道德,那是错误的。反之,若当前不存在其他较大问题,则照顾一身的病痛岂得为自私乎?一句话:善本乎通,恶起于局。盖为生命本性是趋向于通的。"①"所有的忧苦烦恼——忧国忧民都在内——通是私欲。私欲不是别的,就是认定前面而计虑。"②注重私欲追求必然导致个人本位和权利本位,经常性地处于竞争和斗争关系之中,不利于和谐个体及和谐社会的形成。儒家基于对人性的理解和把握,以家庭伦理关系为基础,由近到远,突出个体在不同伦理关系中所应承担的义务,同时又引远入近,将天下伦理关系家庭化之,主张"天下一家""大同世界"的和谐理念。因此,在儒家眼中,家庭即是社会,社会就是家庭,人与人之间并非对抗关系,也非斗争关系,而是可以和谐共处的家庭成员关系。既然彼此是家庭成员关系,而家庭成员关系又是一种彼此付出的义务关系,自然也就不存在以各自为客体的利益关系。无私利则无边界,无边界则无对抗,没有竞争与对抗,自然也就无须利益团体,由此造就了比较独特的政治构造——伦理

① 梁漱溟:《人生的三路向:宗教、道德与人生》,当代中国出版社 2010 年版,第 134 页。
② 梁漱溟:《东西文化及其哲学》(第 2 版),商务印书馆 1999 年版,第 142 页。

政治结构。就中国古代而言,政治结构带有明显的伦理化倾向,君主可以说是最大的家长,把地方官员比作父母官,整个国家就如同一个大的家庭,所谓“君君、臣臣、父父、子子”,即君主视臣民如子女,臣民效忠君主如父母,君臣官民之间完全是一种伦理关系,而不是公民与国家的关系。既然国家只是基于一定疆域和人口所组成的大家庭,君主也只不过是扮演了一位家长的角色,那么,国家作为一个政治团体的职能就不突出。对于国家或君主而言,如果说政治,那么,其最大的政治就是如何做好一个家长,如何理顺家庭伦理关系,如何实现这个大家庭的和睦相处。因此,在这种伦理道德本位的社会中,人与人之间不是处于竞争或对抗关系。在竞争或对抗关系不紧张的情况下,人处于散漫状态,团体意识不强。人越散漫则团体意识越不强,团体意识不强,则斗争精神不足,人更加倾向于和平。所以,在儒家看来,国与国之间也应当是一个个小家庭之间的关系,家庭与家庭之间不仅可以和睦相处,而且更应在伦理道德的作用下,成为一个和谐的大家庭,这也正是“天下一家”的真正意义所在。此种情况下,“国家消融在社会里面,社会与国家相浑融。国家是有对抗性的,而社会则没有,天下观念就于此产生”①。但无论如何,国家与社会毕竟属于两个不同的范畴,国家的存在有其特定意义和价值。“国家之所以存在,是为它一面能防御外来侵扰,一面能镇抑内里哄乱,而给社会以安定和秩序。无安定,无秩序,大家不能生活。安定和秩序,能得之于理性,自然最好。但于对外讲不通之时,或对内讲不通之时,其势只有诉之于武力。掌握武力而负担此对内对外之责任者,即国家。必要到人类文化较之今日远有高度发展,单恃理性即足以解决一切,而后武力自然可废,国家自然亦必变形。然这却必待经济极高进步之后,只可期诸未来,非所语于过去。”②为了阐释清楚中国人对待国家的态度,梁漱溟先生将国家分为了三种类型:民族国、帝国、天下国。何为民族国、帝国、天下国,梁漱溟先生进一步解释为:“一民族自治其族者,为族国(民族国家);一民族统治他民族者,

---

① 梁漱溟:《中国文化要义》(第2版),上海人民出版社2011年版,第158页。

② 同上书,第160页。

为帝国;一民族领袖他族以求共治者,为天下国。天下国超族国而反帝国,是国家之进步的形式,抑或许是最进步的形式。"①天下国之所以被认为是最进步的国家形式,主要是因为天下国的真正存在意义和价值恰恰不是要强化国家的职能,不是要突出国与国之间的界限,而是要通过引领其他民族国的方式,来最终实现以国去国、天下共治、天下太平、大同世界。

## 第二节 中国古代刑事司法模式

由于政治、经济及文化等多种因素的影响,不同国家在不同的历史时期,其刑事司法模式也会呈现不同的一面。尽管差异客观存在,但不可否认的是,一个国家在特定的历史时期,其刑事司法模式总体上会反映这个时期所共有的一些特征,呈现相同或近似的一面。"由于不同历史时期社会条件、诉讼目的的差异,在法制文明史上就出现了形态多样的刑事诉讼构造。不仅如此,即便同一历史时期,不同国家和地区实行的也可能是不尽相同的刑事诉讼构造。通常认为,在近代社会之前,人类社会曾经存在过两种类型的刑事诉讼构造:弹劾式诉讼和纠问式诉讼。"②比较来看,弹劾式诉讼模式的特征为:"国家并不介入起诉问题,没有国家追诉机关,诉讼由被害人或者其他人提出控告,实行不告不理原则,没有被害人或者其他人的控告,法官就不能进行审判;被害人和加害人诉讼地位平等,共同主导着诉讼的进行和结局,由行政官员担当的裁判者居中听审并作出裁断;对于疑难案件的处理,实行神示证据制度,法官求助于神灵的启示来认定事实和判断双方的是非曲直。"③"纠问式诉讼构造的基本特征是:不再实行不告不理原则,即使没有被害人或者其他人的控告,担当裁判者的行政官员也可以依职权主动追究犯罪,控诉职能与审判职能合一行使;当事人特别是被告人的

---

① 转引自梁漱溟:《中国文化要义》(第2版),上海人民出版社2011年版,第25页。

② 陈卫东主编:《刑事诉讼法学》,高等教育出版社2017年版,第45页。

③ 同上。

诉讼地位客体化，沦为被拷打、逼问的对象，刑讯合法化和制度化，原告和证人也可以被刑讯；侦查和审判都秘密进行，实行书面审理方式；实行法定证据制度，证据的种类、运用和证明力大小均由法律预先规定，法官在审理案件过程中不得自由评断和取舍。”①通过对两种古代典型刑事诉讼模式特点的概括，就中国古代刑事司法模式而言，整体上呈现较为浓厚的纠问式诉讼模式特点，但又与西方其他国家典型纠问式诉讼模式有所不同。

**一、控诉多元化**

中国古代并未采取不告不理的原则，而是强化国家在打击犯罪、维护社会秩序方面的职能。从严格意义上来讲，中国古代并没有专门的控诉机构，也不存在专门的侦查机构。就地方而言，在司法与行政不分的情况下，官府承担了所有应由国家承担的侦查、指控及审判职能，不存在严格意义上的侦查、审查起诉及审判阶段的区分，往往是发现了犯罪及查获犯罪嫌疑人的时候，也就是审判程序启动之时。从控告方式来看，既有被害人及其亲属的控告、一般人的控告等方式，也包括由官府直接发现并追诉的方式。

（一）被害人及其亲属的控告

被害人告诉是较为常见的控告方式，无论是弹劾式诉讼还是纠问式诉讼，都肯定了被害人告诉这种方式，只不过二者的区别在于告诉是全部由被害人承担还是除被害人外国家也承担。无论是出土的西周时期青铜器铭文的记载，还是汉朝的史书记载及唐朝的《唐律疏议·斗讼》中的明文规定，都表明了在中国古代刑事诉讼中，被害人告诉是一种重要的告诉方式。在被害人不能或不方便的情况下，被害人亲属也可以进行告诉。“由于古代诉讼中侦审不分、审检不分，被害人的告诉存在两种情况：一是有确定的犯罪人作为控告对象，如上述《出子》《告子》两例。二是只向司法机关告诉自己或亲属被犯罪所侵害，但不能指出谁是犯罪者。后一种情况实际上只是向官府报告发生了犯罪行

① 陈卫东主编：《刑事诉讼法学》，高等教育出版社 2017 年版，第 46 页。

为。”[①]但从严格意义来讲，控告应当是既有犯罪事实又有明确被指控为犯罪的人的情况，如果只有犯罪事实而无明确被指控为犯罪的人，则此种情况只能视为是报案，而不能视为控告。

（二）一般人告诉

“一般人告诉是指非被害人或其亲属的第三人，如同伍里的人及其他的人，得知犯罪事实和犯罪人后，向官府进行告发。这也是司法机关开始审理案件的重要依据。”[②]允许被害人及其亲属以外的人告诉，是彰显国家追诉犯罪、打击犯罪职责的一种体现。国家通过这种方式，明确表明告诉犯罪不单纯是被害人及其亲属等相关人员的事情，同时也是国家的一项重要职责。犯罪不仅侵害了被害人的权益，同时也是对国家利益的一种侵害，每个人都有通过告诉方式来打击犯罪的权利。为了鼓励民众控告犯罪，不同时期的官府也都有奖励控告的政策。如战国时期《墨子》中记载：“诸吏卒民，有谋杀伤其将长者，与谋反同罪，有能捕告，赐黄金二十斤。”[③]再如，《韩非子》中记载：“商君说秦孝公以变法易俗而明公道，赏告奸。”[④]汉朝《捕律》中规定：“诇告罪人，吏捕得之，半购诇者。”[⑤]同时，又为有告诉义务而不告诉的人设置了惩罚性的措施，通过鼓励和惩罚两种不同的方式，彰显了国家在追诉犯罪方面的职责。

（三）官府追诉

中国古代地方不存在独立的司法机构，司法与行政不分，官府承担了行政与司法等诸项职能。作为裁判机构的官府在无人控告的情况下，也可以自行追查并审判犯罪。官府发现犯罪的途径主要有以下几方面：一是作为裁判机构的官府自行发现。地方官府在处理违法事件、犯罪案件、行政事务或调查走访当中，如果发现有犯罪事实，可以主动

---

① 陈光中：《中国古代司法制度》，北京大学出版社 2017 年版，第 166 页。

② 同上。

③ 《墨子·号令》。

④ 《韩非子·奸劫弑臣》。

⑤ 参见张家山二四七号汉墓竹简整理小组编著：《张家山汉墓竹简[二四七号墓]》（释文修订本），文物出版社 2006 年版，第 27 页。

调查取证,缉拿涉嫌犯罪人,并自行审判犯罪。二是犯罪人自首。由于生产力发展水平的制约,在科学技术相对落后的古代社会,司法机构发现犯罪事实及获取证据的能力非常有限。为了及时发现犯罪事实、获取证据并准确查获犯罪人,中国古代历朝历代大都在律例中规定了犯罪人自首情节。犯罪人如果主动投案自首,可以获得减轻、从轻甚至免除刑事处罚的处理,因此,在古代司法实践中,不乏犯罪人自首情形。犯罪人自首只是官府发现犯罪的途径之一,严格意义上来讲,自首只能视为犯罪人自发投案,而不应视为控告。三是被害人或其他人报案。控告应有明确、具体的控告对象,如果只有犯罪事实而无具体犯罪人,则只能视为报案。无论是被害人还是其他人,如果只是到官府报告犯罪事实的发生,却不能说出明确具体的犯罪人,则不能看作是控告。官府据此进行调查后,如果查获了犯罪人并对其进行了审判,则官府承担了具体的追诉与审判任务。四是其他官吏举发。"这里的官吏举发是指没有审判职权的官吏发现犯罪和犯罪人而进行举发的情况。"①因为举发的官吏自身并无追诉权及裁判权,也不是被害人及其亲属,因此,这种举发也只是有审判权的官府发现犯罪事实和犯罪人的一种途径,不能视为一种控告行为。

## 二、被告人无诉讼主体地位

在中国古代刑事诉讼中,被告人为诉讼不可或缺之人,但并非刑事诉讼中的主体。刑事诉讼主体不仅仅是享有诉讼权利的人,而且应当是享有为维护其主体地位所不可或缺的基本诉讼权利的人。这些基本诉讼权利至少应包括生命权、健康权、人格尊严不被侵害,自由、隐私、财产、住宅等权利不被任意损减,辩护权得到充分保障,拥有控告及申诉权利等。但在刑讯逼供合法化的中国古代,被告人的生命权、健康权及人格尊严根本无法得到保障,自由、隐私、财产及住宅等权利也可以被任意损减,并未建立真正的辩护制度,控告及申诉权也很难得到保障,因此,就总体上而言,被告人只是一个被追诉的对象,并无诉讼主体地位。

---

① 陈光中:《中国古代司法制度》,北京大学出版社 2017 年版,第 176 页。

### 三、审判者居于绝对主导地位

不仅被告人无诉讼主体地位，即使作为控诉方的被害人，也很难说是拥有独立的诉讼主体地位。因为在整个审判过程中，审判者处于绝对的主导地位，被害人某种意义上只是犯罪事实的发现者、犯罪事实的告发者、犯罪证据及线索的提供者。被害人承担了配合官府查证犯罪、打击犯罪的义务，必要情况下，被害人也可能沦为被讯问的对象。审判者融侦查、审查起诉及审判职能于一身，可以主动进行调查取证活动。在程序法不发达的情况下，审判者不仅主宰整个审判过程，而且审判活动也带有较大的随意性。在证据的收集、审查及判断方面，在犯罪事实的认定方面，在最终决定对犯罪人的处罚方面，审判者都拥有无可置疑的自由裁量权。

### 四、刑讯逼供合法化

弹劾式诉讼实行神示证据制度，“但是神判在中国历史上消失得比较早，到了周朝，神判基本上已不实行了，但仍有残迹可见”①。神判消失得比较早，在科学技术相对不发达的状况下，事实的发现更多的是要仰仗于人的口供，因此，口供在中国古代也被称为“证据之王”。在通常情况下，没有被告人口供是难以定罪的，由此导致刑讯逼供的合法化。刑讯逼供实际上是基于一定事实和理由的有罪推定，虽然历朝历代也都对刑讯逼供的条件和程序进行了限制性规定，但不可否认的是，这些限制性规定很难对刑讯逼供产生实质性的抑制。刑讯逼供主要是针对被告人，虽然中国古代也曾有过类似无供定案的规定，如《唐律疏议·断狱》规定：“若赃状露验，理不可疑，虽不承引，即据状断之。”②但这种规定只能视为特殊，不能当做普遍现象来对待，司法实践中几乎不存在无供定案的情形，明清时则干脆取消了类似的相关规定。被告人口供对于定案至关重要，而在“两利相权取其大，两害相权取其小”的利弊观驱使下，被告人正常不可能轻易作出对己不利的选择，由此导致刑讯逼供的无可避免。不仅是针对被告人，为了查清案件事实情况，对

---

① 陈光中：《中国古代司法制度》，北京大学出版社 2017 年版，第 229 页。

② 《唐律疏议·断狱》，“讯囚察辞理”条。

被害人及证人在必要时，也可以采取刑讯措施。

### 五、无真正意义上的辩护制度

辩护制度的基础是辩护权，辩护权一方面指被告人为自己申辩的权利，另一方面还包括委托他人代为行使辩护权的情况。虽然中国古代也存在被告人为自己申辩的情况，但很难将之视为一种辩护权利。因为这种申辩不是出于维护被告人权益的视角，而是审判者出于查明案件事实的角度而被允许的。允许与否关键是看是不是有利于审判者查明案情，作为被告人并无主张的权利，一旦被告人的申辩不符合审判者的意愿，那么，被告人的申辩就会被视为狡辩，进而要面临被刑讯的可能，而这与被告人所处的诉讼地位是一致的。在自身尚无辩护权的情况下，委托他人代为行使辩护权则更无可能。虽然中国古代也曾出现过讼师、刀笔先生之类的人员，但其所从事的大多是代写诉状、出谋划策、帮人请托之类的幕后事情，并无走到台前为被告人辩护的机会。在官方眼中，讼师并不被认可，甚至是被视为奸猾之徒。“大凡市井小民，乡村百姓，本无好讼之心。皆是奸猾之徒教唆所至。幸而胜，则利归己，不幸则负，则害归他人。”①因此，就总体上而言，中国古代并不存在真正意义上的辩护制度。

## 第三节　儒家思想对古代刑事司法模式的影响

儒家思想在中国古代长期居于统治地位，在伦理本位观、道德本位观、家庭本位观的综合作用下，形成了极具特色的中国古代刑事诉讼文化。“西周以来德主刑辅的法制模式，是和谐大同理想所推崇的重人伦、尚德性的价值取向在中国传统法律中的反映，也是中国传统法律文化的独特品格之一。体现儒家伦理精神与价值取向的中国传统法律文化涵盖着如下四个彼此相联的独特品格：引经断狱的礼治主义性质、德主刑辅的德治主义精神、御笔断罪的人治主义色彩、和谐无讼的最高价

① 中国社会科学院历史研究所宋辽金元史研究室点校：《名公书判清明集》卷十二《惩恶门 · 责决配状》，中华书局2002年版，第476页。

值理想。”①儒家思想作为主导思想,对中国古代的刑事诉讼观、刑事诉讼构造、刑事诉讼价值、刑事诉讼制度等方面,均产生了重大影响,并在此基础上,形成了与刑事诉讼文化相匹配的古代刑事司法模式。

## 一、对诉讼观的影响

儒家倡导和谐人生,主张和谐社会,追求大同世界。“和,谐也。”②“和谐(harmony)指事物协调地生存与发展的最佳状态,它是人类向往和追求的一种理想目标。”③所谓“修身”,某种意义上也就是努力保持自我和谐并不断促进社会和谐之意。为了实现自我和谐与社会和谐,儒家倡导道德人生与道德社会。“德者,得也。”④《说文解字》中曰:“外得于人,内得于己也。”就于个体而言,为了保持自我清明安和的理性和谐状态,首先就不能强调欲望,正如孔子曰:“君子无所争。”⑤因为一旦欲望膨胀,则极易使人陷入痛苦之中,难以实现自我和谐。从应然视角出发,社会和谐应以人与人之间关系的和谐为基础,人与人之间关系的和谐实质上还是伦理关系的和谐。在伦理关系中,首要的就是要确定名分,摆正各自的位置。正所谓:“人之生不能无群。”⑥“人何以能群?曰分;分何以能行?曰义……人之生不能无群,群而无分则争。”⑦只有名分确定,才能达到“定分止争”的社会效果,正所谓:“名不正,则言不顺;言不顺,则事不成;事不成,则礼乐不兴;礼乐不兴,则刑罚不中;刑罚不中,则民无所措手足。”⑧而如何确定名分,以及在各自的名分之下承担何种义务,则是道德的范畴。道德主要表现为礼和乐,从发展进程来看,呈现乐逐步融入礼之中的特点,因此,道德的主要表现形

---

① 夏锦文主编:《传承与创新:中国传统法律文化的现代价值》,中国人民大学出版社2012年版,第34页。

② 《广雅·释诂三》。

③ 夏锦文主编:《传承与创新:中国传统法律文化的现代价值》,中国人民大学出版社2012年版,第17页。

④ 《广雅·释诂》。

⑤ 《论语·八佾》。

⑥ 《荀子·富国》。

⑦ 《荀子·王制》。

⑧ 《论语·子路》。

式则为礼。“从西汉中期以后的主要是乐融于礼，礼的规范逐渐法律化。礼法结合逐渐成为后世王朝的政策思想和立法指导原则，同时也使得这一原则成为贯穿三千年中华法制文明的一条主线，是传统中华法系具有现实价值的重要部分。”[①]“礼之用，和为贵。先王之道斯为美，小大由之。”[②]礼作为道德主要表现形式，在伦理社会中扮演了重要角色，成为调整社会关系的主要手段。儒家期望通过礼来实现伦理社会的和谐，但不可否认的是，伦理关系始于家庭但却不止于家庭，整个社会关系并非处于同一个层次，而是呈现由近到远、由小到大的波纹状况。“从‘伦理’角度来看，越到边缘，‘伦理’的痕迹越是淡薄，越是模糊，渐渐在视野中消失。伦理社会的人际关系也复如此。就法律而言，随着血缘伦理渐次淡化，道德作为维持社会秩序工具的价值，同样也在不断削弱；恰好相反，法律或者确切地说契约的作用逐步强化。”[③]因此说，道德虽然理应成为治理社会的主要手段，但并不是全部，不能否认法律在治理社会中的作用。也可以说，治理社会是一个系统工程，和谐社会的形成是礼、乐、政、刑综合作用的结果。正所谓：“礼以道其志，乐以和其声，政以一其行，刑以防其奸。礼乐刑政，其极一也，所以同民心而出治道也。”[④]在上述社会治理体系中，道德的统治地位是无可置疑的。正所谓：“道之以政，齐之以刑，民免而无耻；道之以德，齐之以礼，有耻且格。”[⑤]儒家虽然重视道德的作用，但也并不否认法律的社会治理作用，“刑为盛世所不能废，而亦盛世所不尚”[⑥]。所谓：“徒善，不足以为政；徒法，不足以自行。”[⑦]“圣人之治天下有礼有刑。礼也者，所

---

① 夏锦文主编：《传承与创新：中国传统法律文化的现代价值》，中国人民大学出版社 2012 年版，第 211 页。

② 《论语 · 学而》。

③ 胡旭晟主编：《狱与讼：中国传统诉讼文化研究》，中国人民大学出版社 2012 年版，第 115 页。

④ 《礼记 · 乐记》。

⑤ 《论语 · 为政》。

⑥ 《四库全书总目 · 按语》。

⑦ 《孟子 · 离娄上》。

以劝民之为善也，刑也者，所以禁民之为非也。”①“正是由于中国传统法找到了礼与法的最佳结合方式，即以礼作为法的精神或灵魂，以法体现礼所提倡的人伦道德，使礼的宗旨与精神成为传统法的精神之所在。而中国传统法也正是因为有了‘礼’的精神，才具有了圆通、和谐之貌，并呈现出开明的特征。”②德主刑辅，在道德的统领下，通过道德和法律的共同作用，来实现个体和谐、家庭和谐、社会和谐。“序人伦以睦家庭，顺世情而美风俗，治小过以避重罪，这就是古人治世事和社会的基本逻辑。”③因此，从总体上说，“儒家的法律思想体现出鲜明的重德传统，‘德主刑辅’作为其法律思想的核心，始终被历代封建统治者继承和沿用”④。

儒家倡导“德主刑辅”，而道德发挥作用的基础是伦理关系，只有在伦理关系中，人们才更加注重情感的蓄积与厚重；只有在情感之中，人们才甘愿彼此付出，愿意为对方承担义务；也只有通过彼此的付出与义务的承担，才能不计较个人得失，进而有助于和谐关系的形成。因此，从总体上来讲，儒家期望通过对伦理本位、道德本位及义务本位的倡导，来消除产生矛盾和纠纷的根由。因为，在以家庭为基础而形成的诸多伦理关系中，当以“天下皆兄弟”的态度来对待其他人时，矛盾和纠纷就不好产生，当不计较个人得失，只是在情感中考虑为对方付出时，矛盾和纠纷也就难以产生，没有了矛盾和纠纷，社会自然趋向和谐。但不可否认的是，儒家也清楚地认识到，从根源上彻底消除矛盾和纠纷只是一种理想化的追求，现实社会中很难达到这种理想状态。“自生民以来莫不有讼也。讼也者，事势所必趋也，人情之所断不能免也。传

---

① 《清圣祖御制文集》卷十七。

② 曾宪义、马小红主编：《礼与法：中国传统法律文化总论》，中国人民大学出版社 2012 年版，第 205 页。

③ 夏锦文主编：《传承与创新：中国传统法律文化的现代价值》，中国人民大学出版社 2012 年版，第 284 页。

④ 曾宪义、马小红主编：《礼与法：中国传统法律文化总论》，中国人民大学出版社 2012 年版，第 114 页。

曰:(有)饮食必有讼。”[①]既然纠纷在所难免,那么问题的关键就不是否定纠纷的存在,而是如何化解纠纷,平息纠纷。正所谓:“不能使民无讼,莫若劝民息讼。”[②]这也是中国自古以来所秉承的对待纠纷的态度,那就是“大事化小,小事化了”。“中国古人所憧憬的‘和谐’世界与‘无讼’天堂,其最现实的表征,其实就是一种尊卑有别、长幼有序、相互谦让、互不争讼、和睦安宁的社会秩序,以及人与自然和谐统一的宇宙秩序,因此,在中国传统的法律价值体系之中,‘秩序’乃是居于核心或主导地位的价值目标,具有某种压倒一切的重要性。同样,作为整体法律文化的有机组成部分,中国传统诉讼文化也以维护‘秩序’为其首要的具体价值取向。作为中国传统文化的价值取向,其对于‘秩序’的维护,从大的方面讲,首先是维护宇宙自然秩序,然后依次是国家秩序、社会等级秩序和家族伦理秩序,而其重点则在于维护国家政治秩序和家族伦理秩序。”[③]

既然纠纷在所难免,那么,有了纠纷就需要有解决纠纷的途径。在“和为贵”[④]思想的指导下,没有纠纷最好,既然有了纠纷,那自然也是以调和为主。首选的是争议当事人之间的自我调和,还可以是在家族中有威望者主持下的调和,也可以是社会上备受尊重者的居中调和,但无论作何选择,都不会将诉讼到官府作为理想选择。因为在儒家看来,家庭就是社会,社会就是一个大家庭,所有纠纷都是家务事,都是发生在大家庭成员之间的事,家庭成员之间不存在不可调和之事,能通过小家庭解决的事情,就不需要动用国家这个大家庭来解决。诉讼被视为是触碰道德底线的行为,一旦诉讼,不仅纠纷不能和谐解决,而且还会加剧矛盾,导致感情破裂,关系难以修复,和谐也就无从谈起。因此,“中国人则极不愿打官司,亦很少打官司。亲戚朋友一经涉讼,伤了感

---

① 《无闻集·讼论》。

② 《福惠全书》卷十一。

③ 胡旭晟主编:《狱与讼:中国传统诉讼文化研究》,中国人民大学出版社 2012 年版,第 30 页。

④ 《论语·学而》。

情，从此便不好见面”①。“中国人一般是在不用法的情况下生活的，他们对于法律制订些什么不感兴趣，也不愿站到法官的面前去。他们处理与别人的关系以是否合乎情理为准则。他们不要求什么权利，要的只是和睦相处与和谐。”②反之，如果一个人喜欢诉讼，则被视为是对道德的破坏，是道德低下的表现。“诉讼是道德沦丧的结果；一个人的道德越坏，就越喜欢打官司；一个地方、一个社会的普遍道德水平较低，那里肯定就会多讼。”③因此，有了纠纷，能调和固然好，不能调和，也只能选择忍让，所以就有了“忍一时风平浪静，退一步海阔天空”的说法，进而也就有了“屈死不告状，亏死不喊冤”的做法，由此形成了“无讼”、“息讼”及“厌讼”的诉讼文化。“这种对于‘和谐’与‘无讼’理想的憧憬和追求在根本上规定了中国传统诉讼文化的性质，并成为其贯穿始终的总体价值取向。”④

## 二、对诉讼构造的影响

儒家淡化个人意识，强调家庭本位；淡化国家意识，强调天下本位。在儒家看来，国家只不过是一个大家庭，君主作为一个大家庭的家长，更要不断反省自我，成为一个圣贤家长。正如梁漱溟先生所说：“权力一元化者，诚然可以为所欲为。但其一举一动，影响太大，他自己或者旁人，都不能那样毫无顾虑，随他去为所欲为。然则将如之何呢？那只有提高自己警觉而随时反省了。因此，中国皇帝大权虽不可分割，亦不受限制；而自古似乎便注意到如何加强其警觉反省之一事。”⑤在伦理本位观及道德本位观的影响下，从君主到普通民众，都注重个人的自我修养与自律，启动国家权力被视为是不得已而为之的事情，司法权也不例外。在中国古代，除国法之外，还存在家法族规。“中国古代的家法

---

① 梁漱溟：《中国文化要义》（第 2 版），上海人民出版社 2011 年版，第 189 页。

② ［法］勒内·达维德：《当代主要法律体系》，漆竹生译，上海译文出版社 1984 年版，第 487 页。

③ 胡旭晟主编：《狱与讼：中国传统诉讼文化研究》，中国人民大学出版社 2012 年版，第 169 页。

④ 同上书，第 28 页。

⑤ 梁漱溟：《中国文化要义》（第 2 版），上海人民出版社 2011 年版，第 174 页。

族规与国家制定法都受到宗法制度和儒家思想的深刻影响，两者在本质上是同源的，内容具有高度的协调性和统一性。因此尽管宗法族规具有一定的独立性，但其重点是突出宗法性，仅仅从细节上对婚姻、家庭、继承等关系加以完善，它并不超越国家法，是对国家制定法的补充。在实践中，宗族组织为了加强其权威和在遇有争讼时易于获得官府支持，往往将已经制定的宗法族规送呈官府先验明批行。这样经由官府批示的宗法族规不仅是由宗族内部成员共同协商达成一致的具有契约性质的约定，而且还能在其中看到国家的影子。取得官方认可的家法族规，在一定程度上就具有了准法律的效力，在实践中成为一种有效的法外渊源，调整一定范围内的社会关系，成为国家法律的重要补充。"[①]一定程度上，家族也分享了部分国家司法权，遇有纠纷时，在不与国家司法权冲突的情况下，家族也扮演了一个准司法者的角色，成为国家司法机构之外的辅助者。

就国家司法体制而言，中国古代司法体制的设置也有明显的家庭伦理色彩。"我国古代地方上往往是一个集体履行与现代法官、检察官、警官相应的职责，行使司法官员的职权，即这些人既负责侦查，又负责拘捕，同时还负责法庭审理和判决。但总体来看，真正能够行使现代法官职权的只有地方长官。在地方长官集政治、经济、文化、教育、军事等各种事务于一身的情况下，就司法在他们日常活动中所占比重而言，地方长官作为法官的司法职能只能是边缘化的。所以在清末以前的中国，是没有真正的法官集体，更没有一个完整的法官责任制度体系的。"[②]地方衙门类似于一个家庭，地方官员就是一位家长，家庭中的家长只有一位，地方官员的设置自然也就家庭化，地方长官承担了所有辖区内的权力，行政权与司法权并无明确的界定，不存在专门的侦查机构、审查起诉机构及审判机构。地方长官与诉讼当事人之间不是一种

---

① 曾宪义、马小红主编：《礼与法：中国传统法律文化总论》，中国人民大学出版社 2012 年版，第 225 页。

② 夏锦文主编：《传承与创新：中国传统法律文化的现代价值》，中国人民大学出版社 2012 年版，第 611 页。

控、辩、审三方平等的诉讼关系,而是自上而下的类似于父母与子女的关系,诉讼当事人并无诉讼权利可言,无论是控告方还是被控告方,都不是诉讼中的主体,只不过是案件事实的载体,是重要的证据来源。

## 三、对诉讼价值的影响

在中国古代,刑事司法的目的不是简单地依法裁判,而是要通过司法来彻底化解矛盾,为实现和谐社会助力,由此,刑事司法呈现较为独特的价值取向,并形成了与众不同的诉讼文化。“中国传统诉讼文化之特质:诉讼的道德化;司法的行政化与诉讼的非专门化和非职业化;诉讼的人情化与艺术化;诉讼的低程序化;司法的个别化和非逻辑化。”①

### (一)重实体、轻程序

中国古代刑事司法总体上呈现重实体、轻程序的特点。首先,从立法方面来看,中国古代几乎没有系统化的刑事诉讼法,法律主要表现为刑事实体法。其次,从具体刑事诉讼过程来看,审判者拥有较大的自主选择权,并不受制于刑事诉讼程序。只要有利于发现犯罪、查清犯罪事实,那么,一切方式方法均可采用。刑讯逼供是合法化的讯问方式,既可以对被告人进行刑讯逼供,必要情况下,也可以对被害人及证人进行刑讯逼供,彰显了不惜一切代价去追求实体公正的价值取向。刑事诉讼采取不公开审理的方式;无论是控告方还是被控告方,均不具有独立的诉讼主体地位;审判者主导整个诉讼进程,拥有绝对的裁判权,表现出对程序公正的淡化和漠视。

### (二)重道德教化

伦理关系以情感为基础,而以道德为支撑。道德靠的是人的自觉自律,但如何能使人自觉自律,则需要教化。儒家一直倡导“教化为先”思想,并为历代君主所崇尚,作为治世经国之道。如康熙认为:“朕惟至治之世,不以法令为亟,而以教化为先……盖法令禁于一时,而教

---

① 胡旭晟主编:《狱与讼:中国传统诉讼文化研究》,中国人民大学出版社2012年版,第10页。

化维于可久,若徒恃法令,而教化不先,是舍本而务末也。”[①]教化为先,刑罚只是教化的辅助手段,正如荀子所言:“不教而诛,则刑繁而邪不胜;教而不诛,则奸民不惩。”[②]“教化为先”不只是泛泛意义上的道德与法律关系的表述,即使在具体的司法过程中,也处处彰显“教化为先”的思想。中国古代官员在审理案件时,不是直接依法居中作出裁判,而是首先要考虑如何能使犯罪人不再实施犯罪,如何彻底消除犯罪的根由,如何使犯罪人重新回归理性之人、道德之人,如何通过个案的处理来促进社会的和谐。就这个视角而言,地方官员首先扮演的不是一个司法者,而是一个教化者,一个帮助他人实现和谐及促进社会和谐的教化者。因此,作为地方官员在处理个案的时候,更加注重对案件具体情况的分析,更加强调“对症下药”,而不刻意追求案件处理是否符合规范性的要求,这也就是所谓的司法个别化。“所谓司法的个别化,乃是指这样一种倾向,即司法官在诉讼过程中所追求和注重的乃是使具体个别案件的处理结果尽可能公正而合乎情理,至于案件的裁判是否依据或符合一般规则(尤其是法律)则不具有根本的重要性。这种倾向恰恰是中国诉讼传统的一大特征,而其学理支撑则是中国古代伦理学所津津乐道的‘经’、‘权’之道。”[③]

教化是要对人的内心产生影响,之所以能够对人的内心产生影响并使之重新回归社会,其根本原因不在于外部,而在于人的自我。儒家秉持人性本善的思想,也就是人是理性的,人本就是知道应当做什么、该如何去做的,只不过由于各种因素的影响,不加强自我的修身,导致心灵蒙尘,迷失了自我。所谓教化,也不是由外向内注入力量,因为这种力量人本固有,教化只不过是唤醒人之善的本性,帮其擦拭心灵的灰尘,使其重新回归理性之人。从这个意义上讲,司法并不是一个简单的裁判活动,而是承载着教化的功能,通过司法来实现对当事人乃至对整

---

① 《圣祖仁皇帝圣训》卷六。

② 《荀子·富国》。

③ 胡旭晟主编:《狱与讼:中国传统诉讼文化研究》,中国人民大学出版社2012年版,第19页。

个社会的教化。外在取决于内在,行为受制于内心,教化就是要对人的内心发挥作用,因此,在儒家思想的影响下,中国古代司法更加注重对犯罪主观方面的考量,主观恶性有无以及大小是定罪量刑的关键因素。对主观方面善与恶的考量,不是一个纯粹的法律问题,更是一个道德范畴的事情,这也正是"春秋决狱"产生的背景所在。"'春秋决狱'的核心在于'论心定罪',即根据人的主观动机、意图、愿望来确定其是否有罪,具体标准是'志善而违于法者免,志恶而合于法者诛'。"①"在'引经决狱'思潮的推动下,建立在心性学说基础上的'原心'以及由此衍生的'原情'、'原孝'、'原忠'等审判、刑罚原则才大行其道。"②在道德和法律的关系上,法律处于辅助地位;在教化与刑罚的关系上,教化先于刑罚。某种意义上可以说,刑罚适用的本身就是教化的一种手段和辅助,还可以是教化失利而不得已所做的一种选择,因此,刑罚既不可能作为首选,也不可能成为一种理想的选择。

### (三)重亲情维护

儒家倡导伦理本位,对伦理关系的维护是国家权力存在的重要价值所在。伦理关系的基础是情感,对伦理关系的维护实质上就是对情感的维护,情感有远有近,对亲情的维护毫无疑问理应成为情感维护的起点和重点。"人类之间的亲情是人类一切感情的联系和基础,是一切爱的起点。"③刑事诉讼领域也不例外,在诉讼价值取向方面,表现出了重在维护亲情的伦理色彩。"在传统中国的诉讼运作中,伦理、人情之类的考虑总是高于法律本身的逻辑,当法律逻辑的运用有助于伦理、人情的实现时,其司法判决自然会是合乎逻辑的,但反之则否。这就是所谓中国传统诉讼文化的非逻辑化特征。"④而在中国古代刑事司法领域中,最能体现对亲情维护的莫过于"亲亲相隐"制度。"'亲亲得相首

---

① 《盐铁论·刑德》。

② 夏锦文主编:《传承与创新:中国传统法律文化的现代价值》,中国人民大学出版社2012年版,第341页。

③ 同上书,第639页。

④ 胡旭晟主编:《狱与讼:中国传统诉讼文化研究》,中国人民大学出版社2012年版,第21页。

匿’,也叫亲亲相隐、容隐制度,是指在一定范围内,亲属之间应当相互隐瞒犯罪事实,法律不予制裁,或减轻处罚,它是儒家思想法律化的一个明显标志,是我国古代法律中的一项重要制度。容隐制度是家本位的产物,始于春秋,形成于汉,成熟于唐。我国的容隐制度在彰显孝道的同时,也反映了‘礼法合治’下的人伦精神,有利于对亲情的维护和对人权的保护,也有利于社会的和谐与稳定。容隐制度不仅在不同的社会制度和不同的法系国家中存在,从古到今,也未曾消失过。”①“亲亲相隐”制度并不是对犯罪的一种纵容,犯罪在任何社会都是被否定的现象,只不过采取何种方式、以何种代价和成本,来实现对犯罪的打击和控制则是问题的关键所在。维护伦理亲情是国家的重要价值所在,打击犯罪、维护社会秩序同样也是国家的重要职责,二者并行不悖时,不存在作出何种选择的问题。当打击犯罪、维护社会秩序与维护亲情伦理发生冲突时,则存在一个选择的问题,而以何种标准作出选择则取决于社会以何者为本位。当社会以伦理为本位时,那么必然作出维护亲情的选择;当以打击犯罪、维护社会秩序为本位时,则会作出相反的选择。“亲亲相隐”实质上就是伦理本位的体现,表明了不以亲情的丧失来作为打击犯罪、维护社会秩序的成本和代价。正如孔子所言:“父为子隐,子为父隐,直在其中矣。”②“在孔子看来,父子相隐是正确的行为,是孝,孝是道德的,凡符合道德的也就是合法的,倒是不相隐会受到道德的谴责,甚至法律的惩罚。”③“亲亲相隐”制度在不同朝代,其表现形式与具体做法也不尽相同,以唐律为例,“同居有罪相为隐:按唐律规定,凡同财共居者以及大功以上亲属、外祖父母、外孙、孙之妻、夫之兄弟及兄弟之妻,有罪皆可相互包庇隐瞒,部曲、奴婢亦可为其主人家长隐瞒犯罪,即使为犯罪者通报消息,帮助其隐藏、逃亡以避法律,皆不负刑事责任。小功以下亲属相互容隐者,减凡人三等处罚。这种

---

① 夏锦文主编:《传承与创新:中国传统法律文化的现代价值》,中国人民大学出版社2012年版,第637页。

② 《论语·子路》。

③ 胡旭晟主编:《狱与讼:中国传统诉讼文化研究》,中国人民大学出版社2012年版,第91页。

同居相容隐制度是从西汉时'亲亲得相首匿'制度发展而来的,是唐律以礼为准的一个突出表现。"[①]"这种人伦思想实际上以最小的代价维系了社会的亲情和诚信,为构建诚信友爱的社会打下了最基本也是最坚实的基础。"[②]"亲亲相隐"不只是对亲情及社会诚信的一种维护,更是彰显了对人性的一种尊重。"总体而言,容隐制度体现了封建统治者在维护家国利益一致基础上的人伦精神,其维护了基本的人性需求,通过建立个人之间的互爱互信,建立了社会的普遍信任机制。"[③]"容隐制度的沿袭与发展是传统司法注重人性和人权的直接体现,体现了人作为人的基本要求,从捍卫家庭的人性本能角度出发,在司法集权中注重家庭关系的和谐与稳定,避免将犯罪嫌疑人的亲属置于指证犯罪的尴尬处境,尽可能减少夫妻反目、父子互质、兄弟相残等违背人情、影响和谐的不正常行为,体现了法律的文明和对人性的关怀。因为亲情之爱是人类最基本、最重要的需求,'亲亲相隐'一定程度上释放了人性,符合人类普遍的正义观念,具有丰富的人情味和人性化。"[④]

从"亲亲相隐"扩散出去,由亲情到人情,整个中国古代司法充满了浓浓的人情味道。"在立法领域,应当顺应民之情性,来制定国之度策;在司法领域,则自然少不了依民情所向来裁决案件的倾向。"[⑤]在司法过程中,尤其是注重对民情民意的考量,将民情注入司法,使司法在人情的作用下,带有极大的弹性和变通性。"他们依据法律,却不拘泥于条文与字句;名于是非,但也不是呆板不近人情。他们的裁判常常是变通的,但是都建立在人情之上,这正是对于法律精神的最深刻的理解。"[⑥]

---

① 曾宪义、马小红主编:《礼与法:中国传统法律文化总论》,中国人民大学出版社 2012 年版,第 152 页。

② 夏锦文主编:《传承与创新:中国传统法律文化的现代价值》,中国人民大学出版社 2012 年版,第 639 页。

③ 同上。

④ 同上。

⑤ 同上书,第 337 页。

⑥ 梁治平:《法意与人情》,中国法制出版社 2004 年版,第 236 页。

## 四、对诉讼制度的影响

### (一)存留养亲制度

儒家主张伦理本位,在诸伦理关系中,父母与子女关系无疑是最近的、也是最重要的关系,因而也是最需要理顺、最需要和谐的关系。儒家通过制礼来保障各伦理关系的和顺,礼更多地表现为各伦理关系主体所应承担的义务。通过义务的承担,来实现彼此的付出,通过付出,来达到伦理关系的和顺。在父母与子女伦理关系中,其和顺的基本要求就是"父慈子孝",做父母的对子女要仁慈,做子女的对父母要孝顺。孝道思想是儒家思想的核心内容,孝道不仅体现了对父母给予生命的感恩,同时也是对父母抚养成人的一种回报。儒家正是通过这种伦理关系主体彼此间承担义务的方式,来最终实现各伦理关系的和谐,进而实现和谐社会。孝道是实现父母与子女关系和谐的关键,因而也就自然成为信奉儒家的统治者治世经国的重要关注点。某种意义上可以说,"存留养亲"制度实质上就是儒家孝道思想在刑事司法领域中的体现,在惩治犯罪与尽孝道两个冲突的利益当中,在儒家伦理本位观及道德本位观的影响下,最终所作出的一种倾向于维护父母与子女伦理关系的选择,表明了统治者不会因为惩治犯罪这一诉讼价值取向而轻易放弃对伦理纲常的维护。

### (二)恤刑制度

儒家倡导仁爱思想,认为"仁者爱人",主张为政在仁。中国古代刑事司法领域自始至终贯穿仁爱思想,慎刑及司法人道化规定与做法处处可见。例如:"一赦曰幼弱,再赦曰老耄,三赦曰蠢愚。"①"至于敬寡,至于属妇,合由以容"②。"礼云:'九十曰耄,七岁曰悼,悼与耄虽有死罪不加刑'。爱幼养老之义也。"③"诸年七十以上、十五以下及废疾,犯流罪以下,收赎。八十以上、十岁以下及笃疾,犯反、逆、杀人应死者,上请;盗及伤人者,亦收赎。余皆勿论。九十以上、七岁以下,虽有死

① 《周礼·秋官·司寇》。
② 《尚书·周书·梓材》。
③ 《唐律疏议·名例》。

罪，不加刑；即有人教令，坐其教令者。若有赃应备，受赃者备之。诸犯罪时虽未老、疾，而事发时老、疾者，依老、疾论。若在徒年限内老、疾，亦如之。犯罪时幼小，事发时长大，依幼小论。”[①]“妇人之法，例不独流，故犯流不配，留住，决杖、居作……其妇人流法，与男子不同：虽是老小，犯加役流，亦合收赎，征收铜一百斤。”[②]“禁囚：死罪枷、扭，妇人及流以下去扭，其杖罪散禁……诸妇人犯死罪，怀孕，当决者，听产后一百日乃行刑。”[③]上述规定与做法从直观上看，体现了中国古代对年老者、年幼者、妇女及智障者的特殊关照，但从实质上讲，仍是儒家“仁爱”思想在刑事司法领域的体现。

（三）录囚制度

“录囚也称虑囚，主要指皇帝和各级官员定期或不定期地巡视监狱、讯察狱囚、平反冤狱、决遣淹滞、施行宽赦，借以体现仁政并维护国家的法律秩序，其本质是通过对狱情的审查，实现对司法审判活动的监督。”[④]录囚制度是中国古代较为普遍适用的一项司法制度，在历朝历代律法中均有所体现。例如：“及武为刺史，行部录囚徒。”[⑤]“诸州常以八月巡行所部郡国，录囚徒，考殿最。”[⑥]“诸狱之长官，五日一虑囚”[⑦]。“京兆、河南、太原牧及都督、刺史……每岁一巡属县……录囚徒。”[⑧]“冬十月壬子朔，日有食之。癸丑，命法司录囚，会翰林院给事中及春坊官会议平允以闻。”[⑨]“自此以后，每视朝，录禁囚二百人，帝亲自案问。”[⑩]“康熙十年，定每年小满后十日起，至立秋前一日止，非实犯死罪及军、流，俱量予减等”；“乾隆以后，第准免笞、杖，则递行八折决放，枷

---

① 《唐律疏议·名例》。

② 同上。

③ 《唐律疏议·断狱》。

④ 陈光中：《中国古代司法制度》，北京大学出版社2017年版，第455～456页。

⑤ 《汉书·何武传》。

⑥ 《后汉书·百官五》。

⑦ 《新唐书·刑法志》。

⑧ 《唐六典》卷三十《三府督护州县官吏》。

⑨ 《册府元龟》卷五十八《帝王部·勤政》。

⑩ 《明史》卷二《太祖本纪二》。

号渐释,余不之及"。[1] 录囚制度虽然涉及内容较为广泛,其功能也呈多元化,但就总体上而言,录囚制度实质上也是儒家仁爱思想在刑事司法领域的体现。

(四)死刑复核、复奏制度

儒家强调教化为先,主张为政在仁,在对待刑罚的态度上,表现出明显的"慎刑狱"特点,尤其是对待死刑的适用方面则更加慎重。一是在判处死刑时,采取慎之又慎的态度和做法。二是设立死刑特别复核、复奏程序,以确保慎重适用死刑。"在中国古代,对于死刑案件设立了特别程序加以复核。对于死刑案件,实行由中央司法机关和皇帝核准的制度,隋唐时期还实行死刑执行前向皇帝报奏,皇帝作最后定夺的死刑复奏制度。"[2]古代历朝历代均不同程度地规定了针对死刑的特别复核、复奏制度,以唐朝律法为例,"凡决大辟罪,在京者,行决之司五覆奏;在外者,刑部三覆奏。(注云:在京者,决前一日二覆奏,决日三覆奏;在外者,初日一覆奏,后日再覆奏。纵临时有敕不许覆奏,亦准次覆奏)若犯恶逆已上及部曲、奴婢杀主者,唯一覆奏"[3]。另外,在死刑复核的时间上,往往都与时令保持一致,选择在秋季进行。如"明清时期,对于判处死刑、加以监禁以待秋天处决的案件实行复核的特别程序称为'秋审'和'朝审'"[4]。秋审和朝审都是在每年的霜降以后进行,在霜降以后处理死刑问题,突出了人与自然的协调一致,是儒家"天人合一"思想在刑事司法领域的体现。

综上所述,儒家思想在中国古代长期以来一直处于主导地位,其所倡导的人生哲学目标直接指向和谐人生,主张人性本善,认为人是理性之人、情感之人、道德之人及自然向上之人。儒家的社会哲学目标则直接指向和谐社会,社会和谐的基础是彼此关系的和谐,儒家认为人只有

---

① 《清史稿》卷一百四十四《刑法三》。

② 陈光中主编:《刑事诉讼法》(第6版),北京大学出版社、高等教育出版社2016年版,第45页。

③ 《唐六典》卷六《尚书刑部》。

④ 陈光中主编:《刑事诉讼法》(第6版),北京大学出版社、高等教育出版社2016年版,第45页。

在情感当中才会甘愿付出,因此儒家倡导义务本位。为了厚重人与人之间的情感,儒家将社会关系伦理化、家庭化,由近到远、引远入近,通过礼、乐等道德载体来涵养人的心理,厚重人与人之间的情感,体现出浓浓的伦理本位观及道德本位观。儒家主张伦理关系始于家庭却不止于家庭,所有的家、国观念均是私欲的体现,家庭和谐不过是社会和谐的重要组成部分,国家的职能主要是要促进社会的和谐,这个社会不是某一局部社会,而是整个天下,因此,也就出现了引领世界走向和谐的"天下国"。由个人和谐、家庭和谐不断向外扩展出去,直至实现世界大同,这才是儒家人生哲学与社会哲学的真正意义所在。在儒家思想的影响下,中国古代刑事司法模式总体上呈现控诉多元化、被告人无诉讼主体地位、审判者居于绝对主导地位、刑讯逼供合法化及无真正意义上的辩护制度等特点。儒家思想对中国古代刑事司法模式的影响体现在方方面面,首先是无讼、息讼、厌讼的诉讼态度,然后是行政化色彩浓厚的刑事治罪模式,而在诉讼价值方面,则表现出了"重实体、轻程序""重道德教化""重亲情维护"的价值取向,在儒家"伦理本位"、"仁爱"及"天人合一"等思想的影响下,"存留养亲"、"恤刑"、"录囚"、"死刑复核、复奏"、"秋审"及"朝审"等诉讼制度均体现出了对亲情及伦理的维护,刑事司法呈现注重人情化、人道化及与自然保持协调一致的特点。

# 第三章　中国近、现代刑事司法模式

中国长期处于较为稳定的封建社会状态，刑事司法方面表现出了浓厚的纠问式诉讼模式的特点。自 1840 年第一次鸦片战争之后，由于外来势力的强行侵入，打破了原有传统的封建社会状态，被动地开启了近现代社会进程，中国近现代社会的历程就是一个反殖民统治、反封建统治、不断争取民族独立与解放的过程。从清末变法图强开始，到中华人民共和国成立之前，在刑事司法方面，从总体表现形式上来看，基本上经历了由仿效西方的职权主义诉讼模式，到逐步建立融合了中国传统元素的职权主义诉讼模式，再到最终国民党政府时期的较为典型的职权主义诉讼模式。中华人民共和国成立后，在刑事诉讼制度建设方面，经历了由初创到曲折发展的历程。刑事诉讼模式也经历了由 1979 年《刑事诉讼法》时期的强职权主义诉讼模式，到 1996 年《刑事诉讼法》修改后的相对弱化的强职权主义诉讼模式，再到 2012 年、2018 年《刑事诉讼法》修改后的混合式刑事诉讼模式的历程。

## 第一节　近代刑事司法模式

从 1840 年的第一次鸦片战争开始，到 1949 年的南京国民党政权覆亡后中华人民共和国的成立为止，这段历史都为中国近代史，历经清王朝晚期、中华民国临时政府时期、北洋军阀时期和国民政府时期。

### 一、清末时期拟定的刑事司法模式

儒家倡导“伦理本位”“道德本位”“义务本位”，主张人与自然的和谐、人与人的和谐，其理想目标是实现世界大同。而上述思想都是建立在情感基础之上，以个体的相互付出为指向，并不强调欲望的膨胀。由此人与自然之间不是征服与被征服的关系，而是天、地、人和谐相处的关系；人与人之间不是互相利用的关系，而是彼此相互付出的关系；国与国之间不是统治与被统治的关系，而是互相引领进而实现世界大同的关系。儒家思想在中国古代的主导地位，决定了中国古代并不崇尚武力征服，而是注重思想文化的引领，这也是中国古代能够形成中华文明的原因所在。但引领基于自愿而非强迫，囿于古代传播途径，中国古代思想文化的引领也仅限于周边国家，未对西方产生实质影响，从而导致中国古代呈现相对保守封闭的一面。

1840年的鸦片战争打破了中国古代保守封闭的格局，在学习西方先进科学技术的同时，清末统治者也在寻求制度上的变法图强。“清末立法主要目的是确保帝制制度的维系，以法律确认列强在华的权益。而修律在客观上加速打破了旧法统，改革了旧律中的落后内容，确立了一系列新的法律制度，客观上促使中国法制走向近代化。然而，列强出于维持中国落后状态便于经济掠夺的目的，导致了近代中国法制畸形且缓慢的发展。”①清末修律首先面临的一个问题，就是如何对待传统的“道德本位”“德主刑辅”的治国理念，由此导致了“礼法之争”。“所谓‘礼法之争’，是指在清末变法修律过程中，以张之洞、劳乃宣为代表的‘礼教派’与以修订法律大臣沈家本为代表的‘法理派’围绕《大清新刑律》等新式法典的修订而产生的理论争执。”②“礼教派”与“法理派”的“礼法之争”实质上涉及是全盘西化还是以我为主进行借鉴的问题，但最终清末王朝还是选择了后者。“惟是刑法之源，本乎礼教。中外各国礼教不同，故刑法亦因之而异……良以三纲五常，阐自唐、虞，圣帝明王兢兢保守，实为数千年相传之国粹，立国之大本。今寰海大通，国际每多交涉，固不宜墨守故常，致失通变宜民之意，但祇可采彼所长，益

① 曾宪义主编：《中国法制史》（第3版），北京大学出版社、高等教育出版社2013年版，第286页。

② 同上书，第295页。

我所短。凡我旧律义关伦常诸条,不可率行变革,庶以维天理民彝于不敝。该大臣务本此意,以为修改宗旨,是为至要。”①也就是说,从结构及外在形式上看,大量地借鉴了西方的法律制度,但从实质上看,又保留了法律对伦理纲常的维护,当法律与伦理道德发生冲突时,法律还是要作出让步,体现了仍然以伦理、道德为本位的思想和做法。与这种思想与做法相适应,清末拟定的刑事司法模式也呈现较为特殊的一面。在刑事诉讼构造及表现形式方面,主要是借鉴了 1890 年《日本刑事诉讼法》,呈现浓浓的职权主义诉讼模式的特点。而在具体规定上,又时常折射出对儒家伦理道德的维护。根据沈家本等上奏朝廷的《大清刑事诉讼律(草案)》奏折,清末拟定的刑事司法模式主要呈现以下特点。

(一)实行控、审分离原则

根据沈家本等上奏朝廷的奏折,清末《大清刑事诉讼律(草案)》首先摒弃了纠问式诉讼模式,审判官专司审判,不再从事追诉职责,以此来保证审判官中立者的诉讼地位,进而期望有助于实现实体公正与程序公正。如奏折中强调:“一曰诉讼用告劾程式。查诉讼程式有纠问、告劾之别。纠问式者,以审判官为诉讼主体,凡案件不必待人告诉,即由审判官亲自诉追,亲自审判,所谓不告亦理是也。告劾式者,以当事人为诉讼主体,凡追诉由当事人行之,所谓不告不理是也。在昔各国多用纠问式,今则概用告劾式,使审判官超然屹立于原告、被告之外,权衡两至,以听其成,最为得情法之平。”

(二)采取国家追诉原则

清末拟采取的告劾式诉讼模式并不弱化国家的追诉任务,而是将刑事案件与民事案件加以区分,认为犯罪侵害的是公共秩序、公共安全、公共利益,因此,追诉犯罪应当是国家的分内之事,不同于私法中的诉讼程序,刑事起诉权专属于国家的检察机关。如奏折中所云:“二曰检察提起公诉。犯罪行为与私法之不法行为有别:不法行为不过害及私人之利益,而犯罪行为无不害国家之公安。公诉即实行刑罚权,以维

① 《大清法规大全·法律部》。

持国家之公安者也，非如私诉之仅为私人而设。故提起之权应专属于代表国家之检察官。”

（三）突出对实体公正的追求

职权主义诉讼模式很重要的一个特点，就是倾向于对实体公正的追求，强调对公共利益的维护。清末拟定的刑事司法模式中，就突出了对实体公正的追求，如奏折中强调：“三曰摘发真实。其主义有三：一为自由心证。证据之法，中国旧用口供，各国通例则用众证。众证之优于口供，无待缕述。然证据而以法律预定，则事实皆凭推测，真实反被所蔽，宜悉凭审判官自由取舍。一为直接审理。凡该案关系之人与物，必行直接讯问调查，不凭他人申报之言辞及文书，辄与断定。一为言辞辩论。于原被两造之言辞辩论而折中听断，自经辩论之后，于被告之一造亦可察言观色，以验其情之真伪。”也就是说，为了保证实体公正的实现，在证据制度方面，采用“自由心证”的证明标准，摒弃了纠问式诉讼模式下的法定证据制度。为了保证审判官在庭审中的主导地位，防止审判官的中心地位被庭外所形成的证据架空，因此，采取直接审理原则，所有的证据都必须出示在法庭、质证在法庭、认证在法庭，做到案件事实形成于法庭。为实现实体公正，防止产生偏听偏信问题，实行“两造审理”方式，并赋予控、辩双方辩论权，通过互相辩论来认定事实，进而实现“兼听则明”的司法效果。

（四）控、辩平等对抗

从诉讼地位上看，控、辩双方处于平等诉讼地位。因为只有平等，才能产生真正的对抗，如果控、辩双方处于不平等诉讼地位，则对抗只能是形式上的对抗，很难产生实效。平等不只是法定诉讼地位的平等，还需要对抗能力的相近，但不可否认的是，与职业的检察官相比，被指控者处于天然的弱势地位。为了保证被指控者能够真正具有与检察官对抗的能力，特赋予被告人有聘请辩护人、辅佐人为其收集证据并进行辩护的权利。对此，奏折中予以了明确：“四曰原被待遇同等。同等云者，非地位相同，指诉讼中关于攻击防御俾以同等便利而言。盖原告之起诉，既为谙习法律之检察官，若被告系无学识经验之人，何能于之对待？故特许被告人用辩护人、辅佐人并为收集证据，与以最终辩论之权,庶两造势力不至有所盈缺。”

(五)实行审判公开原则

与古代纠问式刑事诉讼模式不同的是,摒弃了刑事诉讼神秘主义,不强调“刑不可知则威不可测”的司法效果,而是实行审判公开原则。通过审判公开,来实现审判公正,防止审判官员徇私舞弊。奏折中云:“五曰审判公开。此本为宪政国之第一要件。盖公开法庭,许无关系之人旁听,具瞻所在,直道自彰,并可杜官员营私执法诸弊。”

(六)不实行起诉便宜主义

职权主义诉讼模式更加强调法官在诉讼中的主导地位,注重对国家利益、公共利益及社会秩序的维护,倾向于对实体公正的追求。审判官不能主动启动审判程序,控诉权归于检察官,但一旦启动审判程序,检察官就失去了对诉讼的控制权,除亲告罪之外,无论是撤诉还是被告人与原告人和解,均由审判官掌控,如奏折中所云:“六曰当事人无处分权。查民事诉讼乃依私法上请求权,请求私权之保护者,当事人于诉讼中均得随时舍弃。惟刑事诉讼乃依公法上请求权,请求国家科刑权之适用者,其权固属国家,虽检察官不得随意处分,被告更不待言。是以近日各国立法例除亲告罪外,不准检察官任便舍弃起诉权,不许犯人与原告人擅行私和,并在诉讼中撤回公诉。”

(七)法官处于绝对主导地位

法官在审判阶段处于绝对主导地位,这不仅表现在控、辩双方均无诉讼处分权方面,还表现在审判官不受控、辩双方辩论内容及范围的约束。作为审判官,可以超越于控、辩双方的诉求及辩论范围,为了查清事实真相,可以主动进行调查取证。法官的这种诉讼主导地位在奏折中已经得到确认:“七曰用干涉主义。民事诉讼当事人有处分权,审判官不得干涉。至刑事诉讼,当事人无处分权,审判官因断定其罪之有无,应干涉调查一切必要事宜,而不为当事人之辩论所拘束。”

从上述刑事诉讼模式的架构可以看出,清末拟通过立法来建立一套近似于大陆法系的职权主义刑事诉讼模式。这虽然是一个被动的变法过程,而且所制定的《大清刑事诉讼律(草案)》最终也未得到颁行,但不可否认的是,这毕竟是向近现代迈进的一个标志,客观上对后世立法也产生了深远影响。“清末改制、立法的一系列活动，虽然有其历史局限性，且大都未曾颁布实施，但是，这次改革结束了中国长达几千年的古代刑事诉讼制度，并对以后的立法产生了深远的影响。通过这次改制，确认了一些体现资产阶级民主、自由和平等的诉讼原则和制度，如审判公开、控审分离、直接言词原则和辩护制度等，同时废除了刑讯制度；第一次将程序法与实体法分开，并根据诉讼法在调整对象与性质上的差别，将之分为刑事诉讼法和民事诉讼法，这在中国的立法史上是一个巨大的进步；初步确立了大陆法系职权主义的诉讼结构，这种模式为后来的刑事诉讼制度的改革和发展奠定了基础。”①但这时期也出现了较为独特的一种现象，即法思想与法律制度脱节的问题，在制度层面近代化的同时，思想层面却依然停留在过去，这也是“礼法之争”最后礼并未真正退出的深层原因所在。正如俞荣根先生所说：“法思想的变革往往会落后于时代的变革。这种意识形态的相对独立性在清末表现得十分明显。如果把法思想比做一个人的头，而社会政治、经济比做它的脚，那么我们看到的则是一副扭曲的怪相：脚已站在近代社会土地上，而头却留在古代社会的那一边，因而脖子不能不伸得老长老长。”②虽然传统儒家法律思想不断受到冲击，但却并未从根本上动摇其在该时期的社会主导地位，“就其法思想层面而言，除了孙中山的三民主义和五权宪法思想体系具有以近代民主主义宪法和法治思想为主体积极汲取儒家法思想的优秀因素的自觉理论创新外，大多出入于儒家伦理法之中，重演‘托古改制’的闹剧，高唱‘法先王’的老调，盘桓于儒家法思想的价值观和方法论之下。因此，儒家法思想的瓦解和民主主义法思想的发展呈现为一个曲折漫长的过程”③。

## 二、南京临时政府时期的刑事司法模式

辛亥革命推翻了清政府，建立了中国历史上第一个资产阶级民主政府。在较为激进的民主共和思想的影响下，在政治上否定清朝封建

① 陈卫东主编：《刑事诉讼法学》，高等教育出版社 2017 年版，第 20 页。
② 俞荣根：《儒家法思想通论》（修订版），商务印书馆 2018 年版，第 586～587 页。
③ 同上书，第 587 页。

专制统治的同时,在制度上则完全效仿了西方的模式,尤其是在政治体制方面,完全参照了美国的政体模式,建立了立法权、行政权、司法权分立的政体模式,设置了专门的司法机关,明确规定司法权由临时中央审判所行使。南京临时政府首先通过《中华民国临时约法》确立了立法权、行政权、司法权分立的政权模式,如果按照正常的逻辑发展,在司法制度的建构上,也应以西方司法模式为蓝本,建立西方式的资产阶级司法制度。但由于制定新法是一个较为漫长的过程,对于刚刚成立的南京临时政府来说,无疑是非常困难的事情,而政府又不能无法可据,因此,只能采取分两步走的战略,先援用清末颁行的或未来得及颁行的法律及法律草案,待政府稳定后,再进行彻底的改良。"南京临时政府成立后,仓促间不能及时制定各专门法典。为使行政与司法有所依据,1912 年 3 月,司法总长吴廷芳向临时大总统孙中山提出暂时适用清末制定的诸法及法律草案的呈文。3 月 21 日,孙中山将此呈文咨请参议院审议。4 月 3 日,参议院议决同意援用清末颁布的新刑律、法院编制法、商律、违警律、禁烟条例、国籍条例等法律法规。'凡关民事案件,应仍照前清现行律中规定各条办理。'不过,对须援用的前清各项法律,应'由政府饬法制局将各种法律中与民主国体抵触各条,签注或签改后,交由本院议决公布施行'。由于 4 月下旬内阁及参议院先后迁往北京,南京临时政府尚未完成这一程序就已经结束了。"①虽然南京临时政府存在时间较短,并且在刑事诉讼立法方面也未取得实质性进展,但通过其所制定的《中华民国临时约法》,已经为刑事司法模式确立了大致的框架,彰显了人权保障、公开审判、司法独立、法官职业保障及司法文明、司法人道的基本理念,并通过配套法律制度的建设,规定了法官遴选制度、律师制度、陪审制度和辩护制度。

(一)彰显人权保障理念

封建纠问式诉讼模式之下,无论是控告方还是被控告方,均无独立的诉讼主体地位,作为被指控方,更是被追诉的对象,毫无诉讼权利可

① 范忠信、陈景良主编:《中国法制史》,北京大学出版社 2007 年版,第 504 页。

言。在重实体轻程序理念的指导下，只要有利于发现犯罪事实，就可以忽略程序的正当性，被控告方及其他民众的权利皆可成为追诉犯罪、打击犯罪的成本和代价。南京临时政府通过《中华民国临时约法》，在制约司法权力的同时，充分保障人民的基本权利，尤其是保障人民在刑事诉讼中的基本权利。如《中华民国临时约法》第 6 条规定："人民得享有左列各项之自由权。一、人民之身体非依法律，不得逮捕、拘禁、审问、处罚。二、人民之家宅非依法律不得侵入或搜索……"

（二）确立审判公开原则

中国古代纠问式诉讼模式下，司法直接指向终极目标——创建和谐社会。和谐社会的一个重要表现就是无讼的状态，为了有效抑制犯罪、彰显法律的威慑力，在德主刑辅原则的指导下，法律充当了道德教化的辅助手段。为了彰显法律的威慑力，实现有效预防犯罪的社会效果，统治者更加强调"刑不可知则威不可测"的法律价值观。在司法过程中，实行的也是"司法神秘主义"，以便于让司法者拥有更大的自由裁量空间，为刑讯逼供等大开方便之门。资产阶级刑事诉讼制度建立在民主、自由及权利本位等观念之上，注重诉讼中的人权保障，强调程序公正理念，而在程序公正诸多内涵当中，审判公开无疑是至关重要的。南京临时政府既然以美国等典型的资产阶级民主制度为范本，必然要在刑事司法中彰显程序公正理念。《中华民国临时约法》第 50 条规定："法院之审判须公开之。但有认为妨害安宁秩序者得秘密之。"通过立法方式，公开确立了以审判公开为原则、不公开审判为例外的审判制度。

（三）强调司法独立原则

中国古代司法与行政不分，并不存在纯粹的职业法官，因而也谈不上司法独立的问题。整个司法过程基本上由审判官员独揽，地方的行政权与司法权由行政官员一人行使，因此，也不存在互相制约的问题。司法独立的核心是法官独立，法官独立不仅意味着法官独立于地方行政官员，同时也包括独立于法院内部的行政长官。南京临时政府在《中华民国临时约法》第 51 条中明确规定："法官独立审判不受上级官厅之干涉。"为了保障法官能够独立司法，还从法律职业角度对法官予以职业保障。如第52条规定："法官在任中不得减俸或转职。非依法律受刑罚宣告或应免职之惩戒处分，不得解职。惩戒条规以法律定之。"

(四)注重司法文明化

在司法实体目标的追求方面，无论是古代还是近现代，并无实质差别，都希望通过对犯罪的惩治，以维护社会秩序及统治秩序，问题的关键主要在于通过何种方式、手段和代价来实现上述目标。中国古代为了实现上述司法目标，为了收集证据、查清犯罪事实，可以采取刑讯逼供等极端手段，以口供的有无作为定案的主要依据。近现代倡导"正当程序"理论，不仅要追求诉讼的实体公正，还要注重程序公正，体现了诉讼文明的一面。南京临时政府否定清政府统治的意志是坚决的，积极效仿西方资产阶级民主制度的态度是认真的。在刑事司法方面，积极倡导诉讼文明，重证据而轻口供，主张废除刑讯制度。虽然立法中未来得及予以明确，但南京临时政府通过颁布大总统令的方式，废除了刑讯制度。"不论行政司法官署，及何种案件，一概不准刑讯，鞫狱当视证据之充实与否，不当偏废口供。"①

除了通过《中华民国临时约法》及总统令确立了上述刑事司法制度以外，"南京临时政府还草拟了《中央裁判所官职令草案》《律师法草案》，规定慎选法官，建立律师制度、陪审制度和辩护制度，要求诉讼采取文明办法、尊重法律并公开进行"②。"南京临时政府虽然只存续了3个月，却在司法领域进行了多项重大改革。这些改革，借鉴了欧美资产阶级国家的法律制度，否定了封建的苛政酷刑，将近代的法律思想和人道主义精神融入刑事诉讼制度中，尽管存在一定的局限性并且未能完全付诸实施，但其历史功绩是不能抹杀的。"③

---

① 中国科学院近代史研究所史料编译组编辑：《辛亥革命资料》，中华书局1961年版，第215页。

② 陈光中主编：《刑事诉讼法》(第6版)，北京大学出版社、高等教育出版社2016年版，第49～50页。

③ 同上书，第50页。

## 三、北洋政府时期的刑事司法模式

辛亥革命虽然推翻了清政府,并且按照西方资产阶级民主制度建立了政权,但就总体上而言,整个社会并未随之发生根本性的改变,尤其是在思想意识层面,儒家伦理道德并未随着西方民主制度的引入而退出。辛亥革命所导致的政权突变,客观上造成了民主政治体制与民众思想意识的背离,即社会普遍秉承传统的伦理道德观念,而革命者却建立了西方式的民主政权。这种背离不仅影响了新政权的稳定,而且也影响了法律制度应有作用的发挥。北洋政府时期某种意义上是一个过渡时期,也是一个承上启下的时期。在法制建设上,一方面,形式上基本沿用了清末以来的西方法律制度,另一方面,这些法律制度又不断经受传统力量的改良与洗礼,形成独具这个时期特色的法制状况。"1912 年 4 月至 1928 年 6 月,北京政府在北洋军阀专制统治下存续 16 年。其间,充满着帝制复辟与反帝制复辟、毁法与护法以及各军阀派系的斗争,以保护'中华民国'的名义,使民国成立以来所确立的法治理念,在历史的曲折中艰难发展。"①"北洋政府时期,一方面大量沿用清末的法律,另一方面,基于维护其反动统治的需要,颁布了一些有关诉讼程序和司法组织的单行法规。例如,对于清末的《各级审判厅试办章程》和《法院编制法》等法律,北洋政府只略加修改,即予以通令施行。对于清末未及颁行的《大清刑事诉讼律(草案)》,北洋政府先是分别援引其中的某些编、章,后于 1921 年将该草案予以修改,更名为《刑事诉讼条例》,予以公布。"②根据北洋政府时期颁行的宪法、刑事诉讼法及相关法律规定,北洋政府时期的刑事司法模式呈现混合式的特点。这种混合不单纯是横向不同刑事司法模式的混合,而且也是在借鉴横向刑事司法模式的基础上,与纵向传统刑事司法模式的一种混合,从而使这一时期的刑事司法模式,总体上呈现近现代职权主义诉讼模式的特点,同时又融入了传统纠问式诉讼模式的一些因素。

---

① 范忠信、陈景良主编:《中国法制史》,北京大学出版社 2007 年版,第 317 页。

② 陈卫东主编:《刑事诉讼法学》,高等教育出版社 2017 年版,第 20 页。

## (一)实行不完全意义上的司法独立

北洋政府并未否定自清末《大清刑事诉讼律(草案)》到南京临时政府《中华民国临时约法》所确立的司法独立原则,但在具体实施上则没有采用彻底的司法独立原则,而是采取了变通的做法,恢复了县知事兼理刑事案件的制度。这种行政官员兼司法审判官的做法,是对司法独立的实质否定,为司法专断打开了方便之门。“1914 年 4 月袁世凯撤销约占全国 2/3 的地方审检厅和全部初级审检厅,恢复县知事兼理民事、刑事案件的制度,《县知事审理诉讼暂行章程》规定:‘审判方法由县知事或承审员相机为之,但不得非法凌辱。’这里‘相机为之’的说法实际上为任意逮捕、拘押、刑讯等司法专横行为开了绿灯。”①在司法权缺少必要监督的情况下,司法者在整个司法过程中处于绝对主导地位,为达到其所追求的司法目标可以不择手段,带有浓厚的古代纠问式诉讼模式的特点。“按规定,初级审判厅审理第一审案件,而实际上却未成立,仍由县知事这一行政长官兼理民刑事案件。实际上恢复了封建时代行政与司法合一、行政长官干预司法的审判制度,从而造成重大弊端。”②这种做法显然有悖于民主政治的要求,也不符合社会发展的进程,为此,北洋政府进行了必要的调整,1917 年 5 月 1 日颁行了《县司法公署组织章程》,通过该章程设立了司法公署,要求在所有未设立法院的县设立司法公署,司法公署由审判官及县知事组成。审判官负责审判任务,县知事则承担了相当于检察官的职责,从形式上将行政权与司法权进行了分立,在司法独立的道路上又向前迈进了一步。但事实上,司法公署制并未得到有效的推行,“1926 年,在全国 2000 多个县中,设有司法公署的县仅有 46 个”③。即使实行司法公署制的县当中,由于县知事拥有行政权、财政权及犯罪查处等诸项权力,客观上使县知事在整个司法过程中,仍然处于主导地位,司法公署制实际上也并未产

① 陈光中主编:《刑事诉讼法》(第 6 版),北京大学出版社、高等教育出版社 2016 年版,第 50 页。

② 范忠信、陈景良主编:《中国法制史》,北京大学出版社 2007 年版,第 346 页。

③ 同上。

生通过权力分立进而实现司法独立的效果。

(二)广泛适用简易程序

简易程序是公正与效率兼顾的一种结果,在保证公正的前提下,较普通程序适当简化程序,以实现有限司法资源基础上的效益最大化。北洋政府时期,由于处于承上启下的过渡时期,人力、物力等司法资源相对有限,为了保障司法官员能够速裁速判,北洋政府颁行了大量关于简易程序的法律、法规,积极推行简易程序。

(三)确立辩护制度

控、辩、审三方构成刑事司法的基本架构,虽然北洋政府时期的刑事诉讼制度还不能称为彻底的职权主义诉讼模式,甚至还存在融入传统纠问式诉讼因素的情况,但不可否认的是,其整体诉讼架构已经彰显了近现代刑事诉讼的基本特点。辩护制度是近现代刑事诉讼中的基本制度,北洋政府不仅确立了辩护制度,同时还初步建立了法律职业制度,明确规定必须是法政学校毕业并经考试合格者,才能充任律师。

(四)广泛引用判例和解释例

北洋政府为了保证过渡时期能有法可依,采取了先有条件地援用清末时期的立法及法律草案,然后参照西方资产阶级民主政治及法律制度逐步完善立法。但由于当时社会关系较为复杂,并且社会动荡不安、变化较快,为了解决立法不足且滞后的问题,北洋政府大量援引大理院在司法实践中所确立的判例和解释例,这些判例和解释例成了该时期司法的主要依据。“据不完全统计,从1912—1927年,北洋政府大理院汇编的判例约有390件,公布的法律解释例多达2000多件,它们同样具有法律效力。北洋政府的法律体系实际上主要由制定法和司法解释两部分组成。”①

(五)大量适用非常程序

北洋政府时期,军阀混战,战争不断,权力实际上是掌控在军阀手中。“军事审判机关实际上经常代理普通司法审判,军法适用范围广为扩大。平民‘犯法’往往通过军法会审,按军法论处。法律和普通法

---

① 范忠信、陈景良主编:《中国法制史》,北京大学出版社2007年版,第347页。

院反而居于从属地位。军事审判的程序又是特别程序,如不得控诉及上告、不准旁听、不准选请辩护人,一切服从于军事长官的意志,比起普通法院的司法审判更为专横武断,反映了封建军阀专制的时代特点。”①

## 四、国民党政府时期的刑事司法模式

国民党政府总计存在了 24 年,主要分为两个阶段:第一阶段是 1925 年至 1927 年,即从国民政府在广州成立到汪精卫背叛革命;第二个阶段是 1927 年至 1949 年。“为了巩固政权,国民党一方面沿袭清末、北洋军阀时期的诉讼程序和司法体制,另一方面又陆续制定了一些成文法典,其中有关刑事诉讼的法律主要有:《中华民国刑事诉讼法》(1928 年)、《中华民国刑事诉讼法施行法》(1928 年)、《中华民国刑事诉讼法》(1935 年)、《中华民国刑事诉讼法施行法》(1935 年)。”②根据国民党政府所颁行的法律,从总体上看,国民党政府主要是借鉴了大陆法系的做法,尤其是以德、日等大陆法系国家的法律制度为蓝本,在刑事司法模式方面,表现出了明显的职权主义诉讼模式的特点。

### (一)实行控、审分离原则

北洋政府时期,虽然已经开始实行控、审分离,但事实上并未得到普遍推广,更多的只是一种形式上的强调。国民党政府时期,参照大陆法系的做法,设置了专门的检察官。虽然检察厅配置于法院,但并不影响对检察官的定位,从职业性质上来讲,检察官不同于法官,属于司法行政官,拥有搜查及审查起诉等职权。就审判程序的启动而言,法院不得就未经起诉之犯罪审判。因此,在审判程序启动方面,法官处于被动地位,实行没有控告就没有审判的做法,法官不能主动启动审判程序,实行较为严格的控、审分离制度,彻底改变了传统纠问式那种由审判官独揽司法权的做法。由国家承担刑事案件的控诉任务是世界各国的通行做法,区别只不过在于起诉权由检察官独揽还是采取公诉与自诉相结合以公诉为主。国民党政府时期,在起诉制度上,采取的是公诉与自

---

① 范忠信、陈景良主编:《中国法制史》,北京大学出版社 2007 年版,第 347 页。

② 陈卫东主编:《刑事诉讼法学》,高等教育出版社 2017 年版,第 20 ~ 21 页。

诉相结合但以公诉为主的做法，大多数刑事案件由检察官负责提起公诉，同时在刑事诉讼法中又明确了自诉制度。

（二）实行不变更原则

虽然法官不能主动启动审判程序，起诉权归于拥有公诉权的检察官及享有自诉权的公民个体，但审判程序一旦启动，那么之后的程序则基本上完全由法官掌控。国民党政府时期，刑事诉讼采取的是不变更原则，刑事案件一旦起诉到法院，起诉人便失去了对诉求的控制，起诉人不能撤回起诉，诉讼以法院的最终裁判作为终结，当事人并无处分权。

（三）法官可以依职权调查证据

职权主义诉讼模式很重要的一个标志就是突出法官在审判中的诉讼主导地位，注重追求刑事诉讼中的实体公正，倾向于发现案件真实。国民党政府时期，为了有助于法官发现案件真实，明确通过立法的方式，赋予法官主动调查证据的职权。这也是大陆法系职权主义诉讼模式与英美法系当事人主义诉讼模式的重要区别所在，体现了法官并非单纯的中立裁判者，而是国家实现惩治犯罪、维护社会秩序职责的重要执行者，彰显了司法对实体公正价值取向的注重与追求。

（四）采取直接审理原则

国民党政府时期，除少数例外诉讼行为委托受命推事进行以外，法官必须亲自接触当事人并收集相关证据，尽量避免传闻证据对法官的最终裁判产生影响。审判采用言词审理原则，通过言词方式进行举证、质证活动。在四级三审的审判制度中，一审、二审均要求言词审理，不允许通过书面方式进行，但第三审案件的审理例外，第三审为法律审，只审理以违反法令为由的上诉。

（五）采用自由心证原则

传统纠问式诉讼模式采用的是法定证据制度，只要具备了法律所规定的条件，即可据此作出裁判。职权主义诉讼模式则更加强调对实体真实的追求，但在真实与否的判断上，并不存在一个客观的标准，真实与否更多的是基于客观所形成的一种主观上的判断。这种判断首先是裁判者的内心确信，由裁判者进而推及当事人、相关监督制约者及社会民众的内心确信,这也是最为理想的一种状态。基于上述因素的考虑,职权主义诉讼模式在证据制度方面,实行自由心证制度。国民党政府时期,出于对发现真实的考虑,同时也基于法官在审判阶段所处的主导地位,在证据制度方面,采取了自由心证的证据制度,以法官内心确信作为证明标准,体现了刑事司法追求实体真实的价值取向。

(六)实行近现代意义上的辩护制度

在传统纠问式诉讼模式之下,控诉方与被控诉方均无独立诉讼主体地位,不存在控、辩平等对抗问题,因为很多情况下,审判者即是控诉者,因此,也不存在真正意义上的辩护制度。国民党政府时期,由于在立法中明确了控诉方与被控诉方诉讼地位平等,为了保障这种平等的诉讼地位,避免被控诉方因为能力及条件的限制而影响控辩双方的平等对抗,在刑事诉讼中实行近现代的辩护制度。"在辩护制度中,确认被告人或其法定代理人、保佐人、配偶均有权为被告人选任辩护人,《刑事诉讼法》规定最轻本刑为 5 年以上有期徒刑的案件及高等法院管辖的第一审案件,如果被告人或其法定代理人、保佐人、配偶于起诉后没有选任辩护人的,审判长应当依职权为其指定,否则审判违反法定程序。"①

(七)维护伦理纲常

国民党政府时期,虽然在法律制度方面基本上是借鉴了大陆法系的做法,但就其实质而言,这种借鉴并不是完全的照抄照搬,也不是对传统的彻底否定,而是采取了与清末变法及北洋政府基本一致的态度,就是比较注重对传统伦理纲常的维护。在刑事诉讼模式的架构方面,在保持对传统伦理纲常维护的同时,又大量地借鉴了职权主义诉讼模式的元素。例如,在起诉制度方面,禁止对直系尊亲属或配偶提起自诉。再如,在证据制度方面,如果证人现在或曾经与被告人或自诉人存在配偶、直系亲属、三代以内旁系血亲等关系的,那么,就享有可以拒绝作证的权利。上述制度如果从纯粹追求实体真实的视角来看,显然是

① 陈光中主编:《刑事诉讼法》(第 6 版),北京大学出版社、高等教育出版社 2016 年版,第 51 页。

不可理解的，但如果从中国古代一直以来法律及司法对伦理纲常的维护视角来看，那么，就会比较容易理解和接受。

综上所述，由于外来势力的强行干预，中国沦为了半殖民地半封建社会，出于变法图强的考虑，中国被动地开启了法制近现代化的征程，在法律制度不断西方化的同时，法思想却相对滞后于法律制度的进程。儒家法律思想对社会的影响虽然呈现逐步弱化的态势，但却从未真正退出中国的历史舞台，无论是在清末、北洋政府时期，还是在国民党政府时期，刑事诉讼模式在形式上逐步接近大陆法系职权主义诉讼模式的同时，在内容上却又表现出了对儒家伦理纲常的维护，呈现较为独特的一面。

## 第二节　中华人民共和国刑事司法模式

在中国共产党领导下，刑事诉讼法制建设大致可分为中华人民共和国成立前及中华人民共和国成立后两个大的阶段。“中华人民共和国成立前新民主主义阶段的刑事诉讼法，可划分为土地革命战争时期的刑事诉讼法、全民族抗战时期的刑事诉讼法和解放战争时期的刑事诉讼法。”[①]中华人民共和国成立后，刑事诉讼制度又经历了1949年到1979年无刑事诉讼法、1979年《刑事诉讼法》、1996年《刑事诉讼法》修正、2012年《刑事诉讼法》修正及2018年《刑事诉讼法》修正五个阶段，在不同的阶段，由于立法状况的不同，刑事诉讼制度也呈现不同的特点。

### 一、中华人民共和国成立前的刑事诉讼制度

就总体而言，无论是土地革命战争时期、全民族抗战时期还是解放战争时期，其主要矛盾集中在夺取政权、争取民族独立与解放方面，法制建设并不是主要矛盾。概括这一阶段的刑事诉讼法制建设成就，很难说是形成了一套行之有效的刑事司法模式，其意义更多的是体现在

---

① 陈卫东主编：《刑事诉讼法学》，高等教育出版社2017年版，第21页。

为中华人民共和国成立后的刑事诉讼立法和司法实践提供了一定的经验积累,还没有形成系统化的刑事司法模式。

土地革命战争时期,刑事诉讼法制建设的阵地主要是在中国共产党领导人民建立的革命根据地,刑事诉讼法制建设的主要机构是中华苏维埃共和国中央工农民主政府。这一时期的刑事诉讼法主要体现在1931年12月发布的《处理反革命案件和建立司法程序的训令(第六号)》及1932年发布的《裁判部暂行组织及裁判条例》,这也是在中国共产党的领导下,根据地政府所制定的最早的关于刑事诉讼程序的法规。根据上述法规,建立了刑事诉讼程序的基本构架:审判机关从中央到地方设立四级,实行两审终审制度,在红军部队内部设立初级裁判所和高级裁判所两级军事裁判所;在各级审判机构内设置专职检察人员,负责地方刑事案件的控诉职责,在军事裁判所内设置军事检察所,负责军队内发生的刑事案件的控诉职责;中央设立国家政治保卫局,省、县设立政治保卫分局,区设立政治保卫特派员,负责维护社会治安及刑事案件的侦查、逮捕和预审等职责;在刑事诉讼中确立了一系列的原则和基本诉讼制度,如审判权由司法机关统一行使原则、公开审判原则、巡回法庭制度、合议及人民陪审制度、回避制度、辩护制度、禁止刑讯逼供制度、上诉制度、死刑复核制度、执行制度等,通过这些原则和制度的建立,初步确立了中国社会主义刑事诉讼程序的雏形。

全民族抗战时期,为了贯彻抗日民族统一战线、突出一致对外的总体方针,在根据地不适合建立全国性的政权的情况下,各根据地根据党中央的路线、方针和政策,结合根据地的实际需要和情况,出台了许多地区性的有关司法组织与制度方面的法律、法令。

解放战争时期,各解放区在基本上沿用了先前所建立的诉讼原则和制度的基础上,又根据实际情况和需要,确立了合法的传讯、拘捕和搜查程序,明确了审判权由司法机关统一行使,进一步强调禁止肉刑及乱打乱杀,推行案件复核、平反已决案件及便利群众等原则和制度。

## 二、中华人民共和国刑事诉讼制度

### (一)1949年至1979年时期的刑事诉讼制度

中华人民共和国成立前夕,中共中央发布了废除国民党伪六法的指示,在废除国民党政府所颁行的各种立法的同时,紧接着新中国面临的就是法制的重建问题。法制重建首先面临的就是时间问题,另外,在法制建设过程中,由于社会长期处于动荡不安的状态,这严重影响了法制建设的正常发展进程。

1949 年至 1957 年,应该说法制建设的总体进程还是比较正常的,虽然没有出台专门的刑事诉讼法,但通过 1951 年所颁布的关于法院、检察署的暂行组织条例,应该说,已经初步确立了司法机关的职权及公开审判、回避和辩护等基本诉讼制度。通过 1954 年颁行的《宪法》、《人民法院组织法》、《人民检察院组织法》及《逮捕拘留条例》等立法,进一步明确了公安机关、人民检察院、人民法院分别行使侦查权、检察权和审判权,规定了由法院独立进行审判,对一切公民在适用法律上一律平等,实行公开审判原则、回避制度、人民陪审制度、辩护制度、死刑复核制度、两审终审制度、审判监督制度以及拘留、逮捕制度等,初步形成了社会主义刑事诉讼制度的基本框架。

刑事诉讼法的起草工作始于 1954 年,当时中央人民政府法制委员会草拟了《刑事诉讼条例(草案)》,1956 年最高人民法院下发了《各级人民法院刑、民事案件审判程序总结》。1957 年最高人民法院受全国人大委托,在借鉴外国尤其是苏联立法经验的基础上,拟出了《刑事诉讼法草案(草稿)》,同年 6 月,又拟出《刑事诉讼法草案(初稿)》,后因 1957 年的"反右"斗争,起草工作中断。在中央政法小组的主持下,刑事诉讼法草案修订工作于 1962 年又得以恢复,在广泛征求意见的基础上,又经过了反复修改,《刑事诉讼法草案(初稿)》才于 1963 年最终得以形成。如果立法进程顺利的话,那么,草案初稿既然已经形成,就应当逐步形成草案并进入正式立法程序,进而进行最后的立法颁行工作。"不过,这一法律起草活动随着极'左'思潮的日益加剧而又被迫停止,及至'文化大革命'十年动乱期间,社会主义法制被破坏殆尽,现有的法律尚且受到恣意践踏,制定刑事诉讼法更是无从谈起。"①

---

① 陈光中主编:《刑事诉讼法》(第 6 版),北京大学出版社、高等教育出版社 2016 年版,第 53 页。

### (二)1979年《刑事诉讼法》时期的强职权主义刑事司法模式

在1963年《刑事诉讼法草案(初稿)》的基础上,1979年2月,全国人大常委会法制委员会起草了新的《刑事诉讼法草案》(修正一稿、修正二稿),1979年6月,《刑事诉讼法草案》(修正二稿)被提交到了第五届全国人民代表大会第二次会议审议,经过审议后,该草案修正稿于1979年7月1日获得了正式通过,并于1980年1月1日起开始施行。这是中华人民共和国成立后的第一部社会主义刑事诉讼法,该法在惩治犯罪、维护社会秩序、保障公民合法权益等方面发挥了重要作用。但鉴于当时社会的发展进程、法制状况、治安状况及民众需求,该法在价值取向方面,突出了对犯罪的惩治及社会秩序的维护,而在人权保障方面、程序公正方面,则相对关注不够,尤其是对犯罪嫌疑人、被告人诉讼权利的保障方面,更是关注不足,由此导致了重实体、轻程序的价值取向,在刑事诉讼模式方面,也表现出了强职权主义诉讼模式的特点。这种强职权主义不是单纯表现为法官在审判中的主导地位,而是更加强调侦查机关、审查起诉机关、审判机关在刑事诉讼中的强势地位,被追诉人则处于相对弱势地位。

1. 带有有罪推定色彩

无论是大陆法系的职权主义诉讼模式,还是英美法系的当事人主义诉讼模式,均从理论到立法明确了无罪推定原则,即在法院未最终作出有罪裁判之前,应当作无罪推定,这已经成为世界各国普遍适用的一项基本刑事诉讼原则。1979年《刑事诉讼法》颁行之时,我国尚处于社会转型时期,在传统伦理道德遭到严重破坏的情况下,一方面计划经济向市场经济的过渡为社会带来了无限生机与活力,但另一方面也对社会秩序的维护提出了严重挑战。为了遏制不断上升的违法与犯罪率,实现对违法与犯罪的有效惩治,这一时期的实体法及程序法均表现出重犯罪打击、轻权利保障的倾向。就刑事诉讼法领域而言,则带有明显的有罪推定色彩。

(1)犯罪嫌疑人、被告人、人犯等概念使用混乱

“犯罪嫌疑人”只是涉嫌犯罪的人,是否犯罪则有待于进一步印证。“被告人”是被指控为犯有某种罪行的人,是控告者视角当中的犯

罪人,但并非最终确认的犯罪人。“人犯”则是一个比较模糊的概念,既不能等同于罪犯,但似乎又有别于普通犯罪嫌疑人、被告人,是该时期所独有的一个概念。1979 年《刑事诉讼法》对待犯罪嫌疑人的定位,既不同于大陆法系的职权主义诉讼模式,也不同于英美法系的当事人主义诉讼模式,还有别于我们现今立法对犯罪嫌疑人的界定,不是将其定位于起诉到法院审判之前的对涉嫌犯罪的人的称谓,而仅仅是对民众所发现的有犯罪嫌疑的人的一种定位。如 1979 年《刑事诉讼法》第 59 条第 1 款规定:“机关、团体、企业、事业单位和公民发现有犯罪事实或者犯罪嫌疑人,有权利也有义务按照本法第十三条规定的管辖范围,向公安机关、人民检察院或者人民法院提出控告和检举。”民众发现有犯罪嫌疑并非确定有犯罪嫌疑,有嫌疑的人并不等同于犯罪嫌疑人,犯罪嫌疑人是经司法机关认定为有犯罪嫌疑的人,民众只是为司法机关提供一种发现犯罪事实及犯罪嫌疑人的信息途径,并不能成为认定犯罪嫌疑人的主体。而在整个 1979 年《刑事诉讼法》中,只有第 59 条涉及犯罪嫌疑人的称谓,除此之外,全部都是使用了被告人、人犯的称谓。按照 1979 年《刑事诉讼法》的规定,被告人应当是司法机关立案后,对所有涉嫌犯罪、被指控犯罪的人的统称,这不仅涵盖了侦查阶段,而且也包括审查起诉阶段,同时也将审判阶段纳入了其中,某种意义上可以说,这是将现在《刑事诉讼法》中的犯罪嫌疑人、被告人二者相加以后的称谓。就严格意义上而言,犯罪嫌疑人与被告人应当有实质上的区别,犯罪嫌疑人只是侦查机关及审查起诉机关视角中涉嫌犯罪的人,而被告人则已经是起诉者视角当中的犯罪人。二者无论是在适用条件上还是在具体定位方面,均应有实质区分,犯罪嫌疑人并不必然地成为被告人,侦查阶段中的撤销案件、审查起诉阶段中的不起诉均可终止诉讼程序。但 1979 年《刑事诉讼法》之所以作出上述规定,主要是因为除了极少数被不起诉或免于起诉的之外,只要涉嫌犯罪并被立案侦查后,在“疑罪从轻”的刑事政策指引下,大多数都会被起诉到法院,成为名副其实的被告人,以事实的普遍性代替了对合理性的辨析。

“人犯”通常是被告人中的特殊群体,并非独立于被告人之外的人,按照 1979 年《刑事诉讼法》的解释,“人犯是指依照法律应当对其采取强制措施或已经对其采取强制措施的刑事被告人。与犯人不同，犯人是指已决罪犯"[①]。根据该解释，人犯就是应当或已经被采取强制措施的被告人，但事实上又并非所有被采取强制措施的被告人都被称为人犯。例如，1979年《刑事诉讼法》第38条规定："人民法院、人民检察院和公安机关根据案件情况，对被告人可以拘传、取保候审或者监视居住。被监视居住的被告人不得离开指定的区域。监视居住由当地公安派出所执行，或者由受委托的人民公社、被告人的所在单位执行。对被告人采取取保候审、监视居住的，如果情况发生变化，应当撤销或者变更。"根据上述规定，应该是被采取羁押性强制措施的被告人才被称为人犯，如果只是被采取限制人身自由强制措施的被告人则仍被称为被告人。这层意思在1979年《刑事诉讼法》中也可以得到印证，如第39条规定："逮捕人犯，必须经过人民检察院批准或者人民法院决定，由公安机关执行。"如果按照上述法律规定的逻辑来分析，因为被采取羁押性强制措施的被告人被定罪的可能性大，所以要与未被采取强制措施或仅被采取限制人身自由强制措施的被告人区别开来。虽然都是未被最终定罪的被告人，但从司法实践的实际情况来看，被告人一旦被采取了羁押性强制措施，则无论是在司法机关还是普通民众视角中，基本上将其类同于罪犯的角色来看待，带有明显的有罪推定的色彩。在具体使用"人犯"这个概念时，立法上又表现出了混乱的一面。如1979年《刑事诉讼法》第42条规定："对于下列人犯，任何公民都可以立即扭送公安机关、人民检察院或者人民法院处理：（一）正在实行犯罪或者在犯罪后即时被发觉的；（二）通缉在案的；（三）越狱逃跑的；（四）正在被追捕的。"这里的"人犯"已经超出了被采取羁押性强制措施被告人的范畴，扩展到了犯罪嫌疑人、被告人及罪犯等多个范畴，客观上造成了对"人犯"这一概念在理解与使用上的混乱。

---

① 载 https://baike.baidu.com/item/%E4%BA%BA%E7%8A%AF/678392?fr=aladdin#reference-[1]-2837810-wrap，最后访问日期：2020年8月2日。

(2)强制措施泛滥

1979年《刑事诉讼法》时期，对强制措施的价值取向不只是限定在保障刑事诉讼顺利进行方面，还有期望通过强制措施的适用来产生震慑作用、警示作用及犯罪预防作用，由此导致刑事司法实践中，存在泛强制措施的倾向。具备采取强制措施条件的，除特殊情况外，基本一律采取；能采取羁押性强制措施的，就不采取限制性的强制措施。但1979年《刑事诉讼法》同时又对强制措施规定了严格的适用条件，尤其是羁押性强制措施的适用条件更为严格，如1979年《刑事诉讼法》第48条规定："公安机关对被拘留的人，认为需要逮捕的，应当在拘留后的三日以内，提请人民检察院审查批准。在特殊情况下，提请审查批准的时间可以延长一日至四日。人民检察院应当在接到公安机关提请批准逮捕书后的三日以内，作出批准逮捕或者不批准逮捕的决定。人民检察院不批准逮捕的，公安机关应当在接到通知后立即释放，发给释放证明。公安机关或者人民检察院如果没有按照前款规定办理，被拘留的人或者他的家属有权要求释放，公安机关或者人民检察院应当立即释放。"从上述规定可以看出，公安机关采取拘留措施后，认为需要逮捕的，从提请检察机关批准逮捕到最终检察机关决定逮捕的期限最长为10日，期限非常短。在较短时间内，要达到逮捕的程度，只能要求逮捕的适用条件低一点，但事实上，该时期逮捕的适用条件又非常高。如1979年《刑事诉讼法》第40条规定："对主要犯罪事实已经查清，可能判处徒刑以上刑罚的人犯，采取取保候审、监视居住等方法，尚不足以防止发生社会危险性，而有逮捕必要的，应即依法逮捕。对应当逮捕的人犯，如果患有严重疾病，或者是正在怀孕、哺乳自己婴儿的妇女，可以采用取保候审或者监视居住的办法。"也就是说，逮捕必须是在主要犯罪事实已经查清的基础上适用，这显然在短短的10日内是无法完成的事情，由此导致替代性羁押强制措施的产生。20世纪80年代初期，由于刚刚实行改革开放政策，人口流动频繁，在为社会带来活力的同时，也对社会治安提出了严峻的考验，犯罪率急剧增长，社会治安状况恶化。为了打击犯罪、维护社会治安，1980年国务院针对性地出台了《关于将强制劳动和收容审查两项措施统一于劳动教养的通知》(国发〔1980〕56 号),该通知主要是关于将收容审查并入劳动教养方面的内容,该通知明确规定:"对于有轻微违法犯罪行为又不讲真实姓名、住址、来历不明的人,或者有轻微违法犯罪行为又有流窜作案、多次作案、结伙作案嫌疑需收容查清罪行的人,送劳动教养场所专门编队进行审查……"从性质上来说,收容审查本是行政强制措施,并非《刑事诉讼法》中规定的强制措施,但不可否认的是,在该时期,收容审查不仅普遍应用于刑事诉讼之中,而且还成为逮捕之前重要的替代性强制措施。这不仅客观上造成了羁押性强制措施的泛化,而且也带有明显的有罪推定的色彩。

(3)定罪权不统一

根据无罪推定原则,在法院最终作出有罪裁判之前,任何人都被推定为无罪。从这个意义上说,定罪权只有法院才有权行使,其他任何机关、团体、个人均无权行使。如果在法院最终作出有罪裁判之前,已经认定犯罪嫌疑人有罪,这在某种意义上也是有罪推定的体现。1979 年《刑事诉讼法》第 101 条规定:"依照刑法规定不需要判处刑罚或者免除刑罚的,人民检察院可以免予起诉。"第 102 条第 1 款规定:"免予起诉的决定,应当公开宣布,并且将免予起诉决定书交给被告人和他的所在单位。如果被告人在押,应当立即释放。"免予起诉虽然从结果上看,没有对被告人提起指控,但并不等同于不起诉。不起诉是无罪认定的表现,不管不起诉的理由是绝对的、相对的,还是因为证据不足不起诉,总而言之是无罪的认定。而免予起诉的前提是认定被告人的行为已经构成犯罪,只不过依据刑法等的规定,认为具有免予处罚的情形,并据此所作出的定罪免处的认定。虽然免予处罚与现行的相对不起诉在适用条件方面有相似之处,但在性质上却是截然不同,一个是有罪免处,一个是无罪认定。免予起诉制度不仅导致了定罪权的不统一,客观上也背离了无罪推定的基本精神。

(4)疑罪从轻、疑罪从挂

根据无罪推定原则的要求,当控告方负有举证责任时,如果控告方举证不能或举证不足,则利益归于被控告方,应作出证据不足而无罪的裁判。1979 年《刑事诉讼法》时期,对待疑罪不是采取"疑罪从无"的原则，而是采取“疑罪从轻、疑罪从挂”的做法。到目前为止所发现的冤假错案中，很多被判处死刑立即执行的之所以最终被改判为死缓或无期徒刑，其中许多都是疑罪从轻刑事政策的产物。由于收容审查、劳动教养等替代性羁押强制措施的存在，许多事实不清、证据不足的刑事案件就被长期地搁置起来，客观上造成了“疑罪从挂”的状况。即使案件被起诉到了人民法院，对待事实不清或证据不足的案件，也不是采取疑罪从无的原则，而是采取疑罪从轻或疑罪从拖的处理方式。1979 年《刑事诉讼法》第 120 条规定：“在被告人最后陈述后，审判长宣布休庭，合议庭进行评议，根据已经查明的事实、证据和有关的法律规定，作出被告人有罪或者无罪、犯的什么罪、适用什么刑罚或者免除刑罚的判决。”也就是说一审裁判中，只有有罪或绝对无罪的认定，不存在证据不足而无罪的裁判。二审程序中，也不存在证据不足而无罪的裁判。第 136 条规定：“第二审人民法院对不服第一审判决的上诉、抗诉案件，经过审理后，应当按照下列情形分别处理：（一）原判决认定事实和适用法律正确、量刑适当的，应当裁定驳回上诉或者抗诉，维持原判；（二）原判决认定事实没有错误，但适用法律有错误，或者量刑不当的，应当改判；（三）原判决事实不清楚或者证据不足的，可以在查清事实后改判；也可以裁定撤销原判，发回原审人民法院重新审判。”对于事实不清或证据不足的裁判，二审法院既可以查清事实后直接改判，也可以发回重审。如果发回重审能够查清事实，那么，也就不存在疑罪的进一步处理问题。问题的关键是，当发回重审后仍不能查清事实时，该当如何处理？是直接作出证据不足而无罪的裁判，还是在原有事实不清的基础上再次作出裁判？再次作出的裁判又上诉后，二审法院在查不清事实的情况下，是直接作出证据不足而无罪的裁判，还是继续发回重审？1979 年《刑事诉讼法》并没有对发回重审的次数作出限制性规定，从而使案件在不断发回重审、不断上诉中徘徊，客观上造成了疑罪从挂的事实，折射出了有罪推定的色彩，表现出了与一般职权主义诉讼模式不同的一面。

2. 未真正确立“不强迫自证其罪”原则

1979 年《刑事诉讼法》第 32 条规定：“审判人员、检察人员、侦查人员必须依照法定程序,收集能够证实被告人有罪或者无罪、犯罪情节轻重的各种证据。严禁刑讯逼供和以威胁、引诱、欺骗以及其他非法的方法收集证据。必须保证一切与案件有关或者了解案情的公民,有客观地充分地提供证据的条件,除特殊情况外,并且可以吸收他们协助调查。"该法律规定明确表明了一种态度,那就是对刑讯逼供等非法言词证据的否定性态度,但这只是一种宣告式的法律规定,能否落到实处,关键还是要看保障性措施是否到位。但综观刑事诉讼方面的立法规定,除了依靠侦查人员的自律及检察机关事后的监督以外,并无实质性的保障措施。而1979年《刑事诉讼法》第64条又规定:"侦查人员在讯问被告人的时候,应当首先讯问被告人是否有犯罪行为,让他陈述有罪的情节或者无罪的辩解,然后向他提出问题。被告人对侦查人员的提问,应当如实回答。但是对与本案无关的问题,有拒绝回答的权利。"1979年《刑事诉讼法》以一种明确的态度赋予了侦查人员一种权力,那就是有讯问并要求被告人如实回答问题的权力,而作为被告人,不仅承担了必须要回答问题的义务,同时还要如实回答。通常而言,法律在设定一个义务的同时,也要规定违反该义务所应承担的法律责任,既然法律规定了被告人应如实回答的义务,那么,就应当规定违反该义务所应承担的法律责任。该法律责任按照正常逻辑来讲,应当表述为"如被告人不如实回答侦查人员的提问,应当视为被告人已经默认侦查人员所提的问题"或作出与所提问题相反方向的推定,但这种法律规定显然带有有罪推定的色彩,并不适合在立法中明确表述。由此就产生了一个非常奇怪的现象,一方面,立法赋予了侦查人员要求被告人如实回答的权力;另一方面,又没有明确指引当被告人不如实回答提问时该如何处理,结果导致如何让被告人承担如实回答提问的义务,成了侦查人员"八仙过海各显神通"的丛林区域。正常情况下,出于趋利避害的考量,被告人不会作出对自己不利的选择,如果如实回答侦查人员的提问越多则对己越不利,那么,被告人通常会选择保持沉默或避重就轻,而这在侦查人员看来,恰恰是不如实回答的表现。为了落实被告人应如实回答提问的法律义务,侦查人员只能采取特殊手段,让被告人作出如实回答的选择。在"两利相权取其大、两害相权取其小"的利弊权衡后，如果被告人无奈作出了“如实回答”的选择，那么，刑讯逼供以及诱供、骗供等非法取证方式也就由此产生。因此，就客观上而言，刑讯逼供以及诱供、骗供等非法取证行为并非单纯由于侦查人员的素质问题所导致，而是与立法规定有千丝万缕的联系。

3. 公、检、法三机关配合有余而互相制约不足

1979 年《刑事诉讼法》第 5 条规定：“人民法院、人民检察院和公安机关进行刑事诉讼，应当分工负责，互相配合，互相制约，以保证准确有效地执行法律。”分工负责不仅体现了权力设置的科学性，同时也为权力体系内部的互相制约奠定了基础。而将“互相配合”“互相制约”同时罗列，则是一个备受质疑的法律表述。因为如果要求三机关互相配合的话，那么，三机关之间的互相制约又从何谈起？由侦查、审查起诉到最终审判环节，没有前者，就难以往后继续进行，如果就程序递进的视角而言，侦查机关、审查起诉机关及审判机关之间，的确存在客观上的配合情况，但这种配合只能限于客观上的递进关系，而不能成为三机关主观上的一种追求。如果三机关主动追求配合，则必然混淆了“分工负责”的要求，进而导致“互相制约”不能完全发挥作用。就应然视角而言，审查起诉机关与侦查机关之间存在互相配合的可能性极大，因为二者在利益追求方面有相近之处，都承载着追诉犯罪的职责，而且在大陆法系诸多国家当中，如法国、德国等国家，检察官负责指挥、领导警察的侦查工作，具有侦诉一体的特点。我国实行的是侦诉分离的体制，警察的侦查工作不受检察机关的指挥和领导，二者之间只是一种监督与被监督的关系，从应然视角来说，二者不应存在互相配合关系。但不可否认的是，在利益取向基本一致的情况下，当互相配合有助于实现各自的利益时，二者之间互相配合的情况就比较常见。就法官而言，因为法官是居中裁决者，其所追求的利益就是作出公正的裁判，并不需要也不应该有与侦查机关、审查起诉机关互相配合的愿望和想法。但如果审判机关并非一个单纯的中立裁判者，而是承载着惩治犯罪、维护社会秩序的重任时，那么，就会由一个消极的裁判者转化为积极的事实发现者，就会与追诉者具有一致的利益，进而也就产生了三机关互相配合的情形。而一旦形成了这种互相配合的关系，刑事诉讼中就会出现强强

联合的强职权主义状况，被追诉人的诉讼主体地位及诉讼权利就会受到严重影响，现实中许多冤假错案的产生，与三机关的“互相配合”不无关系。互相制约从逻辑上看，似乎是分工负责的必然结果，但事实上并非如此。检察机关作为专门的法律监督机关，无论是对侦查机关还是对审判机关，均有制约的权力和能力。侦查机关如果对作为批准逮捕及审查起诉机关的检察机关的决定不服，可以通过复议等方式来进行制约，双方之间也的确存在互相制约的关系。检察机关可以通过对审判程序的违法监督、抗诉、启动审判监督程序等方式，来实现对审判机关的监督；而审判机关也可以通过审判方式，来实现对作为起诉机关的检察机关的审判监督，双方之间也可以做到互相制约。作为审判机关也可以通过审判，对侦查机关所侦查的事实与证据，作出认定或否定的决定，进而间接实现对侦查机关侦查行为的制约，但作为侦查机关则无论从哪个角度来说，都很难对审判机关的审判行为及结果进行制约，由此导致互相制约不能完全实现。

4. 有“侦查中心主义”的倾向

就应然视角而言，审判机关作为最终裁判者，理应成为整个刑事诉讼的中心，侦查行为及侦查结果均在审判监督的范畴之内。侦查中心主义则意味着刑事诉讼中以侦查机关为主，审查起诉机关及审判机关不能对侦查行为及侦查结果进行实质性的制约和监督，而是要配合侦查机关，作出支持侦查行为与侦查结果的裁判。1979 年《刑事诉讼法》时期，在互相配合原则的总体指导下，在被告人必须要如实回答侦查人员提问的具体法律规定下，在缺乏对侦查行为进行有效监督的环境下，在证人不是必须要全部出庭作证的情况下，在庭外笔录被普遍采用的情形下，在侦查机关可以自行决定逮捕以外所有强制措施的状况下，在侦查机关只要出于侦查需要就可以搜查、扣押的情况下，在非法证据排除规则不完善的状况下，客观上形成了以侦查为中心的倾向。由于缺乏有效的检察监督及审判监督，在侦查中心主义的影响下，容易导致冤假错案的发生。

5. 检察机关处于强势诉讼地位

检察机关既是侦查机关之一，也是唯一的审查起诉机关，还是专门的法律监督机关。检察机关不仅拥有批准逮捕的权力，而且在审查起诉阶段，还拥有较大的自由裁量权。1979 年《刑事诉讼法》第 101 条规定："依照刑法规定不需要判处刑罚或者免除刑罚的，人民检察院可以免予起诉。"根据上述规定，作为审查起诉机构的检察机关，不仅拥有起诉与否的决定权，而且还拥有定罪免诉的权力。这不仅导致了定罪权的不统一，而且客观上也铸就了检察机关的强势地位。检察机关作为专门监督机关，在对审判机关的监督方面，拥有无可置疑的监督权，不仅可以对裁判结果通过抗诉及启动审判监督程序等方式来监督，而且还可以通过出席法庭支持公诉的方式，来实现对审判机关审判活动的监督。1979 年《刑事诉讼法》第 112 条规定："人民法院审判公诉案件，除罪行较轻经人民法院同意的以外，人民检察院应当派员出席法庭支持公诉。出庭的检察人员发现审判活动有违法情况，有权向法庭提出纠正意见。"检察机关出席法庭具有双重身份，一方面是作为公诉人的角色，出席法庭支持公诉，另一方面，又作为专门法律监督者，出席法庭监督审判活动，而且可以当庭对审判活动是否合法提出纠正意见，这难免会产生以监督者的身份去支撑公诉者诉求的情况，客观上造就了其在刑事诉讼中的强势地位。

6. 审判机关居于主导地位

审判机关的主导地位主要体现在审判阶段，在审判阶段中，法官不单纯是一个中立的裁判者，而且还承载着惩治犯罪、维护社会秩序的重任。1979 年《刑事诉讼法》第 108 条规定："人民法院对提起公诉的案件进行审查后，对于犯罪事实清楚、证据充分的，应当决定开庭审判；对于主要事实不清、证据不足的，可以退回人民检察院补充侦查；对于不需要判刑的，可以要求人民检察院撤回起诉。"以及第 109 条规定："人民法院在必要的时候，可以进行勘验、检查、搜查、扣押和鉴定。"正常来讲，审判机关作为裁判者，其审判只限于控诉者所提交的事实与证据，事实清楚、证据确实的予以支持，事实不清、证据不足的则予以否定，不存在协助控诉者补充调查的问题。但 1979 年《刑事诉讼法》时期，审判机关对主要事实不清、证据不足的，不仅可以退回检察机关补充侦查，而且还可以在必要的情况下，亲自进行调查取证,表现出了积极追求实体真实的一面。而作为裁判者一旦拥有了与控诉者利益诉求一致的追求时,便会失去作为裁判者所应当具有的中立性,进而成为国家实现惩治犯罪、维护社会秩序职责的重要执行者。

7. 被告人处于相对弱势地位

侦查机关、审查起诉机关、审判机关均在刑事诉讼中表现出了强势的一面,这种强势地位主要靠其所拥有的权力支撑起来。权力源于权利,并在刑事诉讼中呈现此消彼长的关系,当刑事诉讼权利强大时,也就意味着相对方的权利弱化。在1979年《刑事诉讼法》时期的强职权主义诉讼模式之下,作为被指控者的被告人,无论是从诉讼权利保障的视角出发,还是从其所处的诉讼地位的角度考虑,与国家控诉机关相比,明显处于相对弱势地位,这种弱势地位主要通过诉讼权利表现出来,仅以辩护权为例。辩护不局限于被告人自行辩护这一种,还包括基于委托所产生的委托辩护以及来自审判机关的指定辩护。根据1979年《刑事诉讼法》第26条的规定,“被告人除自己行使辩护权以外,还可以委托下列的人辩护:(一)律师;(二)人民团体或者被告人所在单位推荐的,或者经人民法院许可的公民;(三)被告人的近亲属、监护人”。从上述规定可以看出,被告人虽然享有辩护权,并且在自行辩护方面并无严格限制,但在委托辩护方面,则仅限于审判阶段,在侦查阶段、审查起诉阶段,被告人并不能委托辩护人。侦查阶段是调查取证的关键环节,也是被告人权益保障的关键阶段,在没有辩护人的帮助下,被告人仅靠自身力量去行使辩护权,不仅难以有效行使辩护权,而且当其自身权益遭受侵害后,在没有外力的帮助下,也难以实现有效的权利救济。审查起诉阶段是决定是否启动审判程序的关键阶段,起诉与否不仅关乎审判程序的启动与否,而且也关系被告人合法权益的保障问题。从某种意义上说,审查起诉机关在审查起诉阶段也扮演了一个决定者的角色,即决定是否要提起指控。这不仅要审查侦查机关所移交的材料和意见,讯问被告人,询问被害人及证人,而且也应听取辩护人的意见,进而产生兼听则明的效果,有助于审查起诉机关作出正确的判断。1979年《刑事诉讼法》时期,由于被告人不能委托辩护人参与审查起诉环节，结果导致被告人的合法权益难以得到有力保障，即使有利于被告人的事实证据及辩护意见，也只能到了审判阶段才能出示和发表，客观上造成被告人权利保障的滞后。虽然在审判阶段，被告人有权聘请辩护人，但在卷宗主义的影响下，在调查取证权受到严格限制的情况下，辩护也很难发挥实效。根据1979年《刑事诉讼法》第27条的规定，"公诉人出庭公诉的案件，被告人没有委托辩护人的，人民法院可以为他指定辩护人。被告人是聋、哑或者未成年人而没有委托辩护人的，人民法院应当为他指定辩护人"。毫无疑问，这是被告人充分行使辩护权的有力保障，但在具体运行上却又存在一定的局限性。一是虽然规定有公诉人出庭公诉的案件，被告人如果没有委托辩护人，法院可以为他指定辩护人。但这毕竟是"可以"情形，是否指定应视条件是否允许，而就当时律师队伍的建设情况而言，"可以"基本上意味着可以不指定。二是《刑事诉讼法》虽然为身体有残疾或未成年人等特殊人群规定了"应当"指定的情形，这对于保障特殊群体的合法权益无疑具有重要意义，但由于适用范围过于狭窄，难以形成普遍性的权利保障效果。

8. 存在重实体、轻程序的倾向

1979年《刑事诉讼法》时期，刑事诉讼中更加强调对实体公正的追求，而对程序公正则相对关注不够。总体上表现出为了惩罚犯罪而不惜一切代价的态势，即使已经发生法律效力的裁判，只要认为存在错误，就可以启动审判监督程序予以纠正。1979年《刑事诉讼法》第148条规定："当事人、被害人及其家属或者其他公民，对已经发生法律效力的判决、裁定，可以向人民法院或者人民检察院提出申诉，但不能停止判决、裁定的执行。"第149条规定："各级人民法院院长对本院已经发生法律效力的判决和裁定，如果发现在认定事实上或者在适用法律上确有错误，必须提交审判委员会处理。最高人民法院对各级人民法院已经发生法律效力的判决和裁定，上级人民法院对下级人民法院已经发生法律效力的判决和裁定，如果发现确有错误，有权提审或者指令下级人民法院再审。最高人民检察院对各级人民法院已经发生法律效力的判决和裁定，上级人民检察院对下级人民法院已经发生法律效力的判决和裁定，如果发现确有错误，有权按照审判监督程序提出抗诉。”第150条规定:“人民法院按照审判监督程序重新审判的案件,应当另行组成合议庭进行。如果原来是第一审案件,应当依照第一审程序进行审判,所作的判决、裁定,可以上诉、抗诉;如果原来是第二审案件,或者是上级人民法院提审的案件,应当依照第二审程序进行审判,所作的判决、裁定,是终审的判决、裁定。”有错必纠体现了实事求是的精神,但同时又将裁判的权威性置于尴尬境地,使生效的裁判始终处于可改变状态,权威性不易彰显。

综上所述,1979年《刑事诉讼法》时期的刑事诉讼模式从总体架构上来看,与大陆法系的职权主义诉讼模式有诸多相近之处,但在具体原则与制度的设立上,又表现出了强职权主义诉讼模式的特点,重犯罪打击、轻人权保障,重实体公正、轻程序公正,带有浓浓的有罪推定的色彩。

### (三)1996年《刑事诉讼法》时期的刑事诉讼模式

随着改革开放的不断深入,社会的不断发展也从客观上对立法提出了与时俱进的要求,1979年《刑事诉讼法》在经过了十几年的运行后,无论是在诉讼价值取向及原则要求方面,还是在具体制度及规则的规定方面,都需要进行一次与时俱进的系统整合。与上述立法需求相适应,1996年全国人民代表大会便通过了《关于修改〈中华人民共和国刑事诉讼法〉的决定》。1996年《刑事诉讼法》与1979年《刑事诉讼法》相比,强化了对刑事诉讼权利的规制,加强了对犯罪嫌疑人、被告人的权利保障。较1979年《刑事诉讼法》时期的强职权主义诉讼模式而言,1996年《刑事诉讼法》时期的刑事诉讼模式呈现相对弱化的趋势,但总体上来说,依然表现出了强职权主义诉讼模式的特点。

#### 1. 未实质确立无罪推定原则

根据1996年《刑事诉讼法》第12条的规定,“未经人民法院依法判决,对任何人都不得确定有罪”。从上述条款的规定来看,不经法院依法判决,不得确定任何人有罪,似乎是确立了无罪推定的原则,但细分析起来,又有所不同。“不确定任何人有罪”只是对定罪权的一种明确,规定了确定一个人有罪的权力归属于人民法院,其他任何机关、团体、个人均无此项权力,尤其是针对1979年《刑事诉讼法》所规定的检察机关的免予起诉制度,否定了检察机关所拥有的定罪免诉权,将定罪权统一于人民法院。但“不确定有罪”并不等于真的无罪,也不等于不可以推定为有罪,确定有罪与推定有罪毕竟是两个不同的概念。但对该原则的理解不能只限于文字的解释上,更重要的还是看相关制度是否形成了与无罪推定原则相一致的规定。较 1979 年《刑事诉讼法》而言,1996 年《刑事诉讼法》虽然对犯罪嫌疑人、被告人概念加以了界分,取消了收容审查等替代性强制措施,将委托辩护提前到了审查起诉阶段,并允许犯罪嫌疑人在侦查阶段可以聘请律师提供法律帮助,确立了证据不足不起诉制度及证据不足而无罪的裁判制度等,强化了对犯罪嫌疑人、被告人权利的保障,但在一些关键环节方面,仍然折射出了有罪推定的色彩。如 1996 年《刑事诉讼法》第 128 条规定:“在侦查期间,发现犯罪嫌疑人另有重要罪行的,自发现之日起依照本法第一百二十四条的规定重新计算侦查羁押期限。犯罪嫌疑人不讲真实姓名、住址,身份不明的,侦查羁押期限自查清其身份之日起计算,但是不得停止对其犯罪行为的侦查取证。对于犯罪事实清楚,证据确实、充分的,也可以按其自报的姓名移送人民检察院审查起诉。”就应然视角而言,发现犯罪嫌疑人另有重要罪行而重新计算侦查羁押期限,并无太大争议,但如果因为犯罪嫌疑人不讲真实姓名、住址,身份不明的,则侦查羁押期限从查清其身份之日起计算,就有悖于逻辑。不讲真实姓名、住址,身份不明,并不是妨碍诉讼正常进行的因素,因而也不能成为羁押的理由,1996 年《刑事诉讼法》之所以作出上述规定,无外乎是因为作出了一种推定,这种推定具体可以表述为:犯罪嫌疑人之所以不讲真实姓名、住址,并可能由此导致了身份不明,这一定是有目的的,就刑事诉讼而言,那就是为了掩盖某种犯罪事实,否则的话,又怎么会有所隐瞒,进而引发他人作出对自我不利的猜忌。无论对该规定作出何种解释,不可否认的是,这种规定某种意义上带有明显的有罪推定的色彩。另外,根据 1996 年《刑事诉讼法》第 189 条的规定,“第二审人民法院对不服第一审判决的上诉、抗诉案件,经过审理后,应当按照下列情形分别处理:(一)原判决认定事实和适用法律正确、量刑适当的,应当裁定驳回上诉或者抗诉,维持原判;(二)原判决认定事实没有错误,但适用法律有错误,或者量刑不当的,应当改判;(三)原判决事实不清楚或者证据不足的,可以在查清事实后改判;也可以裁定撤销原判,发回原审人民法院重新审判”。从该规定来看,与1979年《刑事诉讼法》并无实质区别,因为对发回重审并无次数限制,结果导致案件在不断上诉、抗诉与不断发回重审中徘徊,客观上造成了久拖不决的状况,这实质上也是“疑罪从挂”的体现,折射出了有罪推定的色彩。

2. 仍未确立“不强迫自证其罪”原则

1996年《刑事诉讼法》第46条规定:“对一切案件的判处都要重证据,重调查研究,不轻信口供。只有被告人供述,没有其他证据的,不能认定被告人有罪和处以刑罚;没有被告人供述,证据充分确实的,可以认定被告人有罪和处以刑罚。”虽然该规定明确表明不轻信口供,但无论是立法上还是司法实践中,均把犯罪嫌疑人、被告人口供当做重要的证据来源。第93条明确规定:“侦查人员在讯问犯罪嫌疑人的时候,应当首先讯问犯罪嫌疑人是否有犯罪行为,让他陈述有罪的情节或者无罪的辩解,然后向他提出问题。犯罪嫌疑人对侦查人员的提问,应当如实回答。但是对与本案无关的问题,有拒绝回答的权利。”该条款与1979年《刑事诉讼法》的规定并无实质区别,在缺乏同步录音录像及讯问时辩护律师在场制度的情况下,很难避免刑讯逼供、诱供及骗供现象的发生,这也是该时期冤假错案形成的重要原因之一。

3. 仍然强调公、检、法三机关互相配合原则

1979年《刑事诉讼法》时期,由于过分强调公、检、法三机关的互相配合,结果导致互相制约未完全发挥作用,在三机关“互相配合”下,产生了许多冤假错案。1996年《刑事诉讼法》时期,对该原则并未进行调整,1996年《刑事诉讼法》第7条规定:“人民法院、人民检察院和公安机关进行刑事诉讼,应当分工负责,互相配合,互相制约,以保证准确有效地执行法律。”在相互配合原则的作用下,三机关在整个刑事诉讼中处于强势地位,犯罪嫌疑人、被告人处于相对弱势地位,难以形成与控告方真正对抗的诉讼地位,刑事诉讼模式整体仍然表现出了强职权主义的一面。

4. 完善了强制措施体系

1996年《刑事诉讼法》取消了收容审查等替代性强制措施,但为了

解决拘留时间短而逮捕适用条件高的问题，一方面延长了特殊情况下的拘留羁押时间，另一方面又降低了逮捕的适用条件。根据1996年《刑事诉讼法》第69条的规定，“公安机关对被拘留的人，认为需要逮捕的，应当在拘留后的三日以内，提请人民检察院审查批准。在特殊情况下，提请审查批准的时间可以延长一日至四日。对于流窜作案、多次作案、结伙作案的重大嫌疑分子，提请审查批准的时间可以延长至三十日。人民检察院应当自接到公安机关提请批准逮捕书后的七日以内，作出批准逮捕或者不批准逮捕的决定。人民检察院不批准逮捕的，公安机关应当在接到通知后立即释放，并且将执行情况及时通知人民检察院。对于需要继续侦查，并且符合取保候审、监视居住条件的，依法取保候审或者监视居住”。从该项规定来看，在拘留后的羁押时间方面作出了较大的调整。拘留后，如果认为有逮捕必要的，那么，拘留后的羁押时间一般为10天。如果情况较为特殊需要延长时间的，那么，羁押时间可以延长到14天。但这还只是通常情况下的规定，如果情况更为复杂、特殊的，那么，还可以将拘留后的羁押时间延长至37天，但这种情况往往针对的是流窜作案、多次作案、结伙作案的情形。既然拘留后的羁押时间最长可以延长至37日，相对延长了特殊情况下侦查机关调查取证的时间，那么，就为适用逮捕创造了时间上的条件。另外，降低了逮捕的适用条件。1979年《刑事诉讼法》时期，适用逮捕必须要达到“主要犯罪事实已经查清”的程度，而1996年《刑事诉讼法》第60条第1款规定：“对有证据证明有犯罪事实，可能判处徒刑以上刑罚的犯罪嫌疑人、被告人，采取取保候审、监视居住等方法，尚不足以防止发生社会危险性，而有逮捕必要的，应即依法逮捕。”上述规定已经表明了《刑事诉讼法》修改前后关于逮捕适用条件方面的变化，1996年《刑事诉讼法》时期的逮捕适用条件已经较1979年《刑事诉讼法》降低了，不需要达到主要犯罪事实已经查清的程度，只需要达到“有证据证明有犯罪事实，可能判处徒刑以上刑罚”的程度。一方面在拘留羁押时间上进行了调整，另一方面降低了逮捕的适用条件，两方面结合起来，就为取消收容审查等替代性强制措施创造了条件，使刑事诉讼强制措施体系得到进一步的完善。但从总体上来说，该时期的强制措施体系仍然折射出强职权主义的特征,侦查机关可以自行决定除逮捕以外的所有强制措施。虽然由检察机关审查批准侦查机关提出的逮捕申请,但检察机关作为审查起诉机关,与侦查机关有相近的利益诉求,很难站在中立者的立场去审视适用逮捕的必要性,由此导致司法实践中逮捕的适用率较高。另外,对指定监视居住监管不够,容易导致变相羁押情况的发生。

5."侦查中心主义"现象未有实质改变

与1979年《刑事诉讼法》相比,1996年《刑事诉讼法》强化了对侦查机关的监督,尤其是加强了对侦查机关的立案监督。如1996年《刑事诉讼法》第87条规定:"人民检察院认为公安机关对应当立案侦查的案件而不立案侦查的,或者被害人认为公安机关对应当立案侦查的案件而不立案侦查,向人民检察院提出的,人民检察院应当要求公安机关说明不立案的理由。人民检察院认为公安机关不立案理由不能成立的,应当通知公安机关立案,公安机关接到通知后应当立案。"但从总体上来说,"侦查中心主义"并未有实质性改变,例如:除逮捕强制措施以外,侦查机关可以决定并执行其他所有强制措施;为了收集犯罪证据、查获犯罪人,可以对犯罪嫌疑人以及可能隐藏罪犯或者犯罪证据的人的身体、物品、住处和其他有关的地方进行搜查;可以要求犯罪嫌疑人必须如实回答所提出的问题;虽然法院对于起诉书中有明确的指控犯罪事实并且附有证据目录、证人名单和主要证据复印件或者照片的,应当决定开庭审判,但以侦查为中心所形成的卷宗仍是审判的主要依据;非法证据仅限于言词证据,并未涉及非法物证及书证等。这些无不彰显了以侦查为中心的刑事诉讼模式的特点。

6.审查起诉机关处于强势地位

正常来讲,审查起诉机关只是一个审判程序的启动者、一个犯罪的指控者,在刑事诉讼中,与被控告方处于平等地位,二者之间是一种对抗关系。但从实际情况来看,控诉方与被控诉方显然难以做到平等对抗。因为作为审查起诉机构的检察机关,不仅是职务犯罪的查处机关,而且也是专门的法律监督机关。作为审查起诉机关,其在刑事诉讼中有明确的利益诉求,就是要提起指控、支持指控,最终追求指控成功。

作为职务犯罪的查处机关及专门的法律监督机关,其所扮演的是一个权力的监督者和制约者、职务违法犯罪的查处者,是对其他国家机关及其工作人员进行监督制约的主体,是能够对包括侦查机关、审判机关在内的所有国家机关产生影响的监督主体。就一个监督制约者的视角而言,它不能从权力的运行中获取任何利益,而作为一个侦查者、审查起诉者,它在刑事诉讼中又有明确的利益诉求,一旦有了利益诉求,就会动用其所拥有的力量来追求利益的实现,由此就产生了一种可能性,就是检察机关以职务犯罪查处权及审判监督权来支持其作为审查起诉者的利益诉求,从而导致控、辩平等诉讼地位的失衡,进而导致控、辩平等对抗不能完全实现。1996 年《刑事诉讼法》时期,并未对检察机关在刑事诉讼中的角色进行重新定位,检察机关依然是侦查机关之一、唯一的审查起诉机关、专门的法律监督机关,集诸职权于一身,其在刑事诉讼中的强势地位也是显而易见的。

7. 审判机关并非一个消极的、中立的裁判者

作为审判者,其在刑事诉讼中的唯一利益追求就是实现公正,这里的公正不仅包括实体公正,也包括程序公正,也可以说是追求建立在程序公正基础上的实体公正。审判者在审判程序的启动方面,应当是一个消极者,即不能主动启动审判程序,主动将案件纳入审判程序之中。一旦审判程序启动,则审判者就不应当只是一个消极的裁判者,而应成为公正的积极追求者。为了实现公正,就要努力在控、辩双方所提交的证据基础上,去判断事实,去发现事实,但这种积极并不是要让审判者沦为控告者与辩护者,而是站在一个中立者的立场上,建立一个与控、辩双方通过举证、质证所形成的事实相一致的裁判,这也就是作为一个审判者所要追求的公正。1996 年《刑事诉讼法》时期,法官作为审判者,在刑事诉讼中依然保持着强势的地位,这种强势地位主要体现在审判阶段当中。在审判阶段的控、辩、审三方关系中,审判者居于主导地位,由法官主持并推进诉讼进程。

首先,控诉方能否撤回起诉由法官决定。公诉案件中,检察院作为控诉者并无最终决定诉求的权力,一旦将案件起诉到法院,作为控诉者就失去了对诉求的控制,虽然有要求撤回起诉的权力,但并无最终决定

权。最高人民法院为了贯彻实施《刑事诉讼法》,曾于1998年专门出台了司法解释,根据最高人民法院《关于执行〈中华人民共和国刑事诉讼法〉若干问题的解释》第177条的规定,“在宣告判决前,人民检察院要求撤回起诉的,人民法院应当审查人民检察院撤回起诉的理由,并作出是否准许的裁定”。通过该规定可以看出,一旦诉求进入审判程序,就由法官来掌控诉讼进程,彰显了法官在审判阶段中的绝对主导地位。

其次,法官拥有主动调查取证的权力。根据1996年《刑事诉讼法》第158条的规定,“法庭审理过程中,合议庭对证据有疑问的,可以宣布休庭,对证据进行调查核实。人民法院调查核实证据,可以进行勘验、检查、扣押、鉴定和查询、冻结”。通过上述规定可以看出,法院在刑事诉讼中不是一个消极的裁判者,而是承载着惩治犯罪、维护社会秩序的重任,为了实现上述任务目标,努力去发现事实真相,成为一个积极的事实真相探求者,而不是一个纯粹消极的中立裁判者。法官能否主动调查取证是职权主义诉讼模式与当事人主义诉讼模式的重要区别所在,我国该时期刑事诉讼的立法规定凸显了职权主义诉讼模式的特点。

最后,法官可以变更起诉罪名。一般而言,法官只就起诉范围进行审判,只就起诉罪名作出肯定性或否定性评价。但在1996年《刑事诉讼法》时期,法官不仅可以主动调查取证,而且在指控罪名与自身所认定罪名不一致时,可以变更起诉罪名,作出有罪认定。最高人民法院《关于执行〈中华人民共和国刑事诉讼法〉若干问题的解释》第178条规定:“人民法院在审理中发现新的事实,可能影响定罪的,应当建议人民检察院补充或者变更起诉;人民检察院不同意的,人民法院应当就起诉指控的犯罪事实,依照本解释第一百七十六条的有关规定依法作出裁判。”第176条的规定为:“人民法院应当根据案件的具体情形,分别作出裁判:(一)起诉指控的事实清楚,证据确实、充分,依据法律认定被告人的罪名成立的,应当作出有罪判决;(二)起诉指控的事实清楚,证据确实、充分,指控的罪名与人民法院审理认定的罪名不一致的,应当作出有罪判决……”通过上述规定表明,法院拥有变更起诉罪名的权力,一旦发现了新的犯罪事实,法院就可以有两种选择:一是可以向检察院提出变更起诉的建议，通常情况下，检察院会采纳法院的建议，作出变更起诉的选择。二是如果检察院不接受法院变更起诉的建议，那么，法院在这种情况下，就可以直接根据检察机关所指控的犯罪事实进行审判。如果事实不清、证据不足，法院则可以作出证据不足而无罪的判定；如果起诉指控的犯罪事实清楚，只是指控的罪名与法院审理认定的罪名不一致时，法院则可以根据自己所认定的罪名作出有罪判决。上述规定突出了对实体公正及司法效率的追求，表现了强职权主义刑事诉讼模式的一面。

8. 犯罪嫌疑人、被告人仍处于相对弱势地位

与 1979 年《刑事诉讼法》时期相比较，1996 年《刑事诉讼法》时期的刑事诉讼制度更加注重对国家刑事诉讼权利的规范与制约，与之相适应，人权保障程度也在不断强化，更加突出犯罪嫌疑人、被告人在刑事诉讼中的主体地位，更加强调对犯罪嫌疑人、被告人的权利保障。但从总体上看，与侦查机关、审查起诉机关及审判机关所处的强势诉讼地位相比，犯罪嫌疑人、被告人仍处于相对弱势的诉讼地位，这种弱势地位主要是通过诉讼权利体现出来。

(1)未充分享有被无罪推定的权利

1996 年《刑事诉讼法》时期，虽然对犯罪嫌疑人、被告人、罪犯等概念加以明确界分，完善了刑事强制措施体系，对侦查行为、审查起诉行为及审判行为加以严格规制，强化对犯罪嫌疑人、被告人诉讼权利的保障。但在基本原则与具体制度方面，还不能说是已经建立了严格意义上的无罪推定原则，与之相适应，对于犯罪嫌疑人、被告人来说，也就自然不能认为享有被无罪推定的权利。尽管 1996 年《刑事诉讼法》第 12 条规定："未经人民法院依法判决，对任何人都不得确定有罪。"但这更多的是体现为对定罪权的一种统一，而不是对无罪推定原则的确立，也不能据此认为犯罪嫌疑人、被告人享有被无罪推定的权利。因为在犯罪嫌疑人不讲真实姓名、住址，身份不明的情况下，就可以不受侦查羁押期限的限制，为了查清犯罪事实及身份，就可以长期剥夺犯罪嫌疑人的人身自由；在对指定监视居住缺乏有效规制的情况下，很难避免犯罪嫌疑人被变相羁押情况的发生；逮捕并非由中立的司法者作出决定，而

是由与侦查机关利益相近的审查起诉机关批准;侦查机关只要是为了缉拿犯罪嫌疑人、调查取证的需要,就可以自行决定并执行搜查、扣押等强制性的侦查行为;对于可能涉及严重损害犯罪嫌疑人或其他公民隐私权的技术侦查行为,立法中却并未明确加以规制。上述规定在彰显国家刑事诉讼机关强势诉讼地位的同时,也衬托出犯罪嫌疑人、被告人所处的弱势地位,而其中最为关键的还是未真正授予犯罪嫌疑人、被告人被无罪推定的诉讼权利。

(2)无沉默权

与1979年《刑事诉讼法》时期相比,在1996年《刑事诉讼法》时期的刑事诉讼制度中,依然未规定犯罪嫌疑人、被告人有保持沉默的权利。1996年《刑事诉讼法》第46条规定:"对一切案件的判处都要重证据,重调查研究,不轻信口供。只有被告人供述,没有其他证据的,不能认定被告人有罪和处以刑罚;没有被告人供述,证据充分确实的,可以认定被告人有罪和处以刑罚。"虽然该规定似乎只是表明犯罪嫌疑人、被告人口供不过是刑事诉讼诸项证据中的一个种类,并不是每个具体案件都不可或缺的证据种类,但不可否认的是,立法中还是表现出了对犯罪嫌疑人、被告人口供的重视。1979年《刑事诉讼法》第64条关于被告人应当如实回答侦查人员提问的规定,在1996年《刑事诉讼法》中并没有任何改变,只是调整到第93条。"应当"是一种法律义务的表述,明确表明犯罪嫌疑人不仅必须要回答侦查人员的提问,而且还要如实回答,这从另一个角度表明犯罪嫌疑人并不享有保持沉默的权利。虽然没有口供也可以定案,但就司法实践的实际状况而言,"零口供"案件少之又少,几乎不见,这种状况也是犯罪嫌疑人并无沉默权的真实体现。

(3)辩护权受到限制

1996年《刑事诉讼法》时期,犯罪嫌疑人、被告人的辩护权得到进一步保障,不仅犯罪嫌疑人、被告人在审查起诉阶段就可以委托辩护人,而且在侦查阶段,犯罪嫌疑人也可以委托律师为其提供法律帮助。根据1996年《刑事诉讼法》第33条的规定,"公诉案件自案件移送审查起诉之日起,犯罪嫌疑人有权委托辩护人。自诉案件的被告人有权随时委托辩护人。人民检察院自收到移送审查起诉的案件材料之日起三日以内,应当告知犯罪嫌疑人有权委托辩护人。人民法院自受理自诉案件之日起三日以内,应当告知被告人有权委托辩护人”。与1979年《刑事诉讼法》时期相比,委托辩护由审判阶段提前到审查起诉阶段,在审查起诉阶段,辩护人不仅可以为犯罪嫌疑人提供法律帮助,而且可以进行必要的调查取证活动,以及会见犯罪嫌疑人和查阅、摘抄卷宗等诉讼活动,及时将辩护意见和观点表达给审查起诉机关,便于审查起诉机关在作出起诉与不起诉决定时,能充分考虑融入辩护人的意见和观点。如果审查起诉机关采纳了辩护人的意见,作出了不起诉的决定,那么,就使案件提前终止到审查起诉阶段。这不仅有助于保障犯罪嫌疑人的合法权益,而且也节省了司法资源。1996年《刑事诉讼法》时期,委托辩护还只是限于审查起诉阶段和审判阶段,在侦查阶段,犯罪嫌疑人还不能委托辩护人,辩护还只限于犯罪嫌疑人的自行辩护,犯罪嫌疑人辩护权的行使受到了严格的限制。不过与1979年《刑事诉讼法》时期相比,侦查阶段虽然不能委托辩护人,但犯罪嫌疑人可以委托律师为其提供法律帮助。根据1996年《刑事诉讼法》第96条的规定,“犯罪嫌疑人在被侦查机关第一次讯问后或者采取强制措施之日起,可以聘请律师为其提供法律咨询、代理申诉、控告。犯罪嫌疑人被逮捕的,聘请的律师可以为其申请取保候审。涉及国家秘密的案件,犯罪嫌疑人聘请律师,应当经侦查机关批准。受委托的律师有权向侦查机关了解犯罪嫌疑人涉嫌的罪名,可以会见在押的犯罪嫌疑人,向犯罪嫌疑人了解有关案件情况。律师会见在押的犯罪嫌疑人,侦查机关根据案件情况和需要可以派员在场。涉及国家秘密的案件,律师会见在押的犯罪嫌疑人,应当经侦查机关批准”。从严格意义上讲,还不能将侦查阶段的律师法律帮助称之为辩护活动,因为律师的权限受到了严格的限制,律师不能通过阅卷等方式去了解案件具体情况,只能向侦查部门了解所涉嫌的罪名,虽然法律赋予了律师会见犯罪嫌疑人的权利,并通过会见可以向犯罪嫌疑人了解案件情况,但在具体操作方面,却又阻力重重。根据《刑事诉讼法》的规定,只有涉及国家秘密案件会见犯罪嫌疑人时,才涉及侦查机关批准的问题,但现实中,律师会见犯罪嫌疑人几乎都需要批准，侦查机关要么以种种理由不批准，要么久拖才批，最终使会见失去意义。另外，律师只能向犯罪嫌疑人提供法律咨询、代理申诉、控告等帮助活动，并不能就案件情况向侦查机关提出观点和意见，因此，从律师的角度来说，不能说是严格意义上的辩护活动，只能说是帮助犯罪嫌疑人进行自行辩护的一种帮助活动。1996 年《刑事诉讼法》时期，为了保障犯罪嫌疑人、被告人充分行使辩护权，立法上建立了法律援助制度。1979 年《刑事诉讼法》时期，只有到了审判阶段，审判机关对被告人是聋、哑或者未成年人而没有委托辩护人的，审判机关才涉及应当为他们指定辩护律师的问题。1996 年《刑事诉讼法》时期，不仅涵盖了上述指定辩护的情形，而且还将范围扩大到被告人因经济困难或其他原因没有委托辩护人的情况，只不过因经济困难或其他原因情形不是“应当”情形，而是“可以”情形。在法律援助条件方面，有严格的要求及审批程序；在具体适用范围方面，也因资源有限而受到一定的制约。

综上所述，1996 年《刑事诉讼法》与 1979 年《刑事诉讼法》相比，不仅加强了对刑事诉讼权利的规制，同时也强化了对犯罪嫌疑人、被告人合法权利的保障，体现了刑事诉讼法不断进步与完善的一面。从总体上而言，该时期的刑事诉讼模式虽然弱化了一些强职权主义诉讼模式的因素，但整体上依然表现出较为强势的职权主义诉讼模式的特征。无罪推定原则依然未在立法中明确；不强迫自证其罪原则也未得到确立；仍然强调侦查机关、审查起诉机关及审判机关之间的互相配合；侦查中心主义现象未有实质改变；审查起诉机关依然处于强势地位；审判机关并非一个消极、中立的裁判者；三机关在刑事诉讼中所处的强势地位，使犯罪嫌疑人、被告人处于相对弱势的诉讼地位。该时期强职权主义诉讼模式的色彩依然十分浓厚。

### （四）2012 年《刑事诉讼法》以来的混合式刑事诉讼模式

2012 年 3 月 14 日，第十一届全国人民代表大会第五次会议通过了《关于修改〈中华人民共和国刑事诉讼法〉的决定》，这也是继 1996 年之后，时隔 16 年对《刑事诉讼法》进行的第二次系统修正。通过本次修正，不仅将“国家尊重和保障人权”写入刑事诉讼法之中，而且进一步加强了对犯罪嫌疑人、被告人的权利保障，强化了对刑事诉讼权利的规制，在原有职权主义诉讼模式的基础上，融入了诸多当事人主义诉讼模式的元素，使这一时期刑事诉讼模式呈现混合式诉讼模式的特点。

1. 增加“尊重和保障人权”的规定

2004 年 3 月 14 日，第十届全国人民代表大会第二次会议通过了宪法修正案，正式将国家尊重和保障人权写入宪法。2014 年《宪法》第 33 条第 3 款规定：“国家尊重和保障人权。”为贯彻落实宪法精神和内容，2012 年《刑事诉讼法》修改时，正式将“尊重和保障人权”这一宪法内容落实到刑事诉讼法当中。2012 年《刑事诉讼法》第 2 条规定：“中华人民共和国刑事诉讼法的任务，是保证准确、及时地查明犯罪事实，正确应用法律，惩罚犯罪分子，保障无罪的人不受刑事追究，教育公民自觉遵守法律，积极同犯罪行为作斗争，维护社会主义法制，尊重和保障人权，保护公民的人身权利、财产权利、民主权利和其他权利，保障社会主义建设事业的顺利进行。”将“尊重和保障人权”作为刑事诉讼法的任务确定下来，这无疑是刑事诉讼法的一大进步，表明整个刑事诉讼法中，都将贯彻人权、保障制度。尊重和保障人权是近现代刑事诉讼的总体发展趋势，也为《世界人权宣言》《公民权利与政治权利国际公约》等国际性准则所普遍确认，在英美法系刑事诉讼中，尤其注重对人权的保障，这也是当事人主义刑事诉讼模式的一个总体特征。我国 2012 年《刑事诉讼法》中增加“尊重和保障人权”的规定，某种意义上也是融入当事人主义刑事诉讼模式基本元素的体现，反映出了当今世界各国相互融合、相互借鉴的发展趋势，表现出了混合式刑事诉讼模式的基本特征。

2. 未实质确立“不强迫自证其罪”原则

与 1979 年《刑事诉讼法》时期及 1996 年《刑事诉讼法》时期不同的是，2012 年《刑事诉讼法》中，首次在立法中作出了“不得强迫任何人证实自己有罪”的规定，由无到有，不能不说这是刑事诉讼法的一大进步。如果单纯从法条规定来看，这种规定似乎是表明在我国刑事诉讼法中，正式确立了“不强迫自证其罪原则”，但综合整个刑事诉讼法的规定来看,不能简单地认为该条款就是“不强迫自证其罪”原则的确立。2012年《刑事诉讼法》第50条规定:“审判人员、检察人员、侦查人员必须依照法定程序,收集能够证实犯罪嫌疑人、被告人有罪或者无罪、犯罪情节轻重的各种证据。严禁刑讯逼供和以威胁、引诱、欺骗以及其他非法方法收集证据,不得强迫任何人证实自己有罪。必须保证一切与案件有关或者了解案情的公民,有客观地充分地提供证据的条件,除特殊情况外,可以吸收他们协助调查。”从形式上看,该条款的确是表明了“不得强迫任何人证实自己有罪”,但从实质上看,又很难说这就是“不强迫自证其罪”原则的确立。首先,从该条款所处的位置来看,并非处于《刑事诉讼法》总则的原则部分,而是位于第五章“证据”部分,是对审判人员、检察人员、侦查人员如何收集证据所提出的基本要求,因此,从形式上就不符合确立原则的外在要求。而从内容上看,《刑事诉讼法》第50条与第118条之间又存在难以理解之处。2012年《刑事诉讼法》第118条规定:“侦查人员在讯问犯罪嫌疑人的时候,应当首先讯问犯罪嫌疑人是否有犯罪行为,让他陈述有罪的情节或者无罪的辩解,然后向他提出问题。犯罪嫌疑人对侦查人员的提问,应当如实回答。但是对与本案无关的问题,有拒绝回答的权利。侦查人员在讯问犯罪嫌疑人的时候,应当告知犯罪嫌疑人如实供述自己罪行可以从宽处理的法律规定。”从第50条的规定来看,不得强迫任何人证实自己有罪,就是任何人包括犯罪嫌疑人在内都具有选择权,可以选择说,也可以选择不说,不能强迫必须要说,似乎是确定了沉默权的表述。而从第118条的规定来看,与之前的1979年《刑事诉讼法》第64条、1996年《刑事诉讼法》第93条如出一辙,并没有太大变化,都规定了犯罪嫌疑人必须要如实回答侦查人员的提问,只不过又增加了如实供述可以获得的利益,其他并无实质区别。“应当如实回答侦查人员的提问”以一种毫无疑问的表述方式,表达了犯罪嫌疑人并不享有保持沉默的权利,而是承担如实回答侦查人员提问的法定义务。这二者之间客观上存在理解上的歧义,如果非要整合在一起,那只能理解为:犯罪嫌疑人应当如实回答侦查人员的提问,只不过侦查人员不能采取强迫的方式,直接或间接地强迫犯罪嫌疑人自己证实自己有罪。这实际上是一个只设定了法定义务却又未规定违反法定义务后果的条款，也就是当犯罪嫌疑人不如实回答侦查人员提问时，那么，作为侦查人员如何通过“不强迫”的方式来让犯罪嫌疑人履行“如实回答”的义务，对此，立法中并没有明确表态，实际上就把这个“不强迫而让犯罪嫌疑人如实回答提问的任务”交给了侦查人员。如何做到“不强迫而让犯罪嫌疑人如实回答提问”则成了问题的关键所在，为了保证犯罪嫌疑人不是被强迫回答提问的，《刑事诉讼法》中也规定了相关的保障性制度，如讯问犯罪嫌疑人时的录音录像制度、被羁押的应在看守所进行讯问、讯问人与被讯问人应当隔离讯问的规定等，都体现了对“不强迫回答提问”的保障。由于我国尚未确立讯问时律师在场制度，辩护律师只能在第一次讯问后才能介入。因此，无论就哪个视角而言，都很难说我国已经确立了严格意义上的“不强迫自证其罪”原则。

3. 强制措施体系得到进一步完善

就价值视角而言，强制措施的价值在于保证刑事诉讼的顺利进行，但不可否认的是，强制措施客观上是以损减犯罪嫌疑人、被告人权利为代价的，也是国家为了保证刑事诉讼顺利进行不得已而为之的“恶”。既然是一种“恶”，那就应该对其进行严格的法律规制，将其限定在不得已而为之的程度。我国强制措施体系只是关于限制与剥夺人身自由的强制措施，而搜查、扣押及技术侦查等涉及人身自由、财产权及隐私权的强制措施均被视为侦查行为，未被列入强制措施体系之中。与以往相比，2012 年《刑事诉讼法》修改后，在强制措施方面进一步进行了完善。一是在拘传强制措施方面，2012 年最高人民法院《关于适用〈中华人民共和国刑事诉讼法〉的解释》第 115 条规定：“拘传被告人，持续的时间不得超过十二小时；案情特别重大、复杂，需要采取逮捕措施的，持续的时间不得超过二十四小时。不得以连续拘传的形式变相拘禁被告人。应当保证被拘传人的饮食和必要的休息时间。”立法中首次规定要保证被拘传人的饮食和必要的休息时间，应当说这是刑事诉讼立法的一大进步，但在具体时间设定方面，立法并没有作出明确规定，从而在该领域留下了一个较大的自由裁量空间，进而可能导致变相拘禁情况的发生。另外，与修改前《刑事诉讼法》规定相比，在拘传时间上也作了扩张性的解释,由先前的 12 小时,延长至需要逮捕情况的 24 小时。二是在指定监视居住方面,2012 年《刑事诉讼法》第 73 条第 1 款、第 2 款规定:“监视居住应当在犯罪嫌疑人、被告人的住处执行;无固定住处的,可以在指定的居所执行。对于涉嫌危害国家安全犯罪、恐怖活动犯罪、特别重大贿赂犯罪,在住处执行可能有碍侦查的,经上一级人民检察院或者公安机关批准,也可以在指定的居所执行。但是,不得在羁押场所、专门的办案场所执行。指定居所监视居住的,除无法通知的以外,应当在执行监视居住后二十四小时以内,通知被监视居住人的家属。”该规定首次明确了指定监视居住适用的案件范围,严格了指定监视居住适用的审批程序,规范了指定监视居住的适用场所,提出了必须在 24 小时以内通知家属的要求,克服了以往在指定监视居住适用方面的随意性,有效防止了变相羁押及神秘失踪等现象的发生,体现了刑事诉讼立法与时俱进的一面。三是在拘留强制措施方面,进一步规范了拘留的适用程序,明确要求拘留后必须在 24 小时以内送看守所羁押,不得非法关押被拘留人。同时第 83 条第 2 款明确要求:“……除无法通知或者涉嫌危害国家安全犯罪、恐怖活动犯罪通知可能有碍侦查的情形以外,应当在拘留后二十四小时以内,通知被拘留人的家属……”上述规定有助于防止变相羁押、无故延长羁押期限以及神秘失踪等现象的发生,有效保障了被拘留人的合法权益。四是在逮捕强制措施适用方面,摒弃了“有碍侦查”情形,明确规定除了“无法通知的以外”,其他都应当在逮捕后 24 小时以内通知家属,进一步强化了对被逮捕人的权利保障。另外,2012 年《刑事诉讼法》中,首次规定了对逮捕后羁押必要性进行审查,要求检察院在犯罪嫌疑人、被告人被逮捕后,必须要对羁押的必要性进行审查,改变了以往逮捕与羁押合一的状况,使逮捕强制措施的适用更加趋于合理化。

应当说,2012 年《刑事诉讼法》修改后,强制措施体系较以往得到了进一步的完善,在强制措施的适用条件、适用程序等方面,均有实质性的改变,对强制措施的决定权与执行权也加以严格地规制,彰显了对犯罪嫌疑人、被告人的权利保障。但从总体上看,强制措施体系并未发生根本性的改变。一是在强制措施体系的构成方面,强制措施主要还是表现为以限制或剥夺人身自由为内容,以人身权、隐私权、财产权等为内容的强制措施则仍未被纳入强制措施体系当中,进而导致对上述行为缺乏有效的规制,或者即使有规制也是降低了适用条件和要求的规制,难以对其进行有效的制约和监督。二是在强制措施的决定方面,还是沿用先前的做法,除逮捕强制措施以外,侦查机关可以自行决定适用其他所有强制措施,虽然增加了由检察院负责审查逮捕后羁押必要性的规定,但在对逮捕适用价值的评判方面,作为审查起诉机关的检察机关与侦查机关并无太大差别,缺乏由中立者来居中决定强制措施适用的制度,这也是司法实践中强制措施适用率高以及就重不就轻的一个关键原因所在。强制措施适用率高、就重不就轻以及由侦查机关、检察机关决定强制措施的适用等状况的存在,体现了重实体利益追求的价值取向,折射出了职权主义诉讼模式的特点。

4. 证据制度方面有实质变化

在证据制度方面,2012 年《刑事诉讼法》有了实质变化,主要表现在两个方面:一是在证据能力方面,建立了非法证据排除制度;二是在证明标准方面,采纳了排除合理怀疑的证明标准。

首先,在证据能力方面,确立了非法证据排除规则。2012 年《刑事诉讼法》第 54 条规定:“采用刑讯逼供等非法方法收集的犯罪嫌疑人、被告人供述和采用暴力、威胁等非法方法收集的证人证言、被害人陈述,应当予以排除。收集物证、书证不符合法定程序,可能严重影响司法公正的,应当予以补正或者作出合理解释;不能补正或者作出合理解释的,对该证据应当予以排除。在侦查、审查起诉、审判时发现有应当排除的证据的,应当依法予以排除,不得作为起诉意见、起诉决定和判决的依据。”先前刑事诉讼法中,也有关于非法证据排除的规定,只不过只局限在非法言词证据的排除上,并没有涉及非法物证和书证的排除,2012 年《刑事诉讼法》修改后,首次在立法中建立了非法物证和书证排除制度,突出了刑事诉讼立法对程序公正的维护,应该说是刑事诉讼法不断完善的体现。但从该规定所设定的条件来看,对非法物证、书证的排除不是绝对的排除,而是有选择的排除。要排除非法物证、书证至少要满足以下几个条件:一是程序违法性要求,也就是针对收集证据程序的合法性所提出的要求,无论是书证还是物证,均涉及收集程序违法;二是违法程度性要求,不是所有收集程序违法的物证、书证都要排除,而是需要达到可能严重影响司法公正的程度;三是排除性要求,也就是要排除那些能够补正或作出合理解释的情形,只有那些不能补正或作出合理解释的物证或书证,才涉及非法证据排除的问题。在由侦查机关自行决定并执行搜查、扣押等侦查行为的情况下,收集物证、书证程序违法的情况本身就并不多见,要达到严重影响司法公正的情况则少之又少,而要到了不能补正或者作出合理解释的程度则几乎没有,这也是司法实践中,非法物证、书证排除情况比较少见的一个重要原因所在。

其次,在证明标准方面,采纳了排除合理怀疑的证明标准。2012年《刑事诉讼法》第 53 条规定:"对一切案件的判处都要重证据,重调查研究,不轻信口供。只有被告人供述,没有其他证据的,不能认定被告人有罪和处以刑罚;没有被告人供述,证据确实、充分的,可以认定被告人有罪和处以刑罚。证据确实、充分,应当符合以下条件:(一)定罪量刑的事实都有证据证明;(二)据以定案的证据均经法定程序查证属实;(三)综合全案证据,对所认定事实已排除合理怀疑。"可以说,该规定是我国刑事诉讼立法中,首次对"证据确实、充分"所进行的具体解释,并最终确立了"排除合理怀疑"的证明标准。从严格意义上讲,"证据确实、充分"不能认为是一个具体的证明标准,更倾向于是一个证明目标,也就是通过证据证明所要达到的一个理想的状态。事实清楚是建立在证据确实、充分的基础上,而如何考量证据是否确实、充分则仍需要一个标准。大陆法系职权主义诉讼模式之下,则直接将判断证据是否确实、充分的权力交给审判者,也就是所谓的"自由心证",而裁判者如何判断证据是否确实、充分则采取的是"内心确信"证明标准,只要裁判者内心中形成了确信,即可据此裁判。英美法系当事人主义诉讼模式之下,则采用了"排除合理怀疑"的证明标准,只要裁判者认为证据不存在其他合理怀疑的情况下,即可据此裁判。二者从形式上看,似乎在证明标准方面存在较大差别,但就实质上而言,并无太大区别,都是将证据是否确实、充分的判定权力交给裁判者,都是以裁判者的内心判定来认定证据是否确实、充分，都带有明显的主观主义色彩，只不过是要求建立在客观基础上的主观判断。但从细微视角分析，二者又存在不同之处。"内心确信"证明标准更加强调裁判者的主观能动性，更加突出所认定事实的真实性。而"排除合理怀疑"证明标准则采取的是排除的方式，将存在合理怀疑的证据加以排除，如果不存在合理怀疑的则视为可以支撑事实的证据，带有"既然没有其他选择了，就只能这样认定"的一种态度，并不强调所认定的就是客观真实，相对而言，这种证明标准带有更大的弹性空间，为裁判者的认定过错留下了回旋的余地。我国2012年《刑事诉讼法》中，将排除合理怀疑作为衡量证据是否确实、充分的标准，体现了对英美法系当事人主义诉讼模式的借鉴，在职权主义诉讼模式的基础上，融入当事人主义诉讼模式的元素，表现出了混合式诉讼模式的特点。

5. 逐步彰显有效辩护原则

2012年《刑事诉讼法》与以往相比，在刑事辩护制度方面又有了进一步的改善，不断彰显有效辩护原则。这主要体现在以下几个方面：

首先，辩护阶段首次提前至侦查阶段。2012年《刑事诉讼法》第33条规定："犯罪嫌疑人自被侦查机关第一次讯问或者采取强制措施之日起，有权委托辩护人；在侦查期间，只能委托律师作为辩护人。被告人有权随时委托辩护人。侦查机关在第一次讯问犯罪嫌疑人或者对犯罪嫌疑人采取强制措施的时候，应当告知犯罪嫌疑人有权委托辩护人。人民检察院自收到移送审查起诉的案件材料之日起三日以内，应当告知犯罪嫌疑人有权委托辩护人。人民法院自受理案件之日起三日以内，应当告知被告人有权委托辩护人。犯罪嫌疑人、被告人在押期间要求委托辩护人的，人民法院、人民检察院和公安机关应当及时转达其要求。犯罪嫌疑人、被告人在押的，也可以由其监护人、近亲属代为委托辩护人。辩护人接受犯罪嫌疑人、被告人委托后，应当及时告知办理案件的机关。"1979年《刑事诉讼法》时期，被告人只有在审判阶段才能聘请辩护人。1996年《刑事诉讼法》时期，犯罪嫌疑人只有案件进入了审查起诉阶段，才能委托辩护人，在侦查阶段，犯罪嫌疑人只能聘请律师为其提供法律帮助，而不能直接为其提供辩护，法律帮助不是直接的辩护活动,只是帮助犯罪嫌疑人有效行使自行辩护权及维护犯罪嫌疑人合法诉讼权益的活动。2012年《刑事诉讼法》中,首次将辩护阶段提前到侦查阶段,对于维护犯罪嫌疑人合法权益无疑具有积极意义,体现了有效辩护的原则。但在侦查阶段,犯罪嫌疑人只能在被侦查机关第一次讯问后或被采取强制措施之日起,才有权利委托辩护人,这在某种意义上又限制了辩护权的充分行使,因为第一次讯问是最为关键的讯问,也是犯罪嫌疑人最需要法律帮助的时候,但刑事诉讼法中却又规避了这个关键阶段,无疑又制约了犯罪嫌疑人充分行使辩护权,有悖于有效辩护的基本原则。

其次,进一步保障辩护权的有效行使。根据2012年《刑事诉讼法》第37条的规定,"辩护律师可以同在押的犯罪嫌疑人、被告人会见和通信。其他辩护人经人民法院、人民检察院许可,也可以同在押的犯罪嫌疑人、被告人会见和通信。辩护律师持律师执业证书、律师事务所证明和委托书或者法律援助公函要求会见在押的犯罪嫌疑人、被告人的,看守所应当及时安排会见,至迟不得超过四十八小时。危害国家安全犯罪、恐怖活动犯罪、特别重大贿赂犯罪案件,在侦查期间辩护律师会见在押的犯罪嫌疑人,应当经侦查机关许可。上述案件,侦查机关应当事先通知看守所。辩护律师会见在押的犯罪嫌疑人、被告人,可以了解案件有关情况,提供法律咨询等;自案件移送审查起诉之日起,可以向犯罪嫌疑人、被告人核实有关证据。辩护律师会见犯罪嫌疑人、被告人时不被监听"。在以往的刑事诉讼立法中,虽然也规定了律师可以会见犯罪嫌疑人,但在具体司法实践中,律师在会见犯罪嫌疑人方面却障碍重重,尤其是在侦查阶段,不是需要侦查机关批准,就是以各种理由阻滞,而即使会见了犯罪嫌疑人,还有侦查机关基本上都派员在场监督的问题,使律师很难见甚至是不敢见犯罪嫌疑人,导致侦查阶段律师提供法律帮助制度不能有效实现。2012年《刑事诉讼法》中,明确规定了除危害国家安全犯罪、恐怖活动犯罪、特别重大贿赂犯罪案件需要侦查机关批准以外,其他案件只要律师持有合法手续,均可不受阻碍地会见犯罪嫌疑人,看守机构必须无条件地在48小时以内安排会见。另外,为了打消律师会见时的顾虑,

《刑事诉讼法》明确规定律师会见犯罪嫌疑人、被告人时不被监听。上述规定对于有效保障辩护权的充分行使，无疑具有重要意义，符合有效辩护的基本要求。

最后，进一步完善了刑事法律援助制度。根据2012年《刑事诉讼法》第34条的规定，“犯罪嫌疑人、被告人因经济困难或者其他原因没有委托辩护人的，本人及其近亲属可以向法律援助机构提出申请。对符合法律援助条件的，法律援助机构应当指派律师为其提供辩护。犯罪嫌疑人、被告人是盲、聋、哑人，或者是尚未完全丧失辨认或者控制自己行为能力的精神病人，没有委托辩护人的，人民法院、人民检察院和公安机关应当通知法律援助机构指派律师为其提供辩护。犯罪嫌疑人、被告人可能被判处无期徒刑、死刑，没有委托辩护人的，人民法院、人民检察院和公安机关应当通知法律援助机构指派律师为其提供辩护”。与先前刑事诉讼立法相比，2012年《刑事诉讼法》进一步完善了法律援助制度。一是扩大了法律援助的适用范围。以往经济困难只是“可以”情形，即使符合法定条件，也可进行选择性援助，而不是必须提供法律援助。现在则无论是由于经济困难还是其他原因，只要是没有委托辩护人且符合援助条件的，立法均将其设定为“应当”情形，改变了以往即使符合法律援助条件也要进行选择性援助的状况。二是扩大了法律援助的适用阶段。以往在侦查阶段环节，犯罪嫌疑人并无获得法律援助的权利，现在法律援助则涵盖了包括侦查阶段在内的三个诉讼阶段，无论是犯罪嫌疑人还是被告人，只要是符合法定法律援助条件的，那么，侦查机关、审查起诉机关及审判机关就应当通知法律援助机构指派律师为其提供辩护，这对于保障犯罪嫌疑人、被告人合法权益，无疑具有积极的意义。

6. 逐步推进以审判为中心的刑事司法模式

在侦查、审查起诉、审判三者之间，如何定位三者关系则直接决定了刑事司法的模式。就应然视角而言，侦查只是审查起诉和审判的基础，通过侦查所调取的证据能否支撑一个事实以及在多大程度上支撑一个事实，并不取决于侦查机关，而是由审查起诉机关及审判机关来决定。审查起诉机关如果认为事实不清、证据不足，则可以作出证据不足不起诉的决定;审判机关如果认为审查起诉机关所提起的指控事实不清、证据不足的,则可以作出证据不足而无罪的判决。也就是说,审判机关拥有最终的裁判权。但一直以来,我国刑事诉讼中带有“以侦查为中心”的侦查中心主义倾向,审查起诉和审判均围绕着侦查进行,在三机关互相配合原则的影响下,许多事实不清、证据不足不具备起诉条件的案件被起诉到了法院,许多事实不清、证据不足不具备定罪量刑的案件最终被定罪量刑了,这不仅混淆了三者之间的逻辑关系,而且也不利于犯罪嫌疑人、被告人的权利保障,导致冤假错案的产生。2014 年 10 月 23 日,中共第十八届中央委员会第四次全体会议通过了《关于全面推进依法治国若干重大问题的决定》(以下简称《决定》),《决定》中明确表明:“推进以审判为中心的诉讼制度改革,确保侦查、审查起诉的案件事实证据经得起法律的检验。全面贯彻证据裁判规则,严格依法收集、固定、保存、审查、运用证据,完善证人、鉴定人出庭制度,保证庭审在查明事实、认定证据、保护诉权、公正裁判中发挥决定性作用。”为了保证司法机关能够独立行使职权,《决定》又规定了相关保障措施,如“各级党政机关和领导干部要支持法院、检察院依法独立公正行使职权。建立领导干部干预司法活动、插手具体案件处理的记录、通报和责任追究制度。任何党政机关和领导干部都不得让司法机关做违反法定职责、有碍司法公正的事情,任何司法机关都不得执行党政机关和领导干部违法干预司法活动的要求。对干预司法机关办案的,给予党纪政纪处分;造成冤假错案或者其他严重后果的,依法追究刑事责任。”摆脱地方各机关及行政化因素对司法机关及其工作人员独立行使职权的干扰,健全法律职业制度,突出司法的职业化特点。如《决定》中规定:“完善法律职业准入制度,健全国家统一法律职业资格考试制度,建立法律职业人员统一职前培训制度。”妥善处理好党的领导与司法机关独立行使职权的关系,既要保证司法工作不偏离党的领导,还要避免因领导错位而对司法工作所产生的干扰,《决定》中明确:“各级党委政法委员会要把工作着力点放在把握政治方向、协调各方职能、统筹政法工作、建设政法队伍、督促依法履职、创造公正司法环境上,带头依法办事,保障宪法法律正确统一实施。”

为了落实并贯彻好《决定》的内容和精神，各职能部门围绕自身工作重点，也都相继出台了具体举措。除此之外，最高人民法院、最高人民检察院、公安部、国家安全部、司法部等部门还就如何推进刑事诉讼制度的改革，尤其是围绕如何推进以审判为中心的改革，联合出台了《关于推进以审判为中心的刑事诉讼制度改革的意见》。该意见中明确了以审判为中心的司法改革意见，要求所有证据都最终以法院的认定为准，所有的有罪认定都必须建立在事实清楚、证据确实充分的基础上。对于符合法定条件的非法证据应当依法予以排除，严格贯彻疑罪从无原则。对于审查起诉机关而言，如果证据方面确实不够充分，未达到起诉要求的，那么，就不应采取久拖不决的方式，而是要敢于作出证据不足不起诉的决定；对于审判机关来说，不能定位于一定要作出有罪裁判，也不能要求一定是在证据确实充分的基础上，才可以作出无罪裁判，只要是证据条件不符合法定要求且不足以认定有罪的，审判机关就可以据此作出证据不足而无罪的裁判。为了保证切实以审判为中心，防止改革流于形式，国家积极推进庭审实质化改革。十八届四中全会《决定》中已经明确："保证庭审在查明事实、认定证据、保护诉权、公正裁判中发挥决定性作用。"与之相一致，最高人民法院也围绕上述精神和内容，尤其是就全面深化法院司法改革方面，出台了《关于全面深化人民法院改革的意见——人民法院第四个五年改革纲要（2014—2018）》。该意见中强调："建立中国特色社会主义审判权力运行体系，必须尊重司法规律，确保庭审在保护诉权、认定证据、查明事实、公正裁判中发挥决定性作用，实现诉讼证据质证在法庭、案件事实查明在法庭、诉辩意见发表在法庭、裁判理由形成在法庭。"避免因为鉴定意见、证人证言笔录等形成于法庭之外，而在鉴定人、证人不出庭的情况下，庭审中又无法对其进行实质质证，结果导致以审判为中心的改革在庭审阶段难以实现。

审判机关及其审判人员作为中立裁判者，其在刑事诉讼中唯一追求的利益就是实现司法公正，建构以审判为中心的诉讼构造，不仅符合刑事诉讼的基本规律和逻辑，而且也有利于实现对侦查权、审查起诉权的有效规制，同时也有助于保障犯罪嫌疑人、被告人的合法权益，促进司法公正的实现。但不可否认的是,以审判为中心的司法改革并非一帆风顺,侦查中心主义的现象也未杜绝。就强制措施体系而言,我国刑事诉讼法还未将搜查、扣押及技术侦查等纳入强制措施体系之中,都是由侦查机关自行决定并执行,由此导致在物证、书证的收集方面,很难发现不能补正或者不能作出合理解释的违法情况,进而导致在该领域,庭审也很难做到实质化。在针对人身自由的强制措施中,除逮捕外,其他均由侦查机关自行决定并执行,即使逮捕也并非由与利益无涉的中立者居中决定,由此导致强制措施的泛化,在监督措施不到位的情况下,在犯罪嫌疑人必须要如实回答侦查人员提问的规定下,很难避免强迫犯罪嫌疑人自证其罪情况的发生。

另外,监察委员会的设置及《监察法》的出台也为刑事诉讼制度改革提出了新的研究课题,《监察法》第 8 条第 1 款规定:“国家监察委员会由全国人民代表大会产生,负责全国监察工作。”第 11 条规定:“监察委员会依照本法和有关法律规定履行监督、调查、处置职责:(一)对公职人员开展廉政教育,对其依法履职、秉公用权、廉洁从政从业以及道德操守情况进行监督检查;(二)对涉嫌贪污贿赂、滥用职权、玩忽职守、权力寻租、利益输送、徇私舞弊以及浪费国家资财等职务违法和职务犯罪进行调查;(三)对违法的公职人员依法作出政务处分决定;对履行职责不力、失职失责的领导人员进行问责;对涉嫌职务犯罪的,将调查结果移送人民检察院依法审查、提起公诉;向监察对象所在单位提出监察建议。”监察委员会的设立无疑是我国政治生活中的大事,这意味着在最高权力机关之下,又增设了针对权力运行进行监督制约的机构。从其所处的地位来看,监察委员会由权力机关授权并应对权力机关负责;但从其拥有的职权来看,其所监督、查处的对象是包括权力机关在内的所有国家机关及其工作人员。就刑事诉讼领域而言,无论是检察机关还是审判机关,都是监察委员会监督、查处的对象,但同时监察委员会作为职务犯罪的调查者,对涉嫌职务犯罪的,应将调查结果依法移送检察院审查起诉,并最终由法院作出裁决。从这个意义上讲,检察机关和审判机关对监察委员会又具有反向监督的权力。但不可否认的是,监察委员会不单纯是一个职务犯罪的调查者,还是一个对所有国家机关及其工作人员的监督者。作为一个职务犯罪的调查者,它希望自己所调查的证据和事实,能够得到审查起诉机关及审判机关的认可,一旦有了利益诉求,利益主体就会动用所有力量去实现之;作为一个国家权力的监督者和职务违纪、违法、犯罪的查处者,它拥有对审查起诉机关及审判机关无可置疑的制约力量,在诉讼利益的驱使下,其会不会动用其对审查起诉机关及审判机关的制约力量,来支撑其在刑事诉讼中的利益诉求,进而在职务犯罪的刑事诉讼领域中,形成新的"侦查中心主义"倾向,这是需要密切关注并加以解决的问题。

7. 逐步彰显刑事诉讼的多元价值取向

一直以来,我国刑事诉讼具有重犯罪打击的倾向,对刑事诉讼的其他价值取向关注不够,随着刑事诉讼法制进程的不断推进,刑事诉讼在价值取向方面逐步呈现多元化的趋势。

一是由注重实体公正到实体公正与程序公正并重。通过 1996 年《刑事诉讼法》及 2012 年《刑事诉讼法》修改的内容可以看出,刑事诉讼总体上呈现实体公正与程序公正并重的趋势。从取消收容审查等替代性强制措施开始,到强制措施体系的逐步完善;从辩护阶段延伸到侦查阶段,到法律援助制度建立并不断完善;从重新界定证据概念,到证明标准的重新诠释,再到非法证据排除规则的建立与完善;逐步规制侦查行为、审查起诉行为及审判行为;等等。这些无不彰显了对程序公正的重视。

二是逐步注重公正与效率的并重。对公正的追求是刑事诉讼的永恒主题,但对效率的关注也是刑事诉讼不可回避的现实考虑。从我国刑事诉讼立法的发展进程来看,由对实体公正的单一化关注,到逐步强调对诉讼效率的追求。如由刑事诉讼法所确立并逐步完善的简易程序,就体现出了"繁简分流"的效率原则,而且正在逐步向深处延展。最高人民法院出台的《关于全面深化人民法院改革的意见——人民法院第四个五年改革纲要(2014—2018)》第 12 条明确规定:"健全轻微刑事案件快速办理机制。在立法机关的授权和监督下,有序推进刑事案件速裁程序改革。"再如目前正在推进的认罪认罚从宽制度,也体现出了节省司法资源、彰显诉讼效率的一面。第 13 条中规定:"完善刑事诉讼中认罪认罚从宽制度。明确被告人自愿认罪、自愿接受处罚、积极退赃退赔案件的诉讼程序、处罚标准和处理方式，构建被告人认罪案件和不认罪案件的分流机制，优化配置司法资源。”为了建立适合我国国情的认罪认罚从宽制度，2016 年 9 月 3 日，全国人大常委会还专门通过了《关于授权最高人民法院、最高人民检察院在部分地区开展刑事案件认罪认罚从宽制度试点工作的决定》，该决定中明确规定：“授权最高人民法院、最高人民检察院在北京、天津、上海、重庆、沈阳、大连、南京、杭州、福州、厦门、济南、青岛、郑州、武汉、长沙、广州、深圳、西安开展刑事案件认罪认罚从宽制度试点工作。对犯罪嫌疑人、刑事被告人自愿如实供述自己的罪行，对指控的犯罪事实没有异议，同意人民检察院量刑建议并签署具结书的案件，可以依法从宽处理。试点工作应当遵循刑法、刑事诉讼法的基本原则，保障犯罪嫌疑人、刑事被告人的辩护权和其他诉讼权利，保障被害人的合法权益，维护社会公共利益，完善诉讼权利告知程序，强化监督制约，严密防范并依法惩治滥用职权、徇私枉法行为，确保司法公正。”上述规定无不体现出对诉讼效率的追求，折射出公正与效率并重的刑事诉讼价值取向。

三是逐步开始注重对伦理道德的维护。一直以来，由于过于强调对犯罪的控制和打击，刑事诉讼中对其他价值取向维护不足。2012 年《刑事诉讼法》修改后，首次在第 188 条第 1 款中规定：“经人民法院通知，证人没有正当理由不出庭作证的，人民法院可以强制其到庭，但是被告人的配偶、父母、子女除外。”上述规定虽然不能理解为近亲属具有了免证权，因为刑法中的包庇罪并未将近亲属排除在犯罪主体之外，而 2018 年《刑事诉讼法》中也明确规定了“凡是知道案件情况的人，都有作证的义务”。上述规定均没有将近亲属排除在证人之外，只不过不强求近亲属出庭当面作证而已，但毕竟不需要与被告人直接面对，体现了对亲情维护的一面，彰显了刑事诉讼法多元化的价值取向。

通过上述分析可以看出，2012 年《刑事诉讼法》颁行以来，与以往相比较，虽然还未真正确立不强迫自证其罪原则，但刑事诉讼立法更加强化对人权的保障。首次在刑事诉讼法中增加了“尊重和保障人权”的规定；强制措施体系得到了进一步完善；在证据制度方面也进行了实质调整，完善了非法证据排除制度，并吸纳了英美法系当事人主义诉讼模式的元素，确立了排除合理怀疑的证明标准；逐步彰显有效辩护原则，将辩护阶段提前到侦查阶段，强化了对辩护权行使的保障，进一步完善了法律援助制度；逐步推进以审判为中心的刑事司法制度改革；逐步彰显刑事诉讼的多元价值取向，由注重实体公正到实体公正与程序公正并重，逐步注重公正与效率的并重，逐步开始注重对亲情的维护。在原有职权主义诉讼模式的基础上，融入了诸多当事人主义诉讼模式的元素，刑事诉讼模式整体上呈现混合主义诉讼模式的特征。

### （五）2018年《刑事诉讼法》的主要变化

在2012年《刑事诉讼法》的基础上，2018年10月26日，第十三届全国人民代表大会常务委员会第六次会议通过了《关于修改〈中华人民共和国刑事诉讼法〉的决定》。从总体上来看，本次《刑事诉讼法》修改主要是出于以下考虑：一是出于与《监察法》的衔接，将与监察委员会职务犯罪查处权相关的内容从刑事诉讼法中剥离出去；二是突出对诉讼效率的兼顾，增设了认罪认罚从宽制度及与之相关的刑事速裁程序；三是加强了对犯罪嫌疑人、被告人诉讼权利的保障，增设了值班律师制度；四是强化了特别审判程序，增设了刑事缺席审判程序。

#### 1. 与《监察法》衔接所进行的调整

2018年3月20日，第十三届全国人民代表大会第一次会议通过了《监察法》，《监察法》第11条规定："监察委员会依照本法和有关法律规定履行监督、调查、处置职责：（一）对公职人员开展廉政教育，对其依法履职、秉公用权、廉洁从政从业以及道德操守情况进行监督检查；（二）对涉嫌贪污贿赂、滥用职权、玩忽职守、权力寻租、利益输送、徇私舞弊以及浪费国家资财等职务违法和职务犯罪进行调查；（三）对违法的公职人员依法作出政务处分决定；对履行职责不力、失职失责的领导人员进行问责；对涉嫌职务犯罪的，将调查结果移送人民检察院依法审查、提起公诉；向监察对象所在单位提出监察建议。"根据先前《宪法》、《人民检察院组织法》及《刑事诉讼法》的规定，职务犯罪调查权原本由检察院行使，现在既然调整到了监察委员会的职权范围，那么，《刑事诉讼法》也必然要随之进行调整。2018年《刑事诉讼法》修改时,对检察院的职权进行了调整,将第18条改为第19条,第2款修改为:“人民检察院在对诉讼活动实行法律监督中发现的司法工作人员利用职权实施的非法拘禁、刑讯逼供、非法搜查等侵犯公民权利、损害司法公正的犯罪,可以由人民检察院立案侦查。对于公安机关管辖的国家机关工作人员利用职权实施的重大犯罪案件,需要由人民检察院直接受理的时候,经省级以上人民检察院决定,可以由人民检察院立案侦查。”由上述规定可以看出,检察院保留的职务犯罪侦查权仅限于与审查起诉权及法律监督权相关的案件范围。首先,作为专门的法律监督机关,检察院对侦查机关及审判机关诉讼活动的合法性具有法律监督权。非法拘禁、刑讯逼供、非法搜查及损害司法公正等犯罪行为均是发生在诉讼过程中的行为,作为法律监督机构,理所当然具有查处的权力。其次,作为审查起诉机关,检察院还负有对证据合法性的审查职责,对于非法证据具有排除的权力。刑讯逼供及非法搜查等犯罪行为是产生非法证据的直接来源,而排除非法证据,首先需要查清是否存在刑讯逼供及非法搜查等行为,因此,赋予检察院必要的职务犯罪查处权也是理所当然的。除此之外,在强制措施、侦查行为、辩护制度等方面也都进行了必要的调整,将与监察委员会职务犯罪查处权相关的内容从刑事诉讼法中剥离出去。

2. 增设了认罪认罚从宽制度及刑事速裁程序

出于对和谐司法及和谐社会的追求,出于对公正与效率的兼顾,基于协商性司法的考量,2018年《刑事诉讼法》增加了第15条:“犯罪嫌疑人、被告人自愿如实供述自己的罪行,承认指控的犯罪事实,愿意接受处罚的,可以依法从宽处理。”与认罪认罚从宽制度相适应,《刑事诉讼法》中又增设了第222条:“基层人民法院管辖的可能判处三年有期徒刑以下刑罚的案件,案件事实清楚,证据确实、充分,被告人认罪认罚并同意适用速裁程序的,可以适用速裁程序,由审判员一人独任审判。人民检察院在提起公诉的时候,可以建议人民法院适用速裁程序。”为贯彻落实好认罪认罚从宽制度,最高人民法院、最高人民检察院、公安部、国家安全部、司法部又出台了《关于适用认罪认罚从宽制度的指导意见》,就认罪认罚从宽制度适用的基本原则、范围、条件和认罪认罚后"从宽"的把握、被追诉人权利保障、被害方权益保障、强制措施、侦查机关的职责、审查起诉机关的职责、审判机关的职责等方面,作出了较为详细的规定。从上述立法规定来看,认罪认罚从宽是具有中国特色的一项制度,并不等同于英美法系的辩诉交易。

(1)与辩诉交易的主要区别

第一,价值取向不一致。认罪认罚从宽与辩诉交易虽然都彰显了对诉讼效率的重视,但认罪认罚从宽不单纯是出于诉讼效率的考虑,同时还要兼顾公正,严格意义上来说,应当是建立在公正基础上的对效率的兼顾。而辩诉交易更加突出交易性,通常指控方与被指控方达成交易即可,对公正尤其是实体公正兼顾不足。

第二,对"认罪"的界定不同。认罪认罚从宽不仅要求犯罪嫌疑人、被告人认可所指控的罪名,而且还要如实供述所涉嫌的犯罪事实。因为我国《刑事诉讼法》明确规定了犯罪嫌疑人应当如实回答侦查人员的提问,这就表明了犯罪嫌疑人并无保持沉默的权利,如果认罪,就必须如实供述所涉嫌的犯罪事实。辩诉交易只要求认可所指控的罪名即可,并不要求必须如实供述所涉嫌的犯罪事实,这与不强迫自证其罪原则及沉默权的设立不无关联,同时也与辩诉交易的价值取向密切相关。

第三,证据要求和证明标准不同。认罪认罚从宽坚持证据裁判原则,不因为犯罪嫌疑人、被告人认罪认罚而降低证据要求和证明标准。《关于适用认罪认罚从宽制度的指导意见》第 3 条规定:"办理认罪认罚案件,应当以事实为根据,以法律为准绳,严格按照证据裁判要求,全面收集、固定、审查和认定证据。坚持法定证明标准,侦查终结、提起公诉、作出有罪裁判应当做到犯罪事实清楚,证据确实、充分,防止因犯罪嫌疑人、被告人认罪而降低证据要求和证明标准。对犯罪嫌疑人、被告人认罪认罚,但证据不足,不能认定其有罪的,依法作出撤销案件、不起诉决定或者宣告无罪。"辩诉交易则更加突出对犯罪嫌疑人、被告人认罪自愿性的审查,如果是犯罪嫌疑人、被告人自愿认罪,那么,对于证据是否确实充分并不十分关注。

第四,检察机关的驱动力不同。认罪认罚从宽中,由于证据条件和证明标准不能降低,因此,检察机关并不能从犯罪嫌疑人的认罪认罚中获取太大利益。既不能降低诉讼风险,也不能过多地减少工作量,反而还会因为犯罪嫌疑人、被告人的认罪认罚,而要对量刑建议作出精准的判断,还要听取值班律师及被害方的意见等,这某种意义上还会增加检察机关的职业风险和工作量。所以,检察机关适用认罪认罚从宽制度,更多的是出于职责要求,而非基于自身利益的内在驱动。辩诉交易制度则不同,检察机关一旦与犯罪嫌疑人达成了辩诉交易,只要犯罪嫌疑人是自愿的,那么,案件基本上也就等于结束了。既避免了被法院判处无罪的诉讼风险,又规避了证据要达到排除合理怀疑程度的繁重工作量,因此,检察机关成为辩诉交易的最大受益者,具有积极推进辩诉交易的内在驱动力。

第五,法院拥有的审查权不同。法院对认罪认罚案件拥有实质审查权,不仅审查被告人认罪认罚的自愿性及真实性,同时还要审查检察机关的量刑建议是否适当,尽管《刑事诉讼法》规定法院一般应采纳检察机关的量刑建议,但并不排除法院拥有否定检察机关量刑建议的权力。另外,法院还可以对检察机关指控的罪名进行审查,如果法院认定的罪名与检察机关指控的罪名不一致,法院在听取检察机关、被告人及其辩护人意见的基础上,可以依法作出判决。这也表明了我国法院不只是一个中立的裁判者,还是一个积极的案件事实发现者。辩诉交易则不同,法院充分尊重检察机关与犯罪嫌疑人、被告人之间的交易,审查仅限于形式上的审查,主要集中在被告人认罪的自愿性、真实性及对认罪的法律后果是否清楚等,而对于案件事实及其他方面则不进行实质性审查。

(2)认罪认罚中犯罪嫌疑人、被告人的权利保障

认罪认罚从宽制度的设立,对于提高刑事诉讼效率,节省司法资源,无疑具有积极的意义。但如何在提高诉讼效率的同时,兼顾犯罪嫌疑人、被告人的权利保障,这无疑是问题的关键所在。

①自愿认罪认罚权

认罪认罚的前提一定是犯罪嫌疑人、被告人是自愿的,尽管我国《刑事诉讼法》中并没有明确沉默权,而且还要求犯罪嫌疑人应如实回

答侦查人员的提问，但这并不表明犯罪嫌疑人可以被强迫认罪认罚。另外，《刑事诉讼法》规定的“从宽”虽然表明了对认罪认罚的一种鼓励性态度，但不能做扩大解释，一定是在法定范围内的从宽，否则就容易导致诱骗性的认罪认罚。《刑事诉讼法》中对自愿未作详细规定，但在《关于适用认罪认罚从宽制度的指导意见》中则有了明确的规定。《关于适用认罪认罚从宽制度的指导意见》第28条规定：“自愿性、合法性审查。对侦查阶段认罪认罚的案件，人民检察院应当重点审查以下内容：(一)犯罪嫌疑人是否自愿认罪认罚，有无因受到暴力、威胁、引诱而违背意愿认罪认罚；(二)犯罪嫌疑人认罪认罚时的认知能力和精神状态是否正常；(三)犯罪嫌疑人是否理解认罪认罚的性质和可能导致的法律后果；(四)侦查机关是否告知犯罪嫌疑人享有的诉讼权利，如实供述自己罪行可以从宽处理和认罪认罚的法律规定，并听取意见；(五)起诉意见书中是否写明犯罪嫌疑人认罪认罚情况；(六)犯罪嫌疑人是否真诚悔罪，是否向被害人赔礼道歉。经审查，犯罪嫌疑人违背意愿认罪认罚的，人民检察院可以重新开展认罪认罚工作。存在刑讯逼供等非法取证行为的，依照法律规定处理。”

②获得法律帮助权

虽然《刑事诉讼法》明确了重证据、不轻信口供的规定，也强调了即使犯罪嫌疑人、被告人认罪但如无证据不能定罪的规定，但不可否认的是，一旦犯罪嫌疑人、被告人认罪认罚，其被定罪的可能性要大一些。另外，犯罪嫌疑人、被告人一旦认罪认罚，则极易走向速裁程序或简易程序。而无论是速裁程序还是简易程序，事实认定已不再是审判的重点，更多的则是侧重于量刑，这就导致犯罪嫌疑人、被告人寄希望通过审判环节，来纠正侦查阶段或审查起诉阶段错误的可能性大大降低。因此，在侦查阶段或审查起诉阶段，犯罪嫌疑人对认罪认罚的法律性质及法律后果必须是清楚的，由此涉及法律帮助问题。为保障犯罪嫌疑人、被告人获得法律帮助权，《刑事诉讼法》中规定了法律援助及律师值班制度。《关于适用认罪认罚从宽制度的指导意见》第10条则进一步明确规定：“人民法院、人民检察院、公安机关办理认罪认罚案件，应当保障犯罪嫌疑人、被告人获得有效法律帮助，确保其了解认罪认罚的性质和法律后果，自愿认罪认罚。犯罪嫌疑人、被告人自愿认罪认罚，没有辩护人的，人民法院、人民检察院、公安机关（看守所）应当通知值班律师为其提供法律咨询、程序选择建议、申请变更强制措施等法律帮助。符合通知辩护条件的，应当依法通知法律援助机构指派律师为其提供辩护。人民法院、人民检察院、公安机关（看守所）应当告知犯罪嫌疑人、被告人有权约见值班律师，获得法律帮助，并为其约见值班律师提供便利。犯罪嫌疑人、被告人及其近亲属提出法律帮助请求的，人民法院、人民检察院、公安机关（看守所）应当通知值班律师为其提供法律帮助。"

③程序选择权

认罪认罚从宽既包括实体从宽，也包括程序从简，正是因为从简，才能节省司法资源，提高诉讼效率，彰显认罪认罚从宽制度的价值。但这是站在国家利益的视角而言的，如果从犯罪嫌疑人、被告人的视角出发，程序简化则意味着失去或减少了为自己辩解的机会，是不利于维护自身合法权益的，更何况适用何种程序，并不影响认罪认罚从宽的法律效果。因此，是否适用速裁程序或简易程序应当视为是犯罪嫌疑人、被告人的一项权利。无论是《刑事诉讼法》还是《关于适用认罪认罚从宽制度的指导意见》当中，都将犯罪嫌疑人、被告人无异议作为适用速裁程序或简易程序的条件之一。程序选定后也并非一成不变，一旦出现法定事由，就涉及程序转换问题。根据《关于适用认罪认罚从宽制度的指导意见》第 48 条的规定，"人民法院在适用速裁程序审理过程中，发现有被告人的行为不构成犯罪或者不应当追究刑事责任、被告人违背意愿认罪认罚、被告人否认指控的犯罪事实情形的，应当转为普通程序审理。发现其他不宜适用速裁程序但符合简易程序适用条件的，应当转为简易程序重新审理。发现有不宜适用简易程序审理情形的，应当转为普通程序审理。人民检察院在人民法院适用速裁程序审理案件过程中，发现有不宜适用速裁程序审理情形的，应当建议人民法院转为普通程序或者简易程序重新审理；发现有不宜适用简易程序审理情形的，应当建议人民法院转为普通程序重新审理"。

④上诉权

上诉权是认罪认罚从宽中备受争议的一项权利，尤其是适用速裁程序作出的裁决。因为适用速裁程序本身就是犯罪嫌疑人、被告人选择的结果，而适用速裁程序的前提是检察机关与犯罪嫌疑人已经就量刑问题达成了协议。根据2018年《刑事诉讼法》第201条的规定，“对于认罪认罚案件，人民法院依法作出判决时，一般应当采纳人民检察院指控的罪名和量刑建议，但有下列情形的除外：(一)被告人的行为不构成犯罪或者不应当追究其刑事责任的；(二)被告人违背意愿认罪认罚的；(三)被告人否认指控的犯罪事实的；(四)起诉指控的罪名与审理认定的罪名不一致的；(五)其他可能影响公正审判的情形。人民法院经审理认为量刑建议明显不当，或者被告人、辩护人对量刑建议提出异议的，人民检察院可以调整量刑建议。人民检察院不调整量刑建议或者调整量刑建议后仍然明显不当的，人民法院应当依法作出判决”。也就是说，正常情况下，被告人既认罪又认可检察机关的量刑建议，而法院也应当采纳指控的罪名和量刑建议，那么，在这种情况下，一是被告人没有不服一审裁判进而上诉的理由，二是允许上诉就会背离设置速裁程序的初衷，达不到提高诉讼效率、节省司法资源的效果。但如果从保障被告人权利的视角出发，那么情况就会有所不同。如果被告人的认罪认罚存在问题，如果被告人在速裁程序的选择方面存在问题，那么，不允许上诉就等于被告人失去了向上级法院请求司法救济的机会。另外，“两审终审制”是我国《刑事诉讼法》所确立的基本原则，不允许有原则之外的特例。正是基于上述考虑，《关于适用认罪认罚从宽制度的指导意见》第45条规定：“被告人不服适用速裁程序作出的第一审判决提出上诉的案件，可以不开庭审理。”这样不仅保障了被告人的上诉权，同时也兼顾了提高诉讼效率与节省司法资源。

3. 认罪认罚中被害人的权利保障

认罪认罚从宽并非单纯是指控方与被指控方双方之间的活动，同时还涉及被害人权益保障的问题，如何在认罪认罚中保障被害人的合法权益，这无疑是需要特别关注的问题。

(1)保障意义

第一，程序公正的要求。被害人并非刑事诉讼中的可有可无之人，也不仅仅是一个证据的重要来源，而是具有独立诉讼地位并享有广泛诉讼权利的当事人。作为当事人,不仅关心案件的实体结果,同时也有权利参与实体结果的形成过程。认罪认罚对最终实体结果产生影响的可能性较大,而最终实体结果又直接关系被害人的权益,被害人参与认罪认罚不仅是维护自身合法权益的重要途径,同时也是程序公正的应有之义。

第二,权力制约的需要。在认罪认罚中,无论是侦查机关还是审查起诉机关,均在刑事诉讼中拥有各自的利益诉求,不管是由于职责懈怠,还是故意而为,在利益诉求的驱使下,极易突破权力的界限,或在权力界限模糊或弹性空间较大时背离合理性的要求,进而造成权力的滥用。因此,在认罪认罚中保障被害人的权利,某种意义上也是对国家司法权的一种监督和制约。

第三,权利保障的需要。在刑事诉讼中,被害人一方面要追求实体意义上的权利保障——依法公正裁判既是对被害人的权益保障,也是对被害人最好的心理抚慰;另一方面,被害人还要追求程序中的公正——以自己看得见的方式来实现实体上的权益保障。认罪认罚既涉及被害人的实体权益,也涉及被害人的诉讼权利,保障被害人在认罪认罚中的诉讼权利,实质上就是对被害人实体与程序权益的最好兼顾。

第四,和谐司法的需要。从终极价值取向上看,司法实质上应当是促进社会和谐的重要手段,而和谐司法本身就是和谐社会的重要组成部分。"协商性司法在国家权力与公民权利之间建立了一种对话合作机制,这种理性交互机制赋予了公民在诉讼中的主体性地位和相应的自主权利,不仅改善了公民在传统刑事诉讼中的被动与屈从,更是在一定程度上缓解了国家权力与公民权利之间紧张而对抗的关系。"①认罪认罚不应只是理解为国家与被追诉人之间的和谐,还应包括国家与被害人、被害人与被追诉人之间的和谐。认罪认罚中的和谐并不是一定要促成刑事和解,也不是一定要满足被害人的所有诉求,而只是要在认罪认罚过程中,为被害人实现与国家、与被追诉人之间的和谐,留有足够的权利空间。

---

① 吴思远:《论协商性司法的价值立场》,载《当代法学》2018 年第 2 期。

(2)保障状况

现行刑事诉讼立法中,更加突出犯罪嫌疑人、被告人在认罪认罚中的诉讼地位和诉讼权利,而对被害人的诉讼地位和诉讼权利则彰显不够。

第一,侦查阶段。被害人在侦查阶段的诉讼地位和诉讼权利主要表现在三个环节上,一是犯罪事实调查环节;二是强制措施环节;三是侦查终结环节。在犯罪事实调查环节,被害人的诉讼地位主要表现为是证据的重要来源之一。因为侦查阶段的主要任务就是侦查,而侦查的核心就是要依法收集证据、查清犯罪事实,强制措施的意义实际上在于保证上述活动的顺利进行,那么,对于侦查机关而言,其任务就是为犯罪指控奠定事实基础,由此导致侦查阶段的认罪认罚实际上更加侧重于认罪。因为犯罪嫌疑人认罪后,往往也会认罚,即使认罪后不认罚,那也是审查起诉阶段需要重点考量的问题,并不是侦查阶段的工作重点。就认罪而言,侦查阶段的"认罪"也不同于审查起诉阶段的"认罪",侦查阶段的"认罪"认的是涉嫌犯罪的事实,这种"认罪"可以被理解为是犯罪嫌疑人对涉嫌犯罪事实的供述,还不能视为是对犯罪指控的认罪。一是因为犯罪嫌疑人承认犯罪事实只是表明了犯罪嫌疑人对待涉嫌犯罪的态度,至于是否构成犯罪则最终取决于国家和法律的态度。二是因为犯罪嫌疑人对涉嫌犯罪的供述只是确定是否构成犯罪的证据之一,并不足以导致对犯罪的确认。根据《刑事诉讼法》第55条的规定,只有被告人供述,没有其他证据的,不能认定被告人有罪和处以刑罚。既然单靠犯罪嫌疑人的供述不能认定有罪,那么,此时犯罪嫌疑人的"认罪"只能理解为是对涉嫌犯罪事实的供述,不能理解为是对犯罪指控的认可,最终虽然也会存在犯罪嫌疑人供述与承认犯罪指控竞合的情况,但这不应理解为是犯罪事实调查环节中的当然情形。既然将犯罪事实调查环节中的"认罪"理解为犯罪嫌疑人对涉嫌犯罪事实的供述,那么,犯罪嫌疑人是否供述及如何供述虽然最终会对被害人的权益产生影响,但被害人却并无直接参与犯罪嫌疑人供述过程的必要性。相反,就犯罪事实调查环节而言,被害人的角色与犯罪嫌疑人并无实质差别,均是侦查机关查清犯罪事实的重要证据来源,只不过被害人是出于惩治犯罪以实现权利救济的考虑,而犯罪嫌疑人则是出于认罪以获得从宽处理的考量。

在强制措施环节,不同的强制措施所适用的条件不同,但不可否认的是,犯罪嫌疑人的主观恶性是衡量是否适用及适用何种强制措施的重要考量因素。犯罪嫌疑人的认罪认罚已经不同程度地表明了不逃避侦查的态度,而犯罪嫌疑人的供述又有利于调查取证及查清犯罪事实,因此,其逃避侦查、干扰调查取证等影响诉讼顺利进行的可能性大为降低,在此情形下,可以视案件具体情况选择不采取或采取相对较轻的强制措施。因为虽然采取强制措施的意义不在于惩罚,但不可否认的是,无论是限制还是剥夺人身自由,都会对犯罪嫌疑人、被告人的身心造成痛苦,客观上产生了惩罚性的效果,这也正是为什么将强制措施视为是不得已而为之的一种恶。因此,当犯罪嫌疑人主动供述犯罪事实并表明甘愿接受处罚后,在能保证刑事诉讼顺利进行的情况下,不采取强制措施或采取相对较轻的强制措施,某种意义上也是侦查阶段认罪认罚程序上从宽的表现。而是否采取及采取何种强制措施主要还是侦查机关的一项权力,尤其是在犯罪嫌疑人供述与被害人陈述基本一致的情况下,被害人拥有的只是提出意见或建议的权利,在强制措施的具体适用方面,并无太多的参与空间,但如果是因为侦查机关采取强制措施不当而导致刑事诉讼不能顺利进行时,那么,被害人就应当具有对侦查机关提起控告的权利。

在侦查终结环节,侦查机关侦查终结后,会作出两种处理决定:一是制作起诉意见书,二是撤销案件。首先是被害人针对起诉意见书的诉讼权利。制作起诉意见书就意味着在侦查机关的视野中,犯罪嫌疑人的行为已经构成了犯罪,应当依法追究刑事责任,这既包括犯罪嫌疑人认罪认罚情形,也包括犯罪嫌疑人不认罪认罚情形。被害人的诉讼地位和诉讼权利虽然有别于犯罪嫌疑人、被告人,但作为当事人应有的诉讼地位和诉讼权利还是应当得到保障。既然犯罪嫌疑人有获得告知的权利,那么,作为被害人也应当具有同等权利,有获得案件进展的知情权,尤其是在侦查已经终结的情况下,应当享有获悉起诉意见的知情权。另外,在犯罪嫌疑人认罪认罚的情况下,如果被害人不同意犯罪嫌疑人的供述,对犯罪嫌疑人的认罪认罚存有异议,那么,也应当推定被害人享有向侦查机关提出异议或意见的权利。其次是被害人针对撤销案件的诉讼权利。撤销案件主要包括两种情况:其一,不应对犯罪嫌疑人追究刑事责任的情形,具体指犯罪嫌疑人的行为不构成犯罪、根本不存在犯罪事实或者有《刑事诉讼法》第16条规定的六种情形之一的。此种情形下,被害人除了可以向侦查机关提出复议请求外,还可以根据《刑事诉讼法》第210条向人民法院提起自诉。撤销案件实质上就是由侦查机关作出的不予追究犯罪嫌疑人刑事责任的认定,被害人如果不服认定,可以依法通过自诉方式来实现权利的救济。其二,犯罪嫌疑人认罪认罚情形。《刑事诉讼法》第182条规定:"犯罪嫌疑人自愿如实供述涉嫌犯罪的事实,有重大立功或者案件涉及国家重大利益的,经最高人民检察院核准,公安机关可以撤销案件……"该种情形的撤销案件需要两个条件:犯罪嫌疑人必须自愿如实供述所涉嫌犯罪的事实,犯罪嫌疑人供述具有重要价值——有重大立功或涉及国家重大利益。尽管此种撤销案件的适用条件及程序与前者不同,但所导致的结果并无实质区别,都会产生不追究犯罪嫌疑人刑事责任的后果。撤销案件不单纯是国家与犯罪嫌疑人之间的事项,同时还会影响被害人的权益保障问题。当被害人认为撤销案件损害了自身利益时,既可以向侦查机关提出复议请求,也可以直接向人民法院提起自诉,最高人民检察院的核准不应当成为被害人通过自诉以实现其权利救济的阻却事由。

第二,审查起诉阶段。就审查起诉阶段而言,认罪认罚主要表现为两个环节:一是认定是否构成犯罪;二是是否认罪认罚。在不同的诉讼环节,被害人的诉讼地位和诉讼权利也略有不同。在认定是否构成犯罪环节,就认罪认罚视角而言,侦查机关的起诉意见书主要包括两种情形:其一,犯罪嫌疑人认罪;其二,犯罪嫌疑人不认罪。对于犯罪嫌疑人在侦查阶段自愿认罪的,审查起诉机关重点审查犯罪嫌疑人的认罪是否出于自愿,其他证据是否确实充分。对于侦查阶段犯罪嫌疑人不认罪的,则重点是审查全案证据能否形成一个完整的证据链条,是否达到了确实充分、排除合理怀疑的程度。在未作出犯罪嫌疑人是否构成犯罪的认定之前,被害人的诉讼权利主要表现为陈述权和发表意见权。被害人有权就自身合法权益遭受侵害的事实作出陈述,还可以依法就犯罪嫌疑人的行为是否构成犯罪发表意见。一旦作出是否构成犯罪的认定,通常审查起诉机关会作出起诉与不起诉的决定。对于决定起诉的,则直接进入是否认罪认罚环节;对于不起诉的,被害人则视情形享有不同的救济权。就目前刑事诉讼的立法现状而言,不起诉可归纳为五种情形:法定不起诉、酌定不起诉、证据不足不起诉、附条件不起诉及《刑事诉讼法》第182条规定的不起诉情形。从实质上来看,第五种不起诉情形基本上类同于酌定不起诉,因为其总体上还是符合《刑法》第67条、第68条规定的犯罪嫌疑人自首、有重大立功表现或者自首后又有重大立功表现的情形,但因其适用条件与程序较为特别,因此,还是应将其视为特别情形下的不起诉。不起诉虽然情形不同,但实质上均是无罪的认定,不起诉不仅涉及犯罪嫌疑人的利益,同时也直接关系被害人的利益,如果被害人不接受不起诉决定,那么,就应当具有法定的救济权。从现行立法来看,被害人针对不起诉决定,至少享有知情权、申诉权、自诉权。不起诉决定作出后,检察机关应当将不起诉决定书送达被害人或者其近亲属及其诉讼代理人,并向其告知不服不起诉决定的救济权利。如果被害人不服不起诉决定,可以在收到不起诉决定书后的7日以内,向上一级检察机关申诉,也可以不经申诉,直接向有管辖权的人民法院提起自诉。

经过审查后,检察机关一旦认定犯罪嫌疑人的行为构成了犯罪并应当追究刑事责任时,就会作出犯罪指控的决定,由此就涉及犯罪嫌疑人对犯罪指控及具体处罚的态度问题,通常存在认罪认罚及不认罪认罚两种情形。一是认罪认罚情形,即犯罪嫌疑人不仅自愿供述了涉嫌犯罪事实,同时也认可犯罪指控并甘愿接受处罚。对于此种情形下的被害人而言,现行立法赋予其发表意见的权利。根据《刑事诉讼法》第173条的规定,被害人既可以就指控罪名、犯罪事实及适用法律发表意见,也可以就量刑提出建议,还可以对所适用的审判程序发表看法。二是不认罪认罚情形,即犯罪嫌疑人在侦查阶段拒绝供述所涉嫌的犯罪事实,但综合全案证据后,审查起诉机关认为其行为构成了犯罪,应当追究刑事责任,并应依法作出犯罪指控。此种情形通常会存在两种走向:第一种是通过审查起诉机关的告知,犯罪嫌疑人认识到拒绝认罪的法律后果,即使不认罪,不仅依然可以对其提起犯罪指控,而且还要承担相应的不利后果,而如果认罪,则可能会得到从宽处理的对待。在利弊权衡后,犯罪嫌疑人就可能存在由侦查阶段的不认罪到审查起诉阶段认罪的转化。但这里的认罪需要有一个明确的界定——是只认犯罪的指控还是既认犯罪的指控也认指控的犯罪事实?就英美法系的辩诉交易而言,由于犯罪嫌疑人享有保持沉默的权利,那么,就有可能存在犯罪嫌疑人只就犯罪指控与控诉方达成了协议,但却并未就犯罪事实作出供述,或即使在辩诉交易中作了认罪供述,也不得将其作为不利于被告人的证据。"美国法认为无论于民事或刑事诉讼中,被告所为之认罪陈述,亦不得作为不利于被告之证据。至于在其他被告及共犯之审判中,法院应审酌本案被告之陈述系在协商过程中取得,应确保其他被告及共犯之对质诘问权得有效行使,较为妥适。"①但就我国的立法状况来看,认罪就不应当作上述理解。在审查起诉阶段,认罪不仅指对犯罪指控的承认,同时还应包括对所涉嫌犯罪事实的供述。即使在侦查阶段犯罪嫌疑人并未供述,但到了审查起诉阶段,如果犯罪嫌疑人认罪,那么,就不是单纯的对犯罪指控的认可,还应当包括对犯罪事实的供述,因为《刑事诉讼法》第120条明确规定了犯罪嫌疑人应当如实回答侦查人员提问的义务,犯罪嫌疑人并不享有保持沉默的权利。因此,在审查起诉阶段,如果犯罪嫌疑人由不认罪转为认罪,那么,这种认罪不仅包括对犯罪指控的认可,还应包括如实供述犯罪事实,对犯罪指控的认可与对犯罪事实的供述是并为一体的。一旦犯罪嫌疑人认罪,案件便进入认罪认罚程序,被害人则享有《刑事诉讼法》第173条规定的诉讼权利。第二种走向就是犯罪嫌疑人自始至终不认罪,此种情形下,被害人及其诉讼代理人可以就涉嫌罪名及量刑发表意见或提出建议。此外,在审查起诉阶段,还存在犯罪嫌疑人认罪认罚但却不同意检察机关量刑建议的情形,但这并不影响被害人及其诉讼代理人就罪名、犯罪

---

① 黄翰义:《程序正义之理念》(二),台北,元照出版有限公司2010年版,第197页。

事实、所适用法律发表意见,也不妨碍被害人及其诉讼代理人就量刑等问题提出建议。

第三,审判阶段。认罪认罚从宽不仅包括实体意义上的从宽,也包括程序意义上的从宽,就审判阶段而言,认罪认罚程序从宽主要表现在所适用程序的选择上,而在不同审判程序中,被害人享有的诉讼权利也不同。在普通程序中,被害人不仅享有作为当事人所应当享有的诉讼权利,同时还享有一些特殊诉讼权利。被害人既可以参加法庭调查,也可以参加法庭辩论,享有申请回避权、控告权、陈述权、发问权、质证权、辩论权,有权申请新的证人到庭、调取新的物证、申请重新鉴定和勘验,有权就证据及案件事实发表意见,有权使用本民族语言文字进行诉讼,享有求刑权、请求抗诉权、申诉权等。可以说,被害人在普通程序中,其诉讼权利得到了比较充分的保障。

对于被告人认罪但不接受量刑建议的,如果被告人同意,则可以适用简易程序。根据《刑事诉讼法》第 218 条、第 219 条的规定,被害人在简易程序中的诉讼权利是受到限制的,在程序简化的同时,也裁掉了诸多被害人在法庭调查及法庭辩论阶段行使诉讼权利的机会,即使可以行使部分诉讼权利,那也得视审判人员的需要而定。根据《刑事诉讼法》第 222 条的规定,适用速裁程序需要具备以下条件:一是罪责条件,即构成犯罪且可能判处 3 年有期徒刑以下刑罚;二是证据条件,必须达到案件事实清楚,证据确实、充分的程度;三是被告人认罪认罚且同意适用;四是检察院建议,但检察院建议只是一个选择性条件,并非必须要求,法院视情形也可以在征得相关意见的基础上自行决定。根据《刑事诉讼法》第 224 条的规定,"适用速裁程序审理案件,不受本章第一节规定的送达期限的限制,一般不进行法庭调查、法庭辩论,但在判决宣告前应当听取辩护人的意见和被告人的最后陈述意见。适用速裁程序审理案件,应当当庭宣判"。在一般不进行法庭调查、法庭辩论的情况下,被害人在法庭调查、法庭辩论阶段的诉讼权利受到了严格限制,除了享有对裁判结果的请求抗诉权、申诉权等救济权利之外,其他诉讼权利则难以得到充分保障。

(3)合理期待

以最低成本实现司法效益的最大化是刑事诉讼的理想目标之一，认罪认罚体现了诉讼经济与效率的一面，但又不止于此。“推行认罪认罚从宽，不单是诉讼经济或效率的考虑，还有更深层的实体法依据(如实现刑罚预防、修复社会关系、彰显宽恕精神、体现刑罚谦抑)和刑事政策或公共政策根据(彰显犯罪治理的自信，鼓励犯罪人与国家司法合作)。”①通过认罪认罚制度的推行，不仅要实现国家与被追诉人之间关系的和谐，同时还要实现被害人与被追诉人之间关系的和谐。和谐不仅指实体意义上的和谐，还指程序意义上的和谐；程序意义上的和谐某种意义上可以被理解为是诉讼权利得到充分保障的一种状态。

第一，参与权。认罪认罚并不同于辩诉交易，辩诉交易只是实现了国家与被追诉人利益的兼顾，却规避了被害人，正如有些学者所言：“辩诉交易的最主要驱动力就是让被害人远离法官。”②基于认罪认罚价值取向的多元化，认罪认罚非但不能规避被害人，反而应保障被害人的参与权。事实上，侦查机关不仅负有查清犯罪事实的职责，同时还拥有案件处分权；撤销案件实质上就是对案件的一种处分，尤其是《刑事诉讼法》第182条规定的撤销案件情形，不仅关系犯罪嫌疑人的利益，同时也关乎被害人的利益，被害人理应具有参与的权利；但现行立法对此关注不够，这不仅不利于侦查机关客观公正地对案件作出处分，还会影响被害人对自身合法权益的维护，同时也不利于和谐司法、和谐社会的生成。因此，应在刑事诉讼立法中明确被害人在侦查阶段的参与权，并赋予被害人充分的发表意见权，以彰显被害人在刑事诉讼中的当事人地位。

第二，知情权。知情权既是一项诉讼权利，同时也是行使其他诉讼权利的基础。被害人作为当事人，在不影响刑事诉讼正常进行的情况

---

① 卢建平：《认罪认罚从宽：从政策到制度》，载《北京联合大学学报》(人文社会科学版)2017年第4期。转引自何群、储槐植：《认罪认罚从宽制度的实体法解读：从刑事一体化的视角》，载《中南民族大学学报》(人文社会科学版)2018年第6期。

② Paul G. Cassell, *The Victims' Rights Amendment: A Sympathetic Clause-by-Clause Analysis*, Phoenix Law Review, Vol. 5, p. 324(2012).

下,有了解案件及案件进展情况的权利。在侦查阶段中,现行刑事诉讼立法并没有明确被害人的知情权,也没有具体规定侦查机关的告知义务,但事实上,无论是犯罪嫌疑人的认罪情况,还是侦查机关移送审查起诉或撤销案件,均与被害人有直接的利害关系,因此,应在立法中明确被害人的知情权及侦查机关的告知义务。另外,在审查起诉阶段,虽然被害人可以通过委托诉讼代理人的方式,来了解案件及案件进展情况,但由于诉讼代理人的阅卷权受到限制,客观上也必然会影响被害人的知情权。根据2019年颁布的《人民检察院刑事诉讼规则》第47条、第56条规定,律师担任诉讼代理人与担任辩护人的权限是不同的,诉讼代理人阅卷必须要经过检察院许可,而辩护律师则只需书面申请即可,不需要检察院的许可,申请也只是出于合理安排的考虑,检察院并没有拒绝申请的权力。在同样都是当事人的情况下,被害人与犯罪嫌疑人的诉讼地位和诉讼权利却有明显的差别,客观上造成了程序上的不公正对待,因此,在律师担任诉讼代理人的情况下,有必要赋予其与辩护律师同等的阅卷权,以保障被害人在认罪认罚中的知情权。

第三,发表意见权。发表意见是被害人维护自身合法权益的重要手段,既可以就实体问题发表意见,也可以就程序问题表达看法。首先,从形式上看,有必要采取听证会的方式。《刑事诉讼法》第173条虽然规定了被害人及其诉讼代理人有发表意见的权利,但是发表往往只是单方面的,当犯罪嫌疑人与被害人意见不一致时,缺乏一个面对面交流与互相辩驳的平台。因此,为了便于听取意见,尤其是在被害人与犯罪嫌疑人存在意见分歧时,建议检察院采取听证会的方式,这不仅有利于双方当事人充分发表意见,同时也有助于双方接受基于认罪认罚所产生的结果。其次,从实质上看,被害人的意见理应得到充分尊重。除极少数报复情形外,被害人更为关注的还是犯罪嫌疑人的悔罪态度及经济补偿问题。犯罪嫌疑人认罪认罚固然是悔罪的体现,但还要区别情况对待。如果犯罪嫌疑人认罪认罚且能与被害人达成和解或积极补偿被害人,则应当视为是切实悔罪的表现,被害人对此种情况的从宽处理也不会存有太大的异议,正如霍布斯所言:“自然法的第五条法则是:假如一个人对过去的事感到歉意并请求不再犯时,且保证将来不再犯时,那人们就应该宽恕他。”①反之,虽然犯罪嫌疑人认罪认罚,但在被害人要求合法合理的情况下,犯罪嫌疑人有能力却拒绝补偿被害人,那么,此种情形就不应当视为是切实悔罪的表现,而应当严格限制对其进行从宽处理,因为毕竟被害人接受对犯罪嫌疑人的从宽处理是有条件的,正如罗尔斯所说:“我们之所以能够忍受一种不正义,唯一的正当理由也是需要用它来避免另一种更大的不正义。”②如果犯罪嫌疑人认罪认罚,但确无补偿能力或存在被害人漫天要价的情况,那么就应另当别论。

第四,获得法律帮助权。犯罪嫌疑人在侦查阶段就可以委托辩护律师,但被害人在侦查阶段,却不能委托律师担任诉讼代理人。就犯罪事实调查方面,诉讼代理人的确没有太大发挥作用的空间;但就侦查终结后的结果而言,尤其是侦查机关作出撤销案件的决定时,诉讼代理人就具有了存在意义和价值。因为这不仅仅是一个事实认定问题,还涉及法律适用问题,而在法律适用方面,被害人显然也需要诉讼代理人的帮助,因此,就应然视角而言,应当允许被害人委托律师作为诉讼代理人,以维护其在侦查阶段的合法权益。另外,根据《刑事诉讼法》第 36 条的规定,法律援助机构可以在人民法院、看守所等场所派驻值班律师,以便于为犯罪嫌疑人、被告人提供法律帮助。“值班律师制度的落实和完善是有效辩护成为可能的关键,值班律师应成为认罪认罚案件中有效辩护的主要力量。”③犯罪嫌疑人、被告人可以得到值班律师的法律帮助,而被害人却不享有此项诉讼权利,客观上造成了差别对待。事实上,一方面被害人也确实存在得到法院值班律师帮助的需要,另一方面,《法律援助条例》第 11 条第 2 项也赋予了被害人可以获得法律援助的权利,因此,有必要在立法中明确被害人有获得法院值班律师法律帮助的权利,这不仅符合被害人的现实需要,而且也符合法律援助的

---

① [英]霍布斯:《论公民》,应星、冯克利译,贵州人民出版社 2003 年版,第 31 页。

② [美]约翰·罗尔斯:《正义论》,何怀宏等译,中国社会科学出版社 1988 年版,第 2 页。

③ 闵春雷:《认罪认罚案件中的有效辩护》,载《当代法学》2017 年第 4 期。

立法精神。

第五,程序选择权。根据现行刑事诉讼立法的规定,被告人认罪且没有异议的,可以适用简易程序;被告人认罪认罚且同意的,可以适用速裁程序。至于被害人的程序选择权,现行立法是通过间接方式表述的。根据《刑事诉讼法》第 223 条第 5 项的规定,被告人与被害人或者其法定代理人没有就附带民事诉讼赔偿等事项达成调解或者和解协议的,不适用速裁程序。未达成调解或和解协议并不必然得出被害人不同意适用速裁程序的结论,这是一种推断式的规定。事实上,如果未达成调解或和解,就只能依法裁断经济赔偿事项,而适用何种程序并不会实质影响最终的结果。在结果不变的情况下,被害人也未必不会同意适用速裁程序。因此,该项规定应当改为"被害人不同意适用速裁程序的"更为合理一些。而在简易程序中,除应当听取被告人的最后陈述意见外,其他程序均可简化或剪裁掉,被害人寄希望于通过审判程序来发表意见并进而实现权利救济的可能性就会大大降低。因此,出于对被害人权利保障的考虑,同时也出于实现和谐司法及和谐社会的考量,应当明确被害人在认罪认罚中的程序选择权,即如果被害人不同意适用速裁程序或简易程序,那么,就应当适用普通程序。

第六,有限上诉权。就应然视角而言,被害人与审判机关在审判阶段所追求的利益是一致的,都是要追求实现公正,二者之间之所以会出现冲突,主要是因为对公正的理解不同。对于审判者而言,其利益追求始于被动,这一点不同于指控者与被指控者,指控者与被指控者自始至终都有积极的利益诉求。如果法律是明确无误的,审判者依法作出裁决,被害人清楚认识到裁决的合法性,那么,二者基于合法性的共识,双方之间不会产生冲突。但如果审判者偏离法律,或者审判者对法律的解释不够清楚、充分,或者被害人追求法律之外的诉求,或者被害人没有理解裁决的合法性及合理性,或者因为法律不明确而导致审判者与被害人之间理解上的分歧等,都会引发二者之间的冲突和矛盾。认罪认罚案件中,适用速裁程序的冲突会少一些,毕竟被告人与被害人达成了调解或和解。而适用简易程序或普通程序的则情况会有所不同,无论是发生在被害人与审查起诉机关还是被告人与审判机关之间的利益冲突,只要是背离了被害人的利益诉求,最终都会指向审判机关所作出的裁决,因为这是最终的认定,只有推翻了这个认定,才能实现自身的利益诉求。不管是何种原因导致被害人与审判机关发生利益冲突,鉴于审判机关裁判者的地位,被害人最核心的利益都是是否拥有救济权,而救济权的核心就是上诉权。正常情况下,我国审查起诉机关具有控告与监督双重职责,从逻辑上来说,其监督者的身份使被害人并无拥有上诉权的必要。但在认罪认罚案件中,存在检察机关与被告人就认罪认罚达成协议的情况,由此导致其监督者的身份模糊,使被害人不得不自行救济,因此,被害人拥有上诉权也就具有了必要性与合理性。在检察机关与犯罪嫌疑人、被告人就认罪认罚达成了协议,而犯罪嫌疑人、被告人未与被害人达成调解或和解协议,导致案件不适用速裁程序,而是通过简易程序或普通程序审理后,被害人不服一审判决的情况下,就应当赋予被害人上诉权。因为如果犯罪嫌疑人、被告人认罪认罚,与检察机关形成了具结书,又与被害人达成了调解或和解协议,那么,此时三方的意思表示基本一致,就逻辑上而言,被害人并无拥有上诉权的必要性。如果犯罪嫌疑人、被告人认罪但不认罚,视为检察机关未与犯罪嫌疑人、被告人达成完全一致的意思表示,那么,无论是通过简易程序还是普通程序,检察机关监督者的身份都并不模糊,此时被害人也无拥有上诉权的必要。在犯罪嫌疑人、被告人认罪认罚与检察机关达成了具结书,但未与被害人达成调解或和解协议的情况下,检察机关与犯罪嫌疑人、被告人的意思表示是基本一致的,由此导致检察机关监督者的身份模糊,此种情况下,一旦法院接受了检察机关与犯罪嫌疑人、被告人的具结书,就视为三方形成了一致的意思表示,而被害人如果不同意一审判决,就等于被害人拥有了不同于三方的单独意志,此时,就应当赋予被害人上诉权,否则,就是对被害人权益的一种漠视。

综上所述,认罪认罚不仅是对公正与效率进行平衡的结果,同时也是国家与被追诉人之间关系可协调性的一种体现,这不仅有助于改善国家与被追诉人之间的对抗关系,同时也有助于达到恢复性司法的社会效果。被害人不仅是合法权益遭受侵害的人,同时也是刑事诉讼中的当事人,认罪认罚不仅关系国家与被追诉人的利益,同时也与被害人的利益息息相关,被害人在认罪认罚中的诉讼权利理应得到充分保障。这既不是无病呻吟,也不是要制造累讼、缠讼,而只是对被害人诉讼当事人地位的应有尊重,同时也是实现和谐司法及和谐社会的应然选择。

(三)增设值班律师制度

刑事诉讼法的发展进程就是一个不断强化对犯罪嫌疑人、被告人诉讼权利保障的历程,而在犯罪嫌疑人、被告人诸项诉讼权利中,辩护权毫无疑问是一项至关重要的诉讼权利,因而也是历次《刑事诉讼法》修正所重点关注的诉讼权利。从 1996 年《刑事诉讼法》将辩护制度扩展到审查起诉阶段并允许犯罪嫌疑人在侦查阶段委托律师提供法律帮助,到 2012 年《刑事诉讼法》规定犯罪嫌疑人可以在侦查阶段委托辩护律师,可以说,我国《刑事诉讼法》不断发展的过程就是辩护制度不断完善的过程。2018 年《刑事诉讼法》在辩护制度方面仍然表现出极为关注的态度,在《刑事诉讼法》中增加了一条,作为第 36 条,规定:"法律援助机构可以在人民法院、看守所等场所派驻值班律师。犯罪嫌疑人、被告人没有委托辩护人,法律援助机构没有指派律师为其提供辩护的,由值班律师为犯罪嫌疑人、被告人提供法律咨询、程序选择建议、申请变更强制措施、对案件处理提出意见等法律帮助。人民法院、人民检察院、看守所应当告知犯罪嫌疑人、被告人有权约见值班律师,并为犯罪嫌疑人、被告人约见值班律师提供便利。"从上述规定可以看出,值班律师的范围限于法律援助律师,地点限定在人民法院及看守所,服务对象限于没有委托辩护人及法律援助机构没有指派律师的犯罪嫌疑人、被告人,服务内容是为犯罪嫌疑人、被告人提供法律咨询、程序选择建议、申请变更强制措施、对案件处理提出意见等法律帮助,并为人民法院、人民检察院、看守所设定了告知及提供便利的义务。在法律援助存在条件限制的情况下,法律援助的范围相对有限,还未达到无条件援助的程度,因此,该项制度的设立对于保障犯罪嫌疑人、被告人的合法权益无疑具有极为重要的意义。但该项制度在具体落实方面尚存在诸多不确定之处:一是《刑事诉讼法》并未将值班律师制度设定为法律援助机构的一项义务,法律援助机构可以派驻值班律师,也可以不派驻,由此导致该项制度的落实成了法律援助机构可以选择的事情,具有极大的不确定性。二是法律援助机构的能力方面,值班律师制度的落实需要人员及资金等配套措施作为保障,而以现有的法律援助能力则很难满足这一需求。三是人民法院及看守所的配套措施方面,法院及看守所不仅要为值班律师提供场所,同时还要为犯罪嫌疑人、被告人约见值班律师提供便利条件,而以目前多数地区的状况来看,无论是法院还是看守所,在落实值班律师制度的硬件和软件方面,都存在不同程度的困难。

(四)增设刑事缺席审判程序

2018 年《刑事诉讼法》一个重大变化就是增设了刑事缺席审判程序,从缺席审判程序的适用情形来看,主要是分为三种:一是特定犯罪的犯罪嫌疑人、被告人在境外的,根据《刑事诉讼法》第 291 条的规定,“对于贪污贿赂犯罪案件,以及需要及时进行审判,经最高人民检察院核准的严重危害国家安全犯罪、恐怖活动犯罪案件,犯罪嫌疑人、被告人在境外,监察机关、公安机关移送起诉,人民检察院认为犯罪事实已经查清,证据确实、充分,依法应当追究刑事责任的,可以向人民法院提起公诉。人民法院进行审查后,对于起诉书中有明确的指控犯罪事实,符合缺席审判程序适用条件的,应当决定开庭审判。前款案件,由犯罪地、被告人离境前居住地或者最高人民法院指定的中级人民法院组成合议庭进行审理”。这种情形适用于贪污贿赂犯罪及经最高人民检察院核准的严重危害国家安全犯罪、恐怖活动犯罪等案件,但就实质上而言,该程序主要是适用于贪污贿赂犯罪案件。出于强化对贪污贿赂犯罪打击力度的需要,2018 年《刑事诉讼法》增设了刑事缺席审判程序,这不仅有利于避免因犯罪嫌疑人、被告人逃匿境外而导致案件久拖不决的状况,同时也解决了犯罪嫌疑人、被告人逃匿、死亡案件违法所得没收程序的现实困境。因为犯罪嫌疑人、被告人逃匿、死亡案件违法所得没收程序中的“违法”实质上是相当于犯罪的概念,没收基于犯罪行为所获取的利益,其前提是对犯罪的确定,在未确定犯罪的情况下,却没收了基于犯罪所产生的利益,不仅存在逻辑上的混乱,而且或多或少地带有有罪推定的色彩。刑事缺席审判程序的设立,无疑为犯罪嫌疑人、被告人逃匿境外的违法所得没收程序提供了一个合理的前提,因为先确定了犯罪,然后再没收基于犯罪所获取的财产,这样就不存在逻辑上的问题了。至于刑事缺席审判程序设立的必要性及合理性,则需从一个国家对待特定犯罪的惩治态度及刑事政策的视角来予以解读。二是普通犯罪的被告人因身体状况不适所导致的缺席审判情形,根据《刑事诉讼法》第 296 条的规定,“因被告人患有严重疾病无法出庭,中止审理超过六个月,被告人仍无法出庭,被告人及其法定代理人、近亲属申请或者同意恢复审理的,人民法院可以在被告人不出庭的情况下缺席审理,依法作出判决”。此种情形的缺席审判需要具备以下条件:第一,被告人身患严重疾病而无法出庭;第二,中止审理超过 6 个月,被告人仍无法出庭;第三,被告人及其法定代理人、近亲属申请或者同意恢复审理。虽然立法中并未就该种情形的具体审判程序作出明确规定,但可以合理地推定为被告人或其法定代理人、近亲属愿意接受缺席审判的结果,甚至是在审判前就已经与审查起诉机关、审判机关就审判结果达成了一种默契,否则,该缺席审判程序将难以取得实效。三是被告人死亡的缺席审判程序,根据《刑事诉讼法》第 297 条的规定,“被告人死亡的,人民法院应当裁定终止审理,但有证据证明被告人无罪,人民法院经缺席审理确认无罪的,应当依法作出判决”。正常而言,被告人死亡的,法院应当终止审理,但终止审理毕竟不是无罪的确切认定。虽然未经人民法院依法判决,不得确定任何人有罪,但不可否认的是,被告人被最终确定为有罪的概率要远远高于最终被确定为无罪的概率,这样就难免会给社会造成一种判断:因为被告人死亡所以终止审理,如果被告人未死亡的话,那么,就会被认定为有罪。这不仅关乎被告人的声誉,同时也会对被告人的亲属造成极大的负面影响。因此,在事实清楚、证据确实充分的情况下,如果能够证明被告人是无罪的,那么,通过缺席审判程序判定被告人无罪,这不仅维护了被告人的声誉,告慰死亡的被告人,而且也有利于保障被告人亲属的正常生活。

综上所述,继传统的纠问式诉讼模式之后,自 1840 年第一次鸦片战争,我国开启了近代社会的历程开始,到 1949 年中华人民共和国成立之前,刑事诉讼模式先后经历了清王朝晚期、中华民国临时政府时期、北洋军阀时期和国民政府时期。清末时期虽然仿效西方拟定了《大清刑事诉讼律(草案)》,但并未颁行实施。在这一时期的刑事诉讼立法过程中,形式上借鉴了西方尤其是日本的司法模式,但实质上仍然是在儒家思想主导下的法制改革,刑事司法模式表现出了混合式的一面。南京临时政府期间,虽然在政治体制上完全仿效了西方三权分立的模式,但在法制建设过程中,却采取了分"两步走"的做法,先援用清末颁行的或未颁行的法律及法律草案,待政府稳定后,再进行彻底的改良。虽然南京临时政府存在时间较短,并且在刑事诉讼立法方面也未取得实质性进展,但其所制定的《中华民国临时约法》,已经为刑事司法模式确立了大致的框架。北洋政府时期则是一个承上启下的时期,在法制建设上,一方面,形式上基本沿用了清末以来的西方法律制度,另一方面,这些法律制度又不断经受着传统力量的改良与洗礼,形成独具这个时期特色的法制状况。使这一时期的刑事司法模式,总体上呈现近现代职权主义诉讼模式的特点,同时又融入了传统纠问式诉讼模式的一些因素。国民党政府时期,一方面沿袭了清末、北洋军阀时期的诉讼程序和司法体制,另一方面又借鉴了大陆法系的做法,尤其是以德、日等大陆法系国家的法律制度为蓝本,陆续制定一些成文法典,从总体上看,刑事司法模式表现出明显的职权主义诉讼模式的特点。中华人民共和国成立前,无论是土地革命战争时期、全民族抗战时期还是解放战争时期,其主要矛盾集中在夺取政权、争取民族独立与解放方面,法制建设并不是主要矛盾。这时期法制建设的主要贡献在于为中华人民共和国成立后的刑事诉讼立法和司法实践提供了一定的经验积累,但还没有形成系统化的刑事司法模式。中华人民共和国成立后,刑事诉讼制度又经历了 1949 年到 1979 年无刑事诉讼法、1979 年《刑事诉讼法》、1996 年《刑事诉讼法》修正、2012 年《刑事诉讼法》修正及 2018 年《刑事诉讼法》修正五个阶段。1949 年到 1979 年时期,并未出台刑事诉讼法,也未形成较为系统的刑事司法模式,只是拟制了《刑事诉讼法草案(初稿)》。1979 年《刑事诉讼法》时期,在 1963 年《刑事诉讼法草案(初稿)》的基础上,1979 年 7 月 1 日正式通过了《刑事诉讼法》,刑事诉讼总体上表现为强职权主义的刑事司法模式。1996 年《刑事诉讼法》在1979年《刑事诉讼法》的基础上,对刑事诉讼法进行了全面调整,不断强化了对刑事诉讼权利的规制,加强了对犯罪嫌疑人、被告人的权利保障。较1979年《刑事诉讼法》时期的强职权主义诉讼模式而言,1996年《刑事诉讼法》时期的刑事诉讼模式呈现相对弱化的趋势,但总体上来说,依然表现出强职权主义诉讼模式的特点。2012年《刑事诉讼法》进一步对刑事诉讼法进行系统整合,不仅将"国家尊重和保障人权"写入刑事诉讼法之中,而且进一步加强对犯罪嫌疑人、被告人的权利保障,强化了对刑事诉讼中的权力规制,在原有职权主义诉讼模式的基础上,融入了诸多当事人主义诉讼模式的元素,使这一时期刑事诉讼模式呈现混合式诉讼模式的特点。2018年《刑事诉讼法》通过与监察法的衔接,将大部分职务犯罪的侦查权从刑事诉讼法中剥离出去,突出了对贪污贿赂等职务犯罪的特别对待。通过设立值班律师制度,不断强化对普通犯罪嫌疑人、被告人的权利保障力度。在保障公正的前提下,加强对诉讼效率的兼顾,增设了认罪认罚从宽制度及速裁程序。强化了特别审判程序,增设了刑事缺席审判程序。在其他方面,2018年《刑事诉讼法》并未过多涉及,因此,刑事诉讼模式整体上仍然呈现了2012年《刑事诉讼法》时期混合式诉讼模式的特点。

# 第四章　儒家思想对建构现代刑事司法模式的影响

法制由传统向现代的转型,不单是法律制度的现代化,更重要的是法律文化的现代化,从某种意义上说,法制现代化首先是法文化的现代化。法律文化的现代化并不是对传统思想文化的否定,而是要赋予传统思想文化新的时代意义。对此,党的十九大报告中明确指出:"坚持社会主义核心价值体系。文化自信是一个国家、一个民族发展中更基本、更深沉、更持久的力量。必须坚持马克思主义,牢固树立共产主义远大理想和中国特色社会主义共同理想,培育和践行社会主义核心价值观,不断增强意识形态领域主导权和话语权,推动中华优秀传统文化创造性转化、创新性发展,继承革命文化,发展社会主义先进文化,不忘本来、吸收外来、面向未来,更好构筑中国精神、中国价值、中国力量,为人民提供精神指引。"我国正行进在法制现代化的路途中,建构现代刑事司法模式是法制现代化的重要内容之一,如何准确把握自身需要,如何对待西方法律制度与文化,都涉及一个思想支撑的问题。儒家思想对中国社会的影响根深蒂固,在当下仍具有深厚的社会基础,作为一种立场和方法,它对建构我国现代刑事司法模式无疑仍具有重要的意义和价值。

## 第一节　对儒家刑事司法模式价值的重新审视

在儒家思想的影响下,中国古代创造了灿烂的中华文明,中华法系的形成无疑是中华文明的重要体现。在中国古代刑事司法制度中,虽然存在刑讯逼供等非人道行径，但不能就此否定儒家刑事司法模式的价值，相反，即使以今天的视角来看，其仍然存在诸多闪光点，值得我们去重新审视其所蕴含的意义和价值。

## 一、以和谐为理想目标

儒家一直以实现和谐作为理想目标，所思所想所为皆围绕这一目标展开。“和谐(harmony)指事物协调地生存与发展的最佳状态，它是人类向往和追求的一种理想目标。”①和谐的前提是多样性，因为多样性的存在导致差别性的存在，也正是因为差别性的存在，才涉及不同主体之间的关系协调问题，毫无差别的主体之间是不需要协调的，只是一个多少的取舍问题。因此，“在一定的意义上讲，‘和’意味着矛盾运动、对立中实现动态平衡。有差异、多样，就有矛盾、对立。由于矛盾、对立的存在和变化，才推动着事物的不断发展”②。多样性、差别性并不必然导致关系协调的必要，只有彼此的生存与发展相互关联且彼此影响时，才涉及关系的协调问题，这种协调行为可概括为“和”。“和”首先是一个序化的过程和结果，即如何在多样性和差别性的基础上，实现有序的共存，而不至于因差别性导致毁损或毁灭。“‘和’的过程就是序化的过程，因而也是吸纳、扩大负熵的过程，即减少熵增、保持有序的过程。这一过程，在自然系统是不自觉的，在人类社会系统则是自觉的。”③“‘和’就是按照特定矛盾的特殊属性和深层机理，采取合理的方法、步骤予以适时调整，使之协调有序。”④但有序的共存只是一种基础性的要求，并非全部内涵，“和”还意味着有序基础上的关系融洽，这种融洽不是简单的共存，而是形成一个有机统一的整体，多样性、差异性恰恰是统一整体的有机组成部分。一个有机整体的重要标志就是能够形成个体所难以形成的合力，实现单靠个体力量所无法达到的效果，正

① 夏锦文主编：《传承与创新：中国传统法律文化的现代价值》，中国人民大学出版社2012年版，第17页。

② 任遂虎：《复兴的文明——新时代中国传统文化的归来与重生》，中国书籍出版社2016年版，第177页。

③ 同上书，第178页。

④ 同上书，第177页。

所谓“和实生物，同则不继”。[①] 儒家和谐思想博大精深，不仅包括自然本身的和谐、人与自然的和谐、人自我的和谐、人与人的和谐，还包括民族与民族、国家与国家的和谐，最终的目标就是实现世界大同。

(一)实现人与自然的和谐

中国古代哲人一直主张天人合一思想，认为人与自然之间并非利用与被利用、征服与被征服的关系，而是一种共生共荣的关系，二者均是和谐有机体的组成部分。儒家一直强调人与自然的和谐，主张要顺时、顺势而为，不可乱作为，否则，一旦破坏了人与自然的和谐关系，那么，就会直接对人的生存与发展造成影响。儒家认为：“致中和，天地位焉，万物育焉。”[②]孔子曰：“断一树，杀一兽，不以其时，非孝也。”[③]“钓而不纲，弋不射宿。”[④]孟子主张：“数罟不入洿池，鱼鳖不可胜食也；斧斤以时入山林，材林不可胜用也。谷与鱼鳖不可胜食，材木不可胜用，是使民养生丧死无憾也。”[⑤]荀子也认为：“草木荣华滋硕之时，则斧斤不入山林，不夭其生，不绝其长也。”[⑥]几乎所有的儒家代表人物都主张人与自然的和谐，这种和谐观不仅成就了古代人与自然的和谐关系，而且对于当今中国的发展与建设依然具有积极意义。历史上人对自然的破坏性利用已经让人类饱受苦果，大气污染、沙漠化、沙尘暴、洪水泛滥、持久干旱等无不彰显了人与自然不和谐的状态，以直接明了的态度向人类敲响了警钟，引发了人类生存与发展的危机感，进而逐步开始关注人与自然和谐的重要意义。党的十九大报告中明确指出：“坚持人与自然和谐共生。建设生态文明是中华民族永续发展的千年大计。必须树立和践行绿水青山就是金山银山的理念，坚持节约资源和保护环境的基本国策，像对待生命一样对待生态环境，统筹山水林田湖草系统治理，实行最严格的生态环境保护制度，形成绿色发展方式和生活方

---

① 《国语·郑语》。

② 《礼记·中庸》。

③ 《礼记·祭义》。

④ 《论语·述而》。

⑤ 《孟子·梁惠王上》。

⑥ 《荀子·王制》。

式,坚定走生产发展、生活富裕、生态良好的文明发展道路,建设美丽中国,为人民创造良好生产生活环境,为全球生态安全作出贡献。”这种生态观与中国传统人与自然的和谐观是一脉相承的,儒家所倡导的人与自然的和谐思想不仅从未走远,而且在新时期又焕发了勃勃生机,其博大精深的和谐思想与细致入微的机理阐释方法无疑对构建新时期人与自然的和谐关系,仍具有极为重要的意义和价值。

(二)实现个人的自我和谐

儒家思想的出发点是“性本善”,因为人性本善,所以人的首要努力不是逐力向外,而是要反躬自身,通过不断地反省自我,来保持直觉的敏锐,不使自己的心灵蒙尘,从而使自我始终处于清明安和的理性状态,通过不断“修身”,来保持自我本性,进而实现一个和谐的自我。个人的自我和谐是一切和谐的基础,一个不和谐的个体不可能与自然和谐,也不可能与他人和谐。一个人如何才能保持本性,始终不迷失自我,对此,儒家认为要充分发挥礼和乐的作用。一个和谐的人首先是情绪和谐的人,为了保持情绪和心态的和谐,就需要乐来发挥作用,通过乐来调整人的情绪,充实人的内心。礼则侧重于对人的思想引导和行为约束,孔子认为人应有“三戒”“四绝”“五美”“九思”。“三戒”:“少之时,血气未定,戒之在色;及其壮也,血气方刚,戒之在斗;及其老也,血气既衰,戒之在得。”①“四绝”:“毋意、毋必、毋固、毋我”②。“五美”:“君子惠而不费,劳而不怨,欲而不贪,泰而不骄,威而不猛”③。“九思”:“视思明,听思聪,色思温,貌思恭,言思忠,事思敬,疑思问,忿思难,见得思义。”④“三戒”和“四绝”是从约束的角度,提出了禁止性的要求,明确了人不可为或不得为之事。“五美”和“九思”则是从正面进行了引导,引导人如何思想、如何行为。通过礼、乐两方面作用的发挥,使人能够把控自我,始终处于理性状态;使人情绪、心理安

① 《论语·季氏》。
② 《论语·子罕》。
③ 《论语·尧曰》。
④ 《论语·季氏》。

和,始终处于适中状态;使人思想及行为不偏离方向,始终处于适度状态。这不仅是成就一个和谐之人的基本要求,同时也是一个和谐之人的应有表现。实现社会和谐是当今中国梦的重要组成部分,也是每一个中国人的梦想,社会和谐以个人和谐为基础,儒家为实现个人和谐所提出的具体要求和实现路径,无疑对成就新时期的和谐个人具有积极的意义。

(三)实现人与人的和谐

人与人之间关系形成的基础是人对群居的需要,人不能无群而居。人与人之间差异性的存在,又彰显了"和"的重要意义和价值。人与人之间的"和"不仅意味着一种情感关系的融洽,还表明一种行为关系的有序,同时也意味着一种社会合力的形成。儒家一直注重伦理关系的梳理,主张家庭本位、义务本位、道德本位。所谓伦理关系就是由己向外所形成的由近到远、由小到大的层层人伦圈,不同圈次的关系需要不同的态度和方式来对待和处理。而在伦理关系的处理上,儒家强调义务本位,因为人只有在为他人付出当中,才能与他人产生融洽的情感关系,也只有在情感当中,人才能忘却自我,也正是因为眼里只有他人,所以才与他人形成了和谐的伦理关系。和谐伦理关系的依托是道德,而道德的依托则是礼,不同的伦理关系需要不同的礼。在诸伦理关系中,距离最近的、圈子最小的无疑是家庭关系,因而也是最需要处理好的伦理关系。父母与子女之间强调的是父慈子孝,这也是中国"孝文化"形成的重要原因所在。夫妻之间要求的是夫和妇柔,兄弟之间要求的是兄友弟恭,师徒之间要讲尊重,朋友之间要诚信,尊老爱幼,克己奉人。以此类推,在礼的作用下,整个社会以感情为基础,形成了层层的伦理关系圈。在以感情为基础、以道德为统领、以礼为引导的伦理关系圈中,人与人之间不仅感情融洽、行为举止有序,而且还能产生勇于为他人及社会付出与担当的责任感和使命感,通过实现人与人之间关系的和谐,进而实现和谐社会。在当今时代,和谐不仅没有过时,而且依然是主旋律,社会主义核心价值观就是:富强、民主、文明、和谐,自由、平等、公正、法治,爱国、敬业、诚信、友善。这不仅是对社会主义的最好诠释,同时也是要努力实现的目标。儒家以厚重感情为基础,以道德为引领,以义务为本位,以礼为规制,在创建和谐关系方面,已形成了一整套行之有效的方法,这对于建设新时期的和谐社会,无疑具有重要的启示意义。

(四)实现天下大同

儒家主张"修身、齐家、治国、平天下",实现天下大同是儒家的理想目标。在儒家看来,无论是一己、一家还是一国,均局限在小团体的私利上,并非最高层次的追求,只有实现天下大同才是理想的追求。何谓大同?"大道之行也,天下为公。选贤与能,讲信修睦。故人不独亲其亲,不独子其子,使老有所终,壮有所用,幼有所长,鳏寡孤独废疾者皆有所养,男有分,女有归。货恶其弃于地也,不必藏于己;力恶其不出于身也,不必为己。是故谋闭而不兴,盗窃乱贼而不作,故外户而不闭,是谓大同。"[①]正是因为以天下为己任,儒家才淡化国家概念,将国家视为实现天下大同的路径,因此才有了民族国、帝国、天下国的区分。民族国只是局于一民族之视野,缺乏放眼天下的胸怀和使命感。帝国虽有吞并天下之野心,但却只是为了本民族之私利,把其他民族国当成满足自我欲望的统治对象,而非为了天下大同。天下国虽以民族国为基础,但并不局于一民族之私利,而是胸怀天下,放眼世界,不仅要实现本民族的大同,而且还要引领其他民族共同走向大同,对整个天下承担着一种责任感和使命感。目前,中华民族正走在伟大复兴之路上,中国也正以实际行动来诠释着负责任的大国形象,"一带一路"倡议已经超越了一国、一民族之界限,引领世界走向大同是中国梦的应有之义,这与为了一己之利而不惜巧取豪夺的帝国形成了鲜明的对比。儒家天下大同思想不仅彰显了中国古代先哲们的圣贤与智慧,而且在新时代依然具有勃勃的生机与活力,对于中国梦的实现具有无可替代的意义和价值。

## 二、倡导"德主刑辅"

儒家将社会关系家庭化之,将国家融入社会,在国家治理方面,表现出了浓浓的伦理化色彩。既然儒家以实现和谐为目标,那么,必然要

---

① 《礼记·礼运》。

探寻实现上述目标的路径，而这一路径概括起来可以归结为道德之路。道德首先是成就和谐人生之路，一个和谐的人应当是理性之人、情感之人、向上之人。理性实际上就是要保持直觉敏锐，始终不迷失自我。情感是在理智的作用下，超越动物本能的结果，是人之动力与趣味所在。向上是人生的自然态势，也是人生的意义与价值所在，如流水般自然顺畅，永不停歇脚步。德者，得也，既是和谐人生的体现，也是通往和谐人生的道路。道德的依托表现为礼和乐，所谓"礼主其减，乐主其盈"。通过乐来激发人所固有的向善之心、向上之心，使人充满正能量；通过礼来肃静收敛人的愚蔽偏执之情和暴戾冲动之气，使人始终处于理性状态，保持直觉的敏锐。二者综合作用起来，就会使人既有积极向善、向上之力，同时又不偏离人生轨迹，进而成就和谐人生。一旦礼、乐被普遍化接受并遵行，就会形成一种风尚，进而就会演化为礼俗，礼俗实际上也就是所谓的道德通俗化。在礼俗的作用下，人不仅能使自我始终处于理性与向上状态，还能使个体保持清明安和之状态，进而能与他人保持一种情感融合、关系有序顺畅的和谐状态，最终成就和谐社会。因此，在儒家看来，无论是齐家、治国还是平天下，其根本在于修身，修身也就是使人成为有德之人。德内化为仁，外化为礼，有德之人就是要成为内在有仁、外在有礼之人。因此，当齐家、治国、平天下融为一体的时候，德自然就会成为齐家、治国、平天下的根本。道德修养首先仰仗于人的自律，但自律并不等于放任自流，人性本善也不等于无所作为。儒家积极倡导教育为本、教化为先思想，通过教育来帮助人们成为有德之人，如果人人都能自律自强，都能成为有礼之人，那么，自然也就易于与人和谐共处，和谐社会也就不难形成。无礼或失礼某种意义上是教育缺失或不到位的结果。既然人性本善，那么，对无礼或失礼之人自然不是惩罚为先，而是教化为先，因为惩罚并非目的，如何唤醒其善之本性，使之成为有德之人、有礼之人才是目的，因此，以惩罚为手段的法律自然也就成了道德教化的辅助，这也是"德主刑辅"治国方略的理论依据所在。

当今世界，对和谐这一目标的追求并未改变，中国从古至今一直追求和谐人生、人与自然的和谐及和谐社会，西方在此方面与中国并无实质差别,如毕达哥拉斯认为:“美德乃是一种和谐。”可以说,对和谐的追求是人类的共识,只不过在通往和谐的路径上,中西方的侧重点各有不同。中国过早地走向了道德之途,而西方则一直崇尚法治。法治以契约为基础,强调权利本位,主张权利与义务的一致性,这对于形成有序的社会生活无疑具有重要价值。但秩序只是和谐的一个组成部分,就和谐社会而言,还需要融洽的情感关系以及积极向上的社会合力。契约的基础是平等,权利本位的前提是以自我为中心,当平等的主体均以自我为中心时,欲望的膨胀便不可避免。在欲望的驱使下,当满足欲望的资源有限时,纷争也就在所难免,即使依靠法律能够实现一定的秩序,但这种秩序也只是维持一个社会得以存在的底线秩序,并非道德基础上的自然有序。至于情感方面,当欲望泛滥时,人们眼中只有自我,没有他人,我之外的所有人或物均是满足我之需要的对象或手段,除了利益关系之外,难以产生真情实意,“以利相交,利尽则散”,功利之下,难以形成融洽的情感关系。当个体均以自我为中心时,必然缺少对他人及社会的责任感和使命感,即使存在对他人及社会的关心,那也是出于维护自我生存与发展的考量,而非出于仁爱之心,因此,很难形成积极向上的社会合力。欲望横流与情感寡淡从而导致精神世界的空虚与恐慌,①依靠宗教来为欲望过强所导致的所有未知寻找答案,依靠宗教来为欲望过强所导致的情感寡淡寻找精神的慰藉,但宗教是出世的,而欲望是现世的,以出世的态度来对待现世的欲望,易于导致精神世界与现实世界的分离。“所为宗教的,都是以超绝于知识的事物,谋情志方面之安慰勖勉的。”儒家立足于现世,着眼于自我,以家庭、伦理为本位,将社会关系家庭化、伦理化,引远入近,由近到远,通过厚重情感来淡化个体的欲望,进而激发个体对他人乃至对社会的责任感,通过道德来修身、齐家、治国、平天下,进而实现个体乃至社会的和谐,最终达至天下大同。儒家将个人与家庭、社会紧密联系在一起,以仁爱为基础,以义务为导向,以道德为统领,以顺其自然的积极向上为人生方向,既不会因为欲望膨胀而走向自私自利的个人主义,也不会因为欲望未满

① 梁漱溟:《东西文化及其哲学》(第2版),商务印书馆1999年版,第96页。

足而导致精神上的空虚与恐慌,在现世中就寻找到了精神上的依托,实现了精神与现世需要的有机结合。

鸦片战争以来,随着帝国主义侵略行径的不断深入,国家的衰弱引发了中国人对自我的怀疑,在图谋变法图强的同时,又不断地进行自我怀疑与否定,儒家思想在中国也一度遭到质疑甚至是否定。儒家思想在中国的传承上出现了断裂,不仅社会陷入了动荡不安之中,而且法制建设也出现了停滞甚至倒退现象。改革开放以来,法制建设进程不断得到推进,"依法治国"已经作为一种治国方略被写入宪法之中,尤其是十八届四中全会以来,更是提出了要全面推进依法治国的方略。将依法治国作为治国方略,并不表明法治就是最为理想的选择,只是表明在现阶段法治是最为适合的治国方略,因为法律是维护一个社会生存与发展的最低保障线,既不是最高的要求,也不是最为理想的。引入法治模式,以维护一个社会生存与发展所必需的秩序。中国共产党作为执政党,已经清楚地认识到这一点,在强调依法治国的同时,又提出了要以德治国,目的就是要通过加强道德建设,来提高人们的自律意识和精神,而将法律作为最后的一道保障线,正所谓:"礼者禁于将然之前,而法者禁于已然之后。"[①]能够在未然之时就产生约束效果,这无疑是较为理想的选择,因此,如果依靠道德就能够治理国家、管理社会,那么,毫无疑问要将德治作为首选,这时的法律只是一个有力的辅助而已。中华民族的伟大复兴首先是民族文化的复兴,弘扬优秀传统文化并不是要机械地仿效,也不是要一成不变,而是要不断地推动中华优秀传统文化创造性转化、创新性发展,这不仅仅是出于现实需要的考虑,更是实现中华民族文化自信的重要内容。儒家思想文化无疑是中华民族优秀传统思想文化的重要组成部分,在儒家思想的影响下,中国古代不仅创造了盛世,而且儒家思想对于当今中华民族的伟大复兴依然具有重要意义和价值,其所倡导的"德主刑辅"治国方略并没有过时,它对我们如何正确对待法治,如何正确处理好法治与德治的关系,依然具有重要的启示意义。

---

① 《汉书·贾谊传》。

## 三、司法具有教化功能

儒家主张人性本善，但人性本善并不等于每时每刻人都会处于善之状态，正因为人性容易被蒙蔽，心灵易于蒙尘，所以儒家倡导修身，修身实质上就是要保持人性不变。而修身并非一个自然的过程，一方面需要个人的自我努力，通过不断反省自我，进而保持自我。另一方面，则须借助外力帮助，教育即是通过外力来帮助自我开启心智，使人始终保持直觉敏锐的理性状态。人之过错实际上是人失去自我的表现，同时也是教育不到位的体现，如何使失去自我之人重新找回自我就是所谓的教化，教化既是成人也是成己的活动，因为帮助他人找回自我本身也是自我修身的活动。犯罪可以视为是个体严重失去自我的表现，因为法律是道德的最低保障线，突破了最低保障线，自然是严重违反道德的行为，因而也是严重迷失自我的体现。重病须用猛药，从这个意义上讲，刑事司法实际上就是一个特殊的矫治活动，司法者就是一个教化者，各类刑罚就类同于各种猛药，最终的意义在于治病救人，使犯罪者重新找回自我，重新回归社会。援法定罪量刑中的“法”只不过是被普遍认为行之有效的参照标准，在法律明确无误且没有选择的情况下，只能说明法所规定的是被普遍认可的最好的惩治方法，无须司法者进行选择。但这种情况只是少数，通常情况下，法律只是规定了一个大致的框架，由司法者在框架内进行选择，这也是司法者的意义和价值所在。近现代以来，刑事司法中虽然普遍强调“罪刑法定”“罪责刑相适应”等原则，但司法从来都不是一个简单的、机械的、僵化的法律适用过程；刑罚具有惩罚性，但刑罚的价值从来都不是单一地局限在惩罚性上；西方所强调的“恢复性司法”与儒家教化为先的司法有异曲同工之妙，都是超越简单的法律适用层次，直击司法的终极价值取向——使犯罪者重新回归社会，进而实现和谐社会。中华人民共和国成立以来，由于法制建设进程迟缓，导致司法技术不是很高，刑事司法呈现出报应刑主义的倾向，过于看重刑罚基于惩罚性所产生的警示及震慑作用，刑事司法技术简单粗放，没有彰显司法的教化功能。现实社会中，刑满释放人员犯罪复发率较高某种意义上也是司法教化不到位的一种体现。当下中国正在稳步推进司法制度改革，刑事司法也由单一实体公正价值取向向兼顾程序公正、效率等多元化价值取向转化,刑事司法的功能也不应定位于简单化、粗放化的惩罚性上,而应与和谐社会的价值取向保持一致,充分发挥司法的教化功能,使其成为促进和谐社会生成的重要组成部分。

## 四、注重对人情伦理的维护

《古代汉语词典》对"情"的解释为:感情,情绪。[①]《论衡·本性》:"性,生而然者也,在于身而不发;情,接于物而然者也,出形于外。""性在于身,情现于外"并不意味着二者的背离,相反,性是情的基础,情是性的外在流露,二者密不可分。情源自本能对外界的反应,对此,梁漱溟先生有独到的见解:"本能是个体生命受种族遗传而与生俱来的生活能力(或其动向),既不能从个体生命中除去之,亦非可于其一生中而获得。"[②]"本能是生来一项一项专业化的能力,各项本能在生活上各有其特定用途或命意;而理智反之,倾向于有普泛之用。"[③]"喜怒哀乐之情不外是生命本原从生物机体辟创得几许活动自由所流露的征兆。"[④]这至少表明:第一,情以本能为基础。虽然不同的个体对情的敏感度及表达方式不尽相同,但不可否认的是,情源于生命本原,后天的努力虽然会对情产生抑制等作用,但不能创造情感,情与欲均源于生命本原,也可以说,情本就是欲的一个组成部分。马斯洛在阐释人类的基本需要时认为,人的需要按层次主要包括:生理需要、安全需要、归属和爱的需要、自尊需要、自我实现的需要。[⑤] 归属和爱的需要源于人的群体性,人从出生开始,便以自我为中心形成了由近到远的层层关系圈,距离中心最近的既是最小的,也是最清晰的,因而也是最重要的,比如父母与子女的关系。在层层关系圈中,人需要得到认可与关爱,因此,归属与爱本身也是人类的一种本能需求,由此促使亲情、爱情、友情等

---

① 参见《古代汉语词典》,商务印书馆1998年版,第1263页。

② 梁漱溟:《人心与人生》(第2版),上海人民出版社2011年版,第54页。

③ 同上书,第54~55页。

④ 同上书,第149页。

⑤ 参见[美]亚伯拉罕·马斯洛:《动机与人格》,许金声等译,中国人民大学出版社2012年版,第19~29页。

种种情感的出现。第二,情是有感而发的本能反应。人的欲望促使人不断追求需要的满足,需要得到满足、未得到满足及满足状态被打破均会导致个体产生本能反应,这种内在本能感受会引发外在不同的表现,由此构成了情的基本结构,只不过由于个体抑制力的不同,同样的本能感受表现于外部时,未必完全一致。第三,情是具有鲜明倾向性的本能反应。既然本能承载着一项一项专业化的能力,基于不同专业能力所引发的本能反应也各不相同,具有明显的倾向性,喜、怒、哀、惧、爱、恨、怜等均是具有明显倾向性的本能反应,由此呈现丰富多彩的情感世界。

儒家刑事司法模式非常重要的一个价值取向就是注重对人情的维护,这种维护首先是对亲情的维护。一是"亲亲相隐"制度,不以牺牲亲情作为惩治犯罪的代价,进而维护亲属之间的和谐关系。二是对亲属尤其是尊亲属犯罪加重处罚,体现对亲情的格外保护。三是限制卑幼对尊亲属的告诉,除涉及危及国家安全及统治者政权方面的犯罪外,严格限制对尊亲属的告诉。四是宽免对待为亲属所犯的罪行,在对待"复仇"之类的犯罪时,无论是道德还是法律,均表现出一种宽免的态度。另外,在具体司法过程中,司法结果也会受到民情民意的影响,由此出现了诸如大义灭亲、为民除害之类的说法,万民请愿书之类的做法也经常出现在古代司法过程之中,对司法结果也会产生不同程度的影响。

近现代较为流行的是所谓的"法不容情",但事实上,法与情并非水火不容的关系。从外在来看,"法是调整社会关系的行为规范"①;从实质上而言,"法是'被奉为法律'的统治阶级的意志"②。从理想视角来说,法应当体现公共意志,但公共意志并不代表所有人意志的一致性,正如卢梭所说:"这种公共意志并不代表全社会成员意志的一致性,因为法律体现的是普遍意志,而非个人意志,所有人的意志和普遍

---

① 张文显主编:《法理学》(第4版),高等教育出版社、北京大学出版社2011年版,第45页。

② 同上书,第43页。

意志之间经常存在巨大差别,后者只关注共同利益,前者关注的是私人利益,它只是个别意志的总和。可是,如果从这些个别意志中去掉那些相互抵消的首尾两端的意志,那么普遍意志就是剩余的不同于个别意志的总和。所以,法律规定的是中间多数人的意志。"①概括地来说,法作为一种行为规范,归根结底体现为一种意志,只不过在不同的社会,法所体现的意志不同而已。在专制社会,法体现的是少数统治者的意志;而在民主社会,法体现的是多数人的普遍意志。情既然是一种具有明显倾向性的本能反应,因而也是行动的原始动力。"动物本能中之所感知,情味浓烈,立即引发行动,动向决定,似完成其活动即所以完成其知识"②。"且人当本能冲动强烈时,生死非所顾,又何论于利害得失？非但本能强奋时也,人在平时一颦一笑或行或止之间,亦为情感兴致所左右耳。"③但人不同于动物,动物在大多情况下,依靠本能来生活,而人的行为基础则是理性。理性如同情感一样,是人的一种天赋,是人把握必然联系的官能和功能,并随着年龄的增长,逐渐运用自如,正如洛克所说:"所以我们是生而自由的,也是生而具有理性的;但这并不是说我们实际上就能运用此两者;年龄带来自由,同时也带来理性。"④人的行为受意志所左右,而意志应当是由理性基础上的意识决定。作为个体而言,情感所致引发行动的意识,此时的意识尚不能认定为意志,还需要人所固有的理性发挥作用,对情感引发的行动意识进行甄别、判断,这就是所谓的理智。通过理智的判断,如果遵循情感,则此时的行动意志和力量是最为坚定和强大的。如果背离情感,则是一个理智战胜情感的过程,虽有不情愿,但却是个体为维护自我及群体生存、发展所必须要付出的牺牲和代价。法应当体现公共意志,这里的公共意志首先应当是国民理性的体现,但不可否认的是,其中一部分公共意志,实质上就是理性基础上的国民普遍情感的直

① [法]卢梭:《社会契约论》,杨国政译,陕西人民出版社2004年版,第23~24页。

② 梁漱溟:《人心与人生》(第2版),上海人民出版社2011年版,第55~56页。

③ 同上书,第80页。

④ [英]洛克:《政府论》(下),叶启芳、瞿菊农译,商务印书馆1964年版,第38页。

接体现。无不体现了对亲情的一种维护。而其他法律规定虽然从内容上似乎与国民情感并无直接关联，但每一项法律规定都必须以深厚的国民情感为基础。虽然法律以国家强制力为保障力量，但并不意味着法律的推行时时刻刻都离不开国家强制力，国民对法律的自觉接受并遵守才是推行法律的关键所在，而这毫无疑问离不开国民的情感支持，一部被国民厌恶、排斥的法律是很难获得普遍认可与服从的，进而也很难发挥其应有的作用。情感趋于感性，司法倾向理性，二者处于形式上的对立状态。现实生活中，人们也经常将人情与法、人情与司法置于水火不容之境地，所谓"法不容情"也是上述关系的朴素写照。但不可否认的是，人情与法、人情与司法却经常性地纠葛在一起，"在法治实践中，也经常发生情、理、法的矛盾或冲突，致使司法人员陷于两难的境地"①。这种现实中的冲突与矛盾日益引发了人们的关注，人们开始超越了简单的"法不容情"层面的认识，对情与法的关系进行深层次的探究。如刘道纪教授认为："法不容情的'情'指的是私情，而法要容情的'情'指的是在社会上具有广泛认同度和代表性的世情与民情，只有通世情民情的法才是赢得民众认可的法，只有达公理天理的法才是具有生命力的法，通'情'达'理'是一部良法的前提与基础。法之所以要容'情'，是基于人性的要求，因为法是人的产物，是基于人性的需求而产生的规则，凡是违背人的正当情感与诉求的法，迟早要被修正或废止。法与情交融的途径在于立法的人本化，司法的人性化，执法的文明化，当法律有悖于世情民情或两者发生冲突时，作出退让的应当是法律。"②某种意义上也可以说，在法律明确规定且没有回旋余地的情况下，作为司法者只能依法处理案件，并没有发挥的余地。但通常情况下，法律只是规定了一个框架，框架内就是司法者自由裁量的空间；自由裁量不等于随意裁判，司法者的裁判要经受诸多监督制约；如何在自由裁量空间内找到答案，则是对司法者能力的一种检验。自由裁量不是司法者任意而为的活动，某种意义上可以视为是立

① 刘道纪：《法律内的天理人情》，载《政法论坛》2011 年第 5 期。

② 同上。

法者为司法者就该类案件的具体处理留下了一个立法的权力,司法者需要在法定范围内,去探求普遍民意的存在点,而在这民意当中,就不可避免地融入了世情、民情,因此,司法与人情并非水火不容,恰恰相反,司法中总是蕴含了脉脉人情。我国现行刑事立法与司法中,过于强调对犯罪打击及对社会秩序维护等价值取向的追求,不自觉地与人情对立起来,但无论是从应然视角考虑,还是从现实状况出发,立法、司法都难以与人情割裂开来,儒家多元化的司法价值取向无疑具有积极的现实意义。

**五、基于"仁"的恤刑思想**

儒家倡导仁政,主张"仁者爱人"。孟子云:"君子所以异于人者,以其存心也。君子以仁存心,以礼存心。仁者爱人,有礼者敬人。爱人者,人恒爱之;敬人者,人恒敬之。"①在儒家看来,仁就是敏锐的直觉,直觉敏锐是为了把持人之善的本性,在人的诸善之中,最基本的就是仁爱之心,仁爱之心最直接的表现为恻隐之心。"恻隐之心,人皆有之;羞恶之心,人皆有之;恭敬之心,人皆有之;是非之心,人皆有之。恻隐之心,仁也;羞恶之心,义也;恭敬之心,礼也;是非之心,智也。仁义礼智非由外铄我也,我固有之也。"②作为个体,每个人都应成为仁人;作为掌权者,每个官员都应施行仁政。司法也是施行仁政的一个重要领域,尽管中国古代刑讯逼供合法化,但刑讯逼供并非儒家刑事司法模式的应有之义,而是基于该时期科学技术落后的一种无奈选择,中西方的古代均有此类现象存在,并非中国古代专有。司法中的仁政不仅表现在刑罚适用方面的宽免、死刑的慎用及对待囚犯的人道方面,也应体现在司法过程中对人所应有的尊重,尽管中国古代没有产生西方近现代的程序公正理念,但并不表明儒家仁爱思想中没有蕴含人权保障的基本精神。我国现在正在稳步推进刑事诉讼制度改革,无罪推定、不强迫自证其罪等彰显人权保障的原则,某种意义上与儒家的仁爱思想并不矛盾,如何将儒家仁政思想贯穿于刑事司法过程之中,则是一个值得深

---

① 《孟子·离娄下》。

② 《孟子·告子上》。

入思考的问题。

## 六、以刑去刑的司法价值观

儒家以实现社会和谐为目标,法律存在的价值不是要越来越突出自己的作用和地位,而是最终要达到无所作为的地步,即实现以刑去刑。刑事司法的意义不在于简单的定罪量刑,而是要通过司法来实现"天下无贼",最终实现社会和谐。因此,在儒家看来,无讼是一种理想的社会状态,如何使社会无讼是国家及社会治理的要务。"历代统治集团都有这样一个共识,即只有实现'无讼',才能实现真正的、根本意义上的理想世界,才算是真正的政绩。"①"中国立法者认为政府的主要目的是帝国的太平。"②因为一旦诉讼发生,其结局注定是两败俱伤,更何况对社会来说这也是一种损失,而且一旦讼争开始,作为司法者也很难妥善处理。对此,孔子认为:"听讼,吾犹人也,必也使无讼乎!"③要实现无讼,一方面要强化个体的自律意识和习惯,在礼、乐等道德载体的综合作用下,通过对以义务为基础的伦理关系的强化,不断加强个体的自我反省和自我约束力,消除产生诉讼的根由。另一方面,通过弘扬忍让精神,来抑制个体欲望的膨胀,进而形成厌讼文化。厌讼的基础实际上是厌争或不争,这种做法从形式上看似乎是对权利的一种漠视,但从长远来看,仍有其合理之处。许多人因为一点小的争执而走向违法犯罪道路,许多人因为可小可大的利益诉争最终倾家荡产、妻离子散,对权利的过分彰显易于导致欲望的膨胀,进而使自我乃至周围社会关系处于不和谐之中。儒家"无讼"、"息讼"及"厌讼"的思想和做法在民事领域中表现尤为明显,但刑事司法领域中也并非没有体现。儒家刑事司法模式强调一般预防与特别预防效果,一般预防是通过对犯罪的惩治,进而对整个社会进行警示、震慑及教育,以实现预防犯罪的效果。特别预防则是强调对症下药,通过对犯罪原因的分析,来

① 范忠信、郑定、詹学农:《情理法与中国人》,中国人民大学出版社 1992 年版,第 165 页。

② [法]孟德斯鸠:《论法的精神》(上册),张雁深译,商务印书馆 1982 年版,第 315 页。

③ 《论语·颜渊》。

寻找使犯罪者重新回归社会的良方,实现对犯罪者的有效教化,使之不再重蹈覆辙,不再走上犯罪之路,进而实现特别预防的效果。我国现在虽然倡导依法治国,但并不表明法律就一定要无时无处地发挥作用,一个离了以国家强制力为保障的法律就无法运行的社会并非理想社会,刑事司法以惩治犯罪为要务,但并不等于可以任由犯罪泛滥。儒家从源头上来消除犯罪的思想和做法,对于当今实现有效的社会综合治理无疑具有重要的意义和价值,而在强化司法一般预防效果的前提下,对于如何实现针对性的特别预防效果,则更是具有积极的启示作用。

## 第二节 儒家思想在我国的现实社会基础

儒家思想尽管在中国近现代曾一度被怀疑、否定甚至是批判,在传承方面也曾一度出现了断裂,但作为影响中国古代社会上千年的思想,其自身所拥有的生命力是毋庸置疑的,其对中国社会的意义和价值也是无可替代的。"文化大革命"期间提出的"破除几千年来一切剥削阶级所造成的毒害人民的旧思想、旧文化、旧风俗、旧习惯",某种意义上针对的就是一直以来影响中国社会的儒家思想文化,客观上也的确造成了儒家思想文化传承上的断裂。但儒家思想文化作为一种已深深融入中国社会生活方方面面的思想文化,既不可能在一夜之间消失,也不可能因此而退出历史舞台,相反,随着时间的不断推移,其所蕴含的意义和价值愈显珍贵,并逐步为人们重新认知。改革开放以来,随着中国经济的腾飞、政治体制的不断完善,中华民族的伟大复兴之梦也逐步被纳入日程。民族复兴首先是文化复兴,也只有文化复兴,一个民族才能真正复兴,因为一个没有文化的民族很难称得上是一个民族,更谈不上民族复兴问题。一个民族的伟大复兴不是一句简单的口号,而是具有深刻的内涵和需要具体的实现路径。民族复兴既是民族文化的复兴,同时又是在民族文化支撑下的复兴,一个没有思想与文化支撑的复兴只能是一句空洞的口号。儒家思想文化作为一种在传承过程中屡遭阻滞的思想文化,其在当今中国的影响现状如何,以及其在中华民族伟大复兴的进程中应发挥何种作用,这无疑是一个需要认真梳理的问题。

**一、伦理观念较强**

儒家注重伦理关系的涵养,在诸多伦理关系圈中,情感的厚重是以付出为基础的,通过彼此尽义务的方式来厚重情感,进而实现关系的和谐。从最亲近的父母与子女关系来看,目前中国的父母为子女付出一切的心没有改变,望子成龙、望女成凤的愿望没有改变,但在付出的目的、方式和内容方面则与古代有所不同。古代父母对子女的付出是为了子女"成人",但这里的"成人"与现在有实质的区别。古代的"成人"不是简单的长大,而是要成为一个和谐之人,父母不仅要照顾子女的生活,还要成为子女的启蒙老师。这既是帮助子女"成人"的活动,同时也是"成己"的过程。现在的父母更多的是扮演子女生活上的照顾者、物质方面的提供者,而把主要教育任务交给他人,即使存在家教,也主要是侧重于社会科学与自然科学知识的灌输上,而不是将重点放在如何做人方面,这与古代"昔孟母,择邻处"的做法形成了鲜明的对比。子女对父母的义务可以归结为孝,孝不仅意味着幼长时对父母的服从,还要求在父母年老时对父母生活及精神上的照顾和慰藉。随着城镇化的不断推进、社会保障的不断普及,子女对父母的孝由物质方面逐步向精神方面转移。基于父母与子女关系所形成的家庭观念虽较以往淡化,但家在每个中国人的心目中,永远是无可替代的亲情港湾和努力向前的精神支柱。夫妻之间虽然摒弃了男尊女卑的观念,但夫和妇柔仍是维系一个家庭和谐的基础,现实社会中的高离婚率某种意义上是夫妻之间失礼的反映,而不是社会进步的必然产物。计划生育使家庭关系简单化,一般情况下,一个家庭只有一个子女,不涉及兄弟姊妹关系的处理,但同时也易于导致个人主义的盛行。现实生活中,年轻人以我为主、缺乏礼让精神的做法,某种意义上也是家庭缺少兄弟姊妹关系所导致的一种后果。传统的师生关系已经发生了变化,"一日为师,终身为父"的说法和做法正在悄然改变,师生伦理化正在走向师生契约化。由于缺乏情感的基础,结果导致老师对学生不是一种关爱之情,只是履行职责义务,学生缺乏对老师应有的尊重,双方只是一种权利与义务的关系,这也是师生之间发生诸多事件的原因之一。已发生的幼儿园虐童事件、中小学老师的性侵事件、大学及研究生期间师生关系的紊乱等,无不体现了师德的沦丧及师生关系的紊乱,而这些现象恰恰是因为师生之间"礼"的沦丧。如果学生视老师为父母,老师视学生为子女,父母对子女愿意付出一切,子女对父母孝敬有加,那么,父母与子女之间又怎么会发生这种道德沦丧之事,究其根本,还是二者之间"礼"之沦丧的结果。朋友本是志趣相投进而情谊有加,朋友之间最重要的是"信",信的前提是愿意为对方付出。但现实中的朋友概念已经发生了变化,朋友圈子越来越大,朋友数量也越来越多,但朋友情谊却趋于淡化,一诺千金之事越来越少,趋利避害倾向却越来越浓,因为利益走到一起,同样也会利尽则散。朋友情谊淡化是因为彼此缺乏相与之心,没有相与之心则不会产生浓厚情谊,没有厚重的情谊就难有一诺千金之诚信,缺乏诚信就易于走向尔虞我诈,最终导致人与人之间的信任危机,多次发生的毒奶粉、伪劣商品、假药品等事件无不暴露出了诚信的沦丧,而诚信的沦丧实际上是道德沦丧的结果。因此,从伦理道德的视角来看,儒家思想并没有因为几次政治运动而彻底消失,依然在不同领域、不同程度地影响着中国的社会。但不可否认的是,这种思想与文化传承上的断裂已经产生了负面效应,儒家伦理道德观念已经发生了改变,个人主义、功利主义不断盛行,形似而神不似的伦理道德观已难以为和谐社会的建设提供足够支撑,发掘并弘扬优秀中华民族传统思想文化,让优秀传统思想文化绽放新的生命力,已成为迫切的时代任务和要求。

## 二、人情观念较重

在儒家看来,社会和谐的前提是彼此的付出,而不是彰显个人的欲望,因为在欲望当中,人只有自己没有他人,而在情感当中,人则忘却自我,而甘愿为情付出。如果每个个体都强调自我,都以自我为中心,则必然导致纷争不断、矛盾不止,相互之间不可能处于和谐之中。如果从厚重情感入手,则人与人之间是一种付出关系,情感越厚重,则付出之心越强烈,进而实现关系的和谐。由亲情、爱情、友情及至对陌生人的关爱,以此类推,由近到远,形成了情感厚薄不一的社会关系圈,在互相付出当中,又互相有所收获,形成了不以谋利为出发点但客观上又的确各有所获取的关系状况。人与人交往首先从蓄积情感开始,做事先做人,不仅要做好自我,还要找对与之情投意合之人。遇到困难或问题时,不是先从分析困难或问题入手,而是先找关系,找关系实际上就是找与之有情感且能为之付出之人。儒家这种重人情的做法一直延续到现在,在当今中国,虽然强调依法治国,但无论是立法、行政还是司法过程中,都充满了脉脉人情,可以说人情充斥社会的各个角落。一个人在社会上的地位和成就,很大程度上仰仗于一个人的社会关系网,这个关系的情感基础可以表现为亲情、友情、爱情、师生情、同学情、战友情等。但不可否认的是,目前有些关系圈已经融入了诸多功利主义的色彩,厚重情感的目的不是付出,而是获取,因为要获取,所以才付出,因为要谋利,所以才去厚重情感。这种建立在功利基础上的情感并非真情实意,自然也就难以形成持久的自然顺畅的情感关系,也就很难造就和谐的社会关系。

### 三、礼俗氛围较浓

礼是道德的依傍,通过礼来约束自我、规范行为、调整关系,进而实现和谐社会,当礼被普遍服从时,就演化为礼俗。儒家有一句话:“刑不上大夫,礼不下庶人。”①从字面上看,似乎是礼到不了平民阶层,自然也就难以演化为普遍的礼俗,但这只是一种表面性的理解。“刑不上大夫”不是说官员不受法律约束,而是说到了这个级别的官员更应强调自律,依靠礼等道德规范就可以实现对自我的修养,而无须达到通过法律来强制的程度。“礼不下庶人”不是说平民百姓不需要礼,只是说对平民百姓的要求要相对低一点,不能严格按照上层官员的标准来要求普通民众。这一方面是因为有些礼根本到不了平民阶层,日常之中用不着,另一方面,是平民百姓较官员稍差一些自律也是可以接受的,但如果平民都能达到礼的要求,并能实现对自我的约束,那无疑是最为理想的状态。礼俗可以说贯穿于中国人生活的方方面面,就古代

---

① 《礼记·曲礼上》。

国家层面视角而言,礼可分为五种:吉礼、凶礼、宾礼、军礼、嘉礼。从民众视角来看,礼俗则几乎可以说覆盖了从出生、成人到死亡的全部人生重要节点。出生礼、成人礼、婚礼、葬礼是较为典型的礼仪,除此之外,每年又存在不同的节日,不同的节日要遵循不同的礼俗等,可以说,因为礼俗的存在,生命变得更有意义,生活变得更有趣味,礼俗就是整个人生历程的实际见证和标志。虽然较传统而言,礼俗方面有所淡化,但礼俗依然对当今中国社会影响较大,可以说,每个人的人生重要节点都笼罩在礼俗之中。正是因为有礼俗,普通的日子才会变得与众不同;正是因为有礼俗,人们才会如此认真地对待生命中的重要节点;正是因为有礼俗,人们才会在仪式的隆重中感受到责任感和使命感;正是因为有礼俗,人们才会收敛平日的慵懒、浮躁之心,肃然起敬之际,专注于生命原有的意义和价值。不可否认的是,现实中的确存在将礼俗形式化的现象,甚至出现葬礼上雇人替哭等荒谬现象,但无论如何也必须承认的是,礼俗依然深深地影响着当下的中国社会。

**四、注重教育**

儒家倡导人性本善,认为人生如流水一般自然向前,人是理性之人,本身具有把控自我的能力,不是需要外力来塑造人,而是要努力不失去自我,不使自己的心理蒙尘,不迷失自我,始终保持直觉敏锐。而如何做到不迷失自我、始终保持直觉敏锐,则涉及外力帮助的问题。这种外力帮助就是教育,教育就是开启人的心智,明白本应明白的事理,教育不仅是成人也是成己的活动。教育包括家教、学校教育、社会教育等等,家教是人生的第一课堂,父母就是最初的启蒙老师,一个人的品行举止与家庭教育密不可分,相对较为成熟的家庭还有家法、家规以及由此形成的家风等,这些都是家庭教育的重要手段和载体。但现实中,对家庭教育的重视程度不够,父母把教育当成是他人的事,忽视了家庭对子女的人文教育功能。学校虽是专门的教育机构,但从目前教育体制来看,虽然从小学到中学再到大学,都设置了德育等教育课程,但在侧重点上,无论是父母还是教师,都把注意力放在专业课程的学习上,德育似乎是不能没有但又不被实质重视的内容,在缺乏有效载体的状况下,德育易于走向空洞的说教,尤其是在师资力量配备不强的情况下,言传身教的功能更是大打折扣,甚至会导致负面效应。社会本是一个大课堂,子曰:“三人行,必有我师焉;择其善者而从之,其不善者而改之。”[①]善与不善本是一个价值观的问题,当功利主义盛行时,人们对善与不善的判断往往依据对己是否有利,而一旦结成了利益同盟,人们就会迷失在欲望之中,既无助于成人,也不利于成己。因此,就总体上而言,当下中国人崇尚教育之风未变,但在教育宗旨、教育内容、教育方式等方面,却发生了实质改变,重学校教育、轻家庭教育已成为普遍现象,重自然及社会科学知识教育、轻人文教育也是一个不争的事实。

**五、向上之心强**

儒家强调自然向上之人生,认为人生并无目的和手段之分,每时每刻都是生命中的重要组成部分,不存在今天为了明天、明天为了后天的目的和手段的逻辑关系。没有目的并不等于停滞不前,人生的意义恰恰在于不断向上,在不断向上之中实践生命的意义和价值。人生向上虽非出于目的,但总是需要方向和动力,这个方向和动力与人的内在需要还是密不可分的。儒家反对欲望的膨胀,但从不否定需要的客观存在,正是因为需要的存在,人才有了不断向上的内在驱动力。儒家承认需要的客观存在,也不反对需要的满足,只不过儒家并不主张不择手段地去追逐需要的满足,当满足需要的条件受限时,不是一味地向外逐求,以致最终陷入无法满足的痛苦之中,而是通过抑制自我欲望的方式,使欲望与所掌控的资源相匹配,进而实现自我的和谐。人生积极向上的表现有很多,首要的表现就是人没有失去自我,通过不断努力,使自我始终成为理性之人、道德之人、向上之人,亦即成为和谐之人。其次,人生积极向上还表现在创造上,这种创造总体上表现为对社会的一种贡献,这种贡献既可以表现为物质财富、精神财富及和谐社会关系的创造上,也可以表现为对他人“成己”方面的付出和帮助,也就是所谓的“成人”。这种积极向上之心塑造了中华民族自律自强、勤劳勇敢、吃苦耐劳、韧劲十足、永不言败的优秀品格,这也是中华民族能够屹立于世界东方的根基所在。任世事变迁、斗转星移,不变的是中华民族的

① 《论语·述而》。

向上之心,改革开放短短40年所取得的成绩再一次印证了中华民族的优秀品格,我们有理由相信,在这种向上之心的引领下,一定能够实现中华民族的伟大复兴。但我们也必须清醒地认识到,当今社会对向上之心的理解并不全面,有些人只是局限于物质财富的创造上,而忽视了成己、成人也是自然向上的应有之义,由此导致物欲的横流,陷入功利主义泥潭,难以自拔,最终走向欲望泛滥的深渊,苦恼烦乱不已,不仅没有成人,也没有成己,背离了自然向上的基本精神。

**六、贤人政治观念依然留存**

儒家倡导贤人政治,主张为政在人,一个家庭能否和睦取决于家长是否仁慈通达,一个国家的命运则取决于君主的贤明与否。在儒家看来,无论是家还是国,其治理方式重在引领,只有德行高尚、贤明通达之人,才能引领大家走向和谐社会。这是较为典型的人治思想,正如孔子所言:"文武之政,布在方策。其人存,则其政举;其人亡,则其政息。"① 将一个国家的命运与统治者的个人命运捆绑在一起固然是危险的,但即使在倡导法治的今天,我们依然不能否定掌控权力者个人素养的重要性,孟子曰:"离娄之明,公输子之巧,不以规矩,不能成方圆;师旷之聪,不以六律,不能正五音;尧、舜之道,不以仁政,不能平治天下。今有仁心仁闻,而民不被其泽,不可法于后世者,不行先王之道也。故曰:徒善不足以为政。徒法不能以自行。"②没有法律则无据可循,不行仁政则不能平治天下,通过法律确定基本框架,而在框架内如何作为则仍取决于人。法治并不否定人的价值,法律总是为人留下自由裁量的空间,在这个空间内,个人素养的高低将会对权力的运行产生实质的影响。这也是直到今天的民主社会,在选拔领导干部时,依然要对德、能、勤、绩进行综合考量的原因所在。即使西方民主国家在选举总统时,也要进行精挑细选,如果每个人当总统都是一样的话,那么,也就不需要这样大费周折了,事实上,不同的人担任总统后的执政纲领也的确差别较大。只不过现在的"贤人政治"与儒家传统的"贤人政治"已大不相同,

---

① 《礼记·中庸》。
② 《孟子·离娄上》。

现在的“贤人政治”准确来说,应当是在宪法和法律框架内的贤人政治,是在法定自由裁量权限范围内的贤人政治,是对法律规制基础上的个人素养的一种重视。选贤举能不仅是儒家贤人政治思想的一种体现,而且也与当今时代的人才选拔标准相契合,使传统思想在新的时期焕发新的生命力。

**七、天下本位观念较为突出**

儒家淡化民族、国家概念,视天下为本位,以实现大同世界为理想目标。自古以来,在儒家大同世界思想的影响下,即使在中国最为强大的时期,也从未以帝国的姿态来对待其他国家,对待周边弱小的国家,不是采取侵略、殖民或吞并的方式,而是以一个天下国的身份去引领它们,帮助这些弱小国家共同走向大同。因为“四海之内皆兄弟”,兄弟之间讲究的是“兄友弟恭”,是互帮互助的关系,而不是以大欺小、恃强凌弱的关系。中华文化圈、中华法系的形成依靠的恰恰不是强力和武力,而是引领力和号召力,而引领力和号召力则源于以德服人。正如孔子所云:“求,君子疾夫舍曰欲之而必为之辞。丘也闻有国有家者,不患寡而患不均,不患贫而患不安。盖均无贫,和无寡,安无倾。夫如是,故远人不服,则修文德以来之;既来之,则安之。今由与求也,相夫子,远人不服,而不能来也;邦分崩离析,而不能守也;而谋动干戈于邦内。吾恐季孙之忧,不在颛臾,而在萧墙之内也。”①也正是因为以修文德为基础,以和为贵,以天下为己任,中华民族才生生不息至今。如今,中华民族正走在伟大复兴之路上,复兴首先是引领力和号召力的复兴,而局于一民族、一国之利则难有真正的引领力和号召力,只有放眼世界,胸怀天下,才能真正引领世界走向大同。近年来,中国对非洲等贫困国家的援助、“一带一路”倡议的提出与推行,无不展示了作为一个大国的世界责任感和使命感,表现出了以天下为本位的思想观,彰显了以实现天下大同为理想目标的世界观。

---

① 《论语·季氏》。

## 第三节 儒家刑事司法模式在韩国的传承与启示

韩国是为数不多的对儒家思想保持较好传承的国家,这也是关注韩国刑事司法模式的原因所在。韩国对儒家思想进行了系统整合,以整合后的儒家思想为指导,较好地实现了社会现代化的转型。尽管欧美制度与文化不断涌入韩国,对韩国民众的思想、观念及行为影响较大,但在儒家"和而不同"思想的引领下,韩国遵从西方政治模式的同时,却并没有从根本上否定传统文化的主导地位。相反,在对西方政治、经济、科技进行有意兼收并蓄的同时,却"无意识"地保留了传统思想文化,这种保留也得到了涵盖儒家文化的各个价值系统的默许和共融。这种共生并没有让当今的韩国走出传统儒家文化的涵养,也并未造成精神世界的价值分离,反而在全球化的冲击和多种文化碰撞的背景下,韩国以更加开放的姿态,将儒家文化的宽容和精深发挥到了极致。即使是20世纪以来,在外来势力与基督教文化强有力的冲击下,结果仍形成了以儒家伦理为主、西方基督教伦理为辅的整合状况。在对儒家思想文化这一母体深深认同的同时,以悠然的姿态应对着西方文明的急速引进,理性地做着鉴别与吸收,从而更好地增加了儒家文化的弹性,很好地实现了传统文化与现代社会转型的衔接。在儒家思想的影响下,韩国在制度层面不断吸收西方元素的同时,却在刑事诉讼制度、刑事诉讼政策、刑事诉讼文化等方面,保留了诸多儒家刑事司法模式的元素,形成了独具特色的现代刑事司法模式。从外在形式上看,韩国受日本及西方法制影响较大,刑事司法制度在原有职权主义诉讼模式的基础上,不断借鉴当事人主义刑事诉讼模式的元素,从而使韩国刑事司法制度呈现混合式刑事诉讼模式的特点。但从实质上看,韩国在思想层面并未摆脱儒家思想的影响,而是在儒家思想的引领下,较好地实现了法制现代化的转型,其刑事司法制度中,依然折射出浓浓的儒家刑事司法模式的色彩。

### 一、刑事诉讼立法进程

从传说中的箕子时期开始,中国历朝历代的法律制度都对朝鲜半岛产生了实质的影响，尤其是《唐律》和《大明律》对古代朝鲜法制的影响最为显著，形成了与中国古代一脉相承的儒家刑事司法模式。从1894年开始，朝鲜王朝开始了法制现代化的转变。传统法制向现代法制的转变是一个长期的社会演变过程。1894年甲午改革被认为是韩国法制现代化的起点。这种法制现代化转变是基于社会发展进程及自身需要的自然转型过程，并非外部强力所为，但这种转变进程很快就被日本殖民统治所打破。源于传统社会的法制，到了1910年后因日本殖民统治而出现法制的民族性、自主性被扼杀，法制发展断层的现象。法制的自然发展过程受到破坏，强制性地接受日本殖民主义的法制。韩国学者们把这一时期的法制称为"日帝时期"的法制。1910年之后，朝鲜半岛开始了日本殖民统治时期，被强行植入了日本刑事司法制度。"1910年丧失国权之后日本的朝鲜总督府全面着手进行作为日帝殖民统治的不可缺少的工具的刑事司法制度的再编，将此业务与前面看到的犯罪即决例进行联系。在1912年通过全面改正《朝鲜总督府裁判所令》，制定《朝鲜刑事令》，制定《朝鲜笞刑令》等三项立法，逐步确立作为殖民地统治的刑事司法制度的体系。只不过依用1890年的日本刑事诉讼法，即所谓的明治刑事诉讼法的1912年的《朝鲜刑事令》，随着1922年的所谓称为大正刑事诉讼法的日本刑事诉讼法的全面改正致使朝鲜刑事令也得到全面改正……"①日本刑事诉讼法基本上借鉴了德国刑事诉讼法，因此，这一时期朝鲜半岛的刑事司法制度总体上呈现出了职权主义诉讼模式的特点。1945年"二战"结束后，朝鲜半岛结束了长达35年的日本帝国主义的殖民统治，"三八线"以南在经过了3年的美国军政管理之后，于1948年8月，建立了大韩民国。但当时除了宪法之外，还没有出台其他部门法。为了加快立法进程，韩国政府设置了法典编纂委员会，专门负责民法、刑法等的基本法律的制定工作，其中推进最快的就是刑法与刑事诉讼法的编纂工作。其理由是，如果不及时废除作为日帝殖民地期间的刑法和刑事诉讼法，那么大韩民国

① [韩]金柄权：《中韩检察制度之比较研究——机构与刑事诉讼中的权限为中心》，中国政法大学2001年博士学位论文，第24页。

就无法对外称为名副其实的独立国家。“从1945年到1962年的法制发展属于法制形成期。”①这一时期的法制建设重点首先是要清理日本殖民统治时期的法律，然后是起草新法。“根据1947年6月发布的南朝鲜过渡政府行政命令第3号，设立了法典起草委员会，进行有关法律的制定与修改工作。”②“到了1948年4月，完成了基本法典的起草纲要，为主要部门法的制定提供了统一的立法基础。”③“1948年8月，根据总统会第4号设立了法典编纂委员会，负责起草民事、商事、刑事等基础法典与其他诉讼方面的法典。”④“就法律体系而言，韩国法制的现代化进程到了1961年后基本完成。因为到了1961年，调整社会生活的基本法律已经制定。以宪法为基础的基本法律，即民法、刑法、民诉、刑诉、家族法、司法法等法律以其不同的形式调整社会关系。”⑤“从法制基本目标的提出到基本法制的形成，大体上花了16年的时间。”⑥

在刑事诉讼立法方面，韩国法典编纂委员会在清理日本法的同时，又采纳了以日本刑事诉讼法为基础的方针。但需要注意的是，韩国所采纳的并非1948年《日本刑事诉讼法》，而是“二战”前在朝鲜半岛既存的刑事诉讼法。之所以采取这种做法，背后也蕴涵着新生国家法律起草者的一番苦心。因为1948年《日本刑事诉讼法》变化较大，在刑事诉讼法构成中包含了一些诸如起诉状一本主义、诉因等新的法律概念，这些新的变化可能会为建国初期的韩国法院、检察院的工作人员带来困惑。因此，韩国在刑事诉讼立法方法上，采取了先维持已习惯的既存刑事诉讼制度，在此基础上，增加了人身保护制度等内容，并于1954年9月23日，正式通过了《韩国刑事诉讼法》(法律第341号)。该刑

① 韩大元:《韩国法制现代化过程述略》，载《法制现代化研究》(第2卷)，南京师范大学出版社1996年版。

② 同上。

③ 同上。

④ 同上。

⑤ 同上。

⑥ 同上。

事诉讼法出台后，又先后进行了多次修改，分别是：1961 年 9 月 1 日（法律第 705 号）；1963 年 12 月 13 日（法律第 1500 号）；1973 年 1 月 25 日（法律第 2450 号）；1973 年 12 月 20 日（法律第 2653 号）；1980 年 12 月 18 日（法律第 3282 号）；1987 年 11 月 28 日（法律第 3955 号）；1994 年 12 月 22 日（法律第 4796 号）；1995 年 12 月 29 日（法律第 5054 号）；1997 年 12 月 13 日（法律第 5435 号）；1997 年 12 月 13 日（法律第 5454 号）；2002 年 1 月 26 日（法律第 6627 号）。

比较而言，2007 年 6 月 1 日颁布的《韩国刑事诉讼法》修改幅度最大，修改内容几乎覆盖整个刑事诉讼法，更加突出人权保障理念，融入诸多当事人主义刑事诉讼的元素。主要修改内容：（1）原则上允许辩护人参与侦查机关对犯罪嫌疑人的讯问过程，这不仅包括羁押的犯罪嫌疑人，同时也包括未被羁押的犯罪嫌疑人。不仅是律师可以作为辩护人参与讯问过程，甚至犯罪嫌疑人的法定代理人、配偶、直系亲属或兄弟姐妹等，也都允许以辩护人的身份申请参与讯问过程。（2）更加明确犯罪嫌疑人、被告人沉默权的规定。明确规定检察官或司法警官讯问犯罪嫌疑人时，应首先告知其享有拒绝陈述的权利，即使不陈述也不会对其产生不利的影响；如果放弃不陈述权利，那么其所作的陈述将会成为法庭上的指控证据；告知犯罪嫌疑人在接受讯问时，可以申请辩护人参与并为其提供法律帮助；一定要将犯罪嫌疑人、被告人对于陈述与不陈述权的表态明确记录在卷。（3）强化对辩护权的保障，赋予被告人在诉讼过程中可以查阅或复印有关材料或证据的权利。（4）取保候审形式多样化，由过去单一保证金形式发展到除缴纳保证金之外，还可以视案件具体情况，采取多种担保手段以达到释放被告人的目的。（5）完善拘留、逮捕是否适当的司法审查制度，将审查对象扩大到令状之外的紧急拘留情况，并对告知义务、审查程序与期限加以了明确规制。（6）完善紧急扣押、搜查、勘验制度，对紧急扣押、搜查、勘验加以了限制性的规定，进一步明确了适用的条件。（7）确立以不羁押嫌疑人为侦查原则的规定。（8）完善以审判为中心的审判程序，引入了庭前准备程序、证据开示制度，进一步明确集中审判及即时宣判原则，强化庭审中口头辩论主义。（9）进一步完善证据制度，突出证据裁判主义,更加强调证人出庭作证制度,非法证据排除规则得到了进一步完善,明确规定法官拥有排除非法证据的裁量权,进一步明确庭外笔录的证据能力,侦查过程引入录音录像制度。(10)强化对被害人的权利保障,规定被害人有获得案件进程的被告知权,加强对被害人法庭陈述权的保障。本次《韩国刑事诉讼法》可以说是在先前数次修改的基础上,所进行的一次规模最大的系统梳理,同时也是融入当事人主义元素的系统整合,更加彰显人权保障及程序公正理念。

2007 年 12 月 21 日(法律第 8730 号),修改理由:随着 DNA 等科学技术的发展,对已经经过了长时间的证据也仍然可以收集,这无疑有助于发现案件的真相。技术的发展产生了对日益智能化、凶残犯罪进行预防的必要性,所以需要延长公诉时效。在尖端产业领域、知识产权、国际金融等需要其他专业知识的案件中,法官或检察官有必要接受专家的指导来更加充实审判及调查程序。所以需要引进专门审理委员及专门调查咨询委员制度。另外,这是为了改善现行制度的运行中未得到完善的部分。主要修改内容:(1)专业调查顾问制度引入(第 245 条的第 2 项至第 4 项)。(2)公诉时效的延长(第 249 条)。(3)设立专门审理委员制度(第 279 条的第 2 项至第 8 项)。

2009 年 6 月 9 日(法律第 9765 号),修改理由:《韩国青少年性保护法律》改为《韩国儿童、青少年性保护法律》,明确儿童也是法律的保护对象。制定以儿童、青少年为对象的类似性交行为、引诱性买卖行为的处罚规定,以及以威胁等方式强迫性犯罪被害人及保护人达成协议的行为的处罚规定。强化对儿童、青少年的性保护的同时,考虑儿童、青少年性犯罪者的再犯可能性,按照犯罪的轻重,通过信息通信网公开性犯罪者的个人信息。提高对儿童、青少年性犯罪的警惕,完善两罚规定[①]。为确保义务的实效性,新设罚款等制度,完善制度的缺陷。主要修改内容:(1)《韩国青少年性保护法律》改为《韩国儿童、青少年性保护法律》,以儿童、青少年为对象的类似性交行为处 3 年以上有期徒刑(第 7

① 两罚规定:对违法行为,除了处罚行为者之外,还处罚其业务主体——法人或者个人。

条第 2 项)。(2)引诱或劝诱儿童、青少年做性买卖的处 1 年以下有期徒刑或者 1000 万元(韩币)罚款(第 10 条第 2 项)。(3)向儿童、青少年有关机关的掌管检察官提出侵权丧失请求等要求的,接受该要求的检察官需要通报该有关机关、设施或者团体其处理结果(第 14 条第 2 项)。(4)以暴力或胁迫等方式强迫以儿童、青少年为对象的性暴力犯罪的被害人及其监护人达成协议的,处 7 年以下有期徒刑(第 17 条)。(5)法人或者个人为了防止其代理人、使用人及其他员工的违法行为而投入不少精力和监督的不给予处罚(第 20 条)。(6)在信息通信网上公开犯罪情节严重或者有再犯可能性的以儿童、青少年为对象的性犯罪者的个人信息的决定,法院需要跟性犯罪案件的判决结果同时宣告(第 38 条第 1 项)。(7)被判有期徒刑或被判为治疗监护的以儿童、青少年为对象的性犯罪者,在其刑罚或治疗监护的全部或者部分执行终止或缓刑、免刑之日起 10 年内,不得在儿童、青少年等教育机构工作(第 44 条第 1 项)。(8)举报义务人发现以儿童、青少年为对象的性犯罪事实,但没有向调查机关报案的,处 300 万元(韩币)以下罚款(第 49 条第 3 项)。

2011 年 7 月 18 日(法律第 10864 号),修改理由:提高调查机关的责任感,最小化被害人、被告人的人权侵害,调整现行法来实现调查现实和法律规定互相符合,并且通过互联网等电子方式可以阅览已经确定的刑事案件的判决书和证据目录等,即提高对判决书等的接近性,从而使裁判的公开原则得到实质性保障。主要修改内容:(1)任何人都可以通过网络等方式阅览已确定的刑事案件的判决书和证据目录,但在判决书上记载的个人信息采取保护措施(第 59 条第 3 款新设)。(2)在法院的没收、搜查的条件中,添加了与被告案件的相关性(第 106 条第 1 项、第 107 条、第 109 条)。(3)明示对信息储存媒体等的没收的范围和方法,告知信息主体其相关事实,并在令章中明示签发日期等,完善有关对电子通信的没收、调查制度(第 106 条第 3 项、第 4 项,第 114 条第 1 项)。(4)明确规定司法警察的搜查权和检察官对司法警察的调查指挥权(第 196 条)。(5)调查机关的没收、搜查、验证条件中,增加发现疑似被告人犯下的可疑罪行的情况(第 215 条)。(6)没收物品的所有者、持有者提出申请时,调查机关归还或者临时归还扣押物,并整理现有的准用条款(第218条第2项,第219条)。(7)裁定申请对象扩大到《韩国刑法典》第126条[①]所规定的告发案件,并且不得违背被公布者所明示的意见(第260条第1项)。

2011年8月4日(法律第11002号),修改理由:实行儿童综合实际状况调查,以其结果为基础制定、实行儿童政策基本计划;为了预防儿童遭到虐待,可以播放以教育儿童虐待行为者为目的的宣传视频;制定有关稳定推进儿童福利服务的根据及有效履行儿童政策的政策基础,其目的在于通过增进儿童福利,使儿童健康幸福成长。主要修改内容:(1)为了制定以需求者为中心的政策,保健福利部长官每5年对儿童的养育及生活环境、语言及认知发育、情绪及身体健康、儿童安全、虐待儿童等儿童的综合实际情况进行调查,并将调查结果作为制定儿童政策的基础资料。(第11条)(2)扩大"禁止行为"的范围,除拥有正当权限的中介机关以外,将介绍儿童养育并获取金钱或承诺索取金钱的行为包括在禁止行为的范围中。(第17条)(3)扩大可以请求宣告丧失亲权的对象及监护人选任的对象范围。(第18条至第20条)(4)保健福利部长官制作关于预防和防止虐待儿童、教育虐待儿童行为者的教育等宣传视频后,可以向地上波广播事业者要求在非营利性公益广告编制比率的范围内按频道播放宣传视频。(第24条)(5)举报义务者的辅修教育课程中增加包含与预防虐待及举报义务相关的教育内容,并发放有关举报程序和方法等的使用说明书,以便举报义务者能够及时地应对虐待儿童的情况。(第25条及第26条)(6)出动儿童虐待现场时,侦查机关及儿童保护专门机关的咨询员随行;儿童保护专门机关职员出动时,禁止虐待行为人进行暴力、威胁及拒绝调查等妨碍行为,加强儿童保护及消除危险因素。(第27条)(7)儿童保护专门机关的负责人为了确保儿童的安全和防止二次虐待以及维持健全的家庭机

---

① 《韩国刑法典》第126条规定:"检察官、警察及其他履行有关犯罪调查的人、监督人、辅助的人,在履行其职务的过程中,在公判请求前公布其被疑事实的,判处3年以下有期徒刑或者5年以下资格停止。"

能等，向包括受害儿童及监护人在内的受害儿童的家属提供咨询、教育及医疗和心理上的治疗等必要支援；儿童保护专门机关的负责人在儿童虐待情况结束后，通过家庭访问、电话咨询等，确认是否出现二次虐待行为。（第28条及第29条）

2012年12月18日（法律第11572号），修改理由及主要内容：删除在公共场所的性骚扰、利用通信媒体的淫乱行为等被规定为“反意思不罚罪”[①]的条款，明确规定利用儿童、青少年的淫乱物的范围和携带概念，扩大因饮酒或药物而减免排除规定的适用对象。为了解决个人信息注册及公开等有关部门的重复问题，注册相关事项由法务部长官执行，并在该法中删除相关条款。公开范围从邑、面、洞[②]扩大到街道名称和建筑物号码，并且在邑、面、洞的公告栏上公示个人信息等扩大个人信息公示范围。并且扩大性犯罪者的就业限制机关，强化对性犯罪者的管理。另外，改善现行制度的运行上出现的不足点。

2013年4月5日（法律第11731号），修改理由及主要内容：2000年12月13日，韩国签署了《联合国打击跨国有组织犯罪条约》及《联合国打击跨国有组织犯罪条约关于预防禁止和惩治贩运人口特别是妇女和儿童行为的补充议定书》两项旨在国内履行的立法。通过反映协议及协议书上的立法义务事项，制定对犯罪团体及犯罪集团的存续和维持行为的处罚规定。另外，升格对犯罪团体或集团的收入源——赌博场所的开设或福票发卖[③]的处罚的法定刑。并且新设各种以剥削为目的的人身买卖罪，扩大人身买卖的处罚范围，进而在有效防止、消除国际组织犯罪的同时加强国际合作。

2014年5月14日（法律第12576号），修改理由及主要内容：2010年4月20日，大法院“2010（都）759全员合议体决定”虽然提出了上诉理由书，但其上诉理由书没有包含《韩国刑事诉讼法》第383条各项所规定的上诉理由，所以根据《韩国刑事诉讼法》第380条的规定驳回

---

① “反意思不罚罪”：如果受害人表示不愿意处罚加害人，就不能进行处罚。

② 邑、面、洞：韩国行政区域单位。

③ 福票发卖：是指私自发行福利彩票、发卖中介或者违法取得时成立的犯罪。

上诉。如上全员合议体决定后，在不少刑事上诉案件中发生由于上诉人在上诉理由书中没有明确记载合法的上诉理由而被驳回上诉的情况。所以，把如上全员合议体决定的主旨明文规定到《韩国刑事诉讼法》中，并促进上诉理由书中记载合法的上诉理由。这是为了实质性保障上诉人的上诉审查权利，同时防止上诉的滥用。

2014 年 10 月 15 日（法律第 12784 号），修改理由：法院对刑事被告人进行拘留前，根据事前听证程序，要告知被告人犯罪事实、拘留的理由和选任辩护人的权利，赋予其辩护机会。根据《韩国刑事诉讼法》第 136 条、第 167 条和第 175 条，法院的扣押搜查、法庭外的证人审问、鉴定是有其合法规定的，但有关拘留前事前听证程序没有任何规定。即使受命法官进行听证程序，也不会对被告人的权利保障造成任何影响。由于裁定合议部案件的增加，受命法官履行事前听证程序的必要性也随之增大，所以有必要制定有关规定。主要修改内容：(1)法院制定以受命法官按照《韩国刑事诉讼法》第 72 条的规定进行事前听证程序为内容的规定（第 72 条第 2 款）。(2)为了完善法律条文体系，删除《韩国刑事诉讼法》第 80 条中涉及第 72 条内容的部分（第 80 条）。

2014 年 12 月 30 日（法律第 12899 号），修改理由：为了保障被判无罪的被告人的权利，统一延长无罪判决费用赔偿请求期限和刑事赔偿请求期限。同时，为了改善对残疾人的社会认识，把“身心障碍者”用语改为“身心障碍人”。主要修改内容：(1)确定无罪判决费用赔偿请求期限为认知其无罪判决事实之日起 3 年，从确定判处无罪之日起延长至 5 年（第 194 条第 3 款第 2 项）。(2)“身心障碍者”改为“身心障碍人”（第 438 条第 2 项第 1 号、第 2 号）。

2015 年 7 月 31 日（法律第 13454 号），修改理由：为了保障残疾人等人的防御权，可以充当辅助人的范围包括与被告人、嫌疑人有信赖关系的人。并且根据宪法法院的违宪决定（2011 年违宪法律审判案件 36）的宗旨，删除检察官对法院下达停止执行拘留决定的立即抗诉权。废止杀人犯罪的公诉时效，保护受害者的人权和国民的生命。并且为了提高刑期停止执行的可信度和透明度，制定关于在各地方检察厅设置刑期停止执行审议委员会的相关法律。根据宪法法院的宪法不合致决定(2008 年违宪法律审判案件 13)的宗旨,在宣告判决结果后的刑期中包含判决确定之前的拘禁日期全部。主要修改内容:(1)没有辅助人或者辅助人因障碍等原因不能履行辅助人义务的,与被告人或者被害人有信赖关系的人可以作为辅助人(第 29 条第 2 项)。(2)删除检察官对法院的停止执行拘留决定的立即抗诉权(删除第 101 条第 3 项)。(3)废除杀人犯罪的公诉时效(排除从犯)。该法施行前执行的犯罪,其公诉时效在该法施行时未到期的同样适用(第 253 条第 2 款,附则第 2 条)。(4)为了审议第 471 条第 1 项第 1 号的刑期停止执行及其延长事项,在各地方检察厅设置刑期停止执行审议委员会(第 471 条第 2 款新设)。(5)在宣告判决结果后的刑期中包含判决确定之前的拘禁日期全部(第 482 条第 1 项)。

2016 年 1 月 6 日(法律第 13720 号),于 2016 年 1 月 6 日开始实施。修改理由:制定有关法律规定来提供罚款等有关财产刑的分期付款、延期付款及信用卡、借记卡等可以通过代缴机构缴纳的根据。并且对裁定申请的驳回判决可以立即进行抗诉。如果有裁定申请,直到确定裁定决定为止,停止其公诉时效。主要修改内容:(1)罚款、附加费用、追征费、诉讼费用、缴纳费用或者费用赔偿的分期缴纳、延期缴纳等通过代缴机构来缴纳等方法中所需的事项需通过法务部命令来确定(第 477 条第 6 项新设)。(2)对裁定申请的驳回判决可以立即进行抗诉(第 262 条第 4 项全段)。(3)如果有裁定申请,直到确定裁定决定为止,停止其公诉时效(第 262 条第 4 款第 1 项)。

2016 年 1 月 6 日(法律第 13722 号),于 2017 年 7 月 7 日开始实施。修改理由及主要内容:通过军事法院的独立及军事司法制度的有效运营,为了保障国民接受迅速、公正的裁判的权利,缩减设置普通军事法院的部队等。普通军事法院原则上由 3 名军事法官组成,只有在例外情况下才能将审判官指定为裁判官。限制管辖官减轻刑罚的对象和范围等,改善现行军事裁判运营上出现的问题点。

2016 年 5 月 29 日(法律第 14179 号)于 2016 年 5 月 29 日实施。修改理由:由于由法院保管的诉讼相关文件等没有任何有关阅览、复印的限制性规定,由此导致受害人或证人有可能会暴露且陷入报复性犯罪的危险之中。因此,对与诉讼案件相关文件的阅览和复制等,需要制定与案件关系人个人信息公开有关的限制性法律规定。另外,随着电子通信技术的飞跃发展,通过电脑等各种信息储存媒介储存信息已成为日常化,况且,认定犯罪事实的证据并非纸质文件,相当大的一部分往往表现为电子信息形态的数字化证据,"陈述书"和"数字证据"的真正成立①是"基于科学分析结果的数字取证及鉴定等客观方法"。目的是明确在由非被告人制定的情况下,如何保障被告人的反询问权。还有就是现行法律为了恢复重审中被判无罪的被告人的名誉,需要公告其判决结果,但由此也会导致被判无罪被告人的私生活或者其人格、名誉受到损害。因此,如果被告人等申请不公开重审无罪判决结果的,就应当不予公开。主要修改内容:审判长认为有可能会对受害人、证人等案件关系人的生命或人身安全有危害的,可以在诉讼中相关案件资料阅览、复制前,对案件相关人的姓名等个人信息采取保护性措施(第35条第1项、第2项、第4项)。在第313条第1项正文中,陈述书(包括被告或非被告人所制作的、以陈述为内容的文字、图片、影像等信息在内的电脑用磁盘,以及其他类似信息储存媒介里储存的信息)的制作人在公审准备或公审之日否认其真正成立性时,如通过用于科学分析结果的数据取证及鉴定等客观方法,可以证明其真正成立时,可以将其认定为证据。对非被告人所制作的陈述书,被告人或律师在公审准备或公审之日,可以针对其记载内容询问制作人(第313条及第314条)。如果被告人等申请重审且提出不公开被判无罪结果的,则不予公开(第440条)。

2017年12月12日(法律第15164号),于2017年12月12日实施。修改理由及主要修改内容:现行法律规定,不是由公务人员制作的文书和法院为了传唤被告人发布的传唤书都必须记名盖章。② 对刑事诉讼文书本人确认方法的要求方面,不能要求非公务人员制作文书的

---

① 真正成立:是指确认一些文件或者事实的真实性。

② 记名盖章:是一种记载姓名、加盖印章的行为,是一种表示行为者的同一性的手段。记名盖章可以由其他人代替行使。

确认方法必须与公务人员制作文书的确认方法完全一致。随着签名在日常生活中的普遍化,在向政府机关提交的法律文书本人确认标识中,除了印章或指章外,通过签名方式来确认的必要性也就越来越大。所以法律作出相应调整,明确非公务人员制作的文书及作为传唤书本人确认的方法中,除记名盖章之外,也允许签名。

2017 年 12 月 19 日(法律第 15257 号),于 2017 年 12 月 19 日实施。修改理由及主要内容:考虑被告人正式审判请求权的萎缩,将现行的"禁止不利益变更"[①]改为"禁止刑种向上"[②]。另外,还提高了量刑时要记载量刑理由的要求。

2019 年 12 月 31 日(法律第 16850 号),于 2019 年 12 月 31 日实施。修改理由:2018 年 4 月 26 日,宪法裁判所明确在搜查之前,不区分是否存在难以签发拘捕令的紧急情况,只要犯罪嫌疑人有所在的可能性,在没有拘捕令的情况下,可以立即搜索他人居所等,这实际上违反了宪法第 16 条规定的令状主义,因此,是属于不符合宪法的决定。另外,2018 年 12 月 27 日,宪法裁判所决定的提出及时抗诉[③]的时间过短,这实际上很难进行,由此导致该项制度只能成为形式上的权利宣告,实质上最终还是对审判请求权的一种侵害,也是属于不符合宪法的决定。因此,根据必须与宪法保持一致的宗旨,需要调整刑事诉讼法的相关规定。主要修改内容:(1)在没有拘捕令的情况下,进行搜查他人居住等情况时,须有难以事先得到搜查令的紧急情况(第 137 条及第 216 条第 1 款第 1 项)。(2)及时抗诉及准抗告的提出期限从现行的 3

① "禁止不利益变更":被告人请求正式审判的案件,不能宣告比略式命令更为严厉的刑种。(略式命令:不经过公审程序,只凭书面审查,地方法院收取罚款或者没收财产的命令。)因此,以略式命令被判罚款的被告人即使请求正式审判,也不会被判有期徒刑。所以要求正式审判的人逐渐增多,导致了对该条款的滥用,加重了上诉审的负担。

② "禁止刑种向上":《韩国刑事诉讼法》第 457 条第 2 款第 1 项规定,被告人请求正式审判的案件,不能宣告比略式命令更为严厉的刑种,如在同样的罚款刑范围内,则可以判处更重的罚款金额。

③ 及时抗诉:(在韩国称为即时抗告)根据韩国诉讼法上的规定,在一定的不变期间内需要提起的抗诉。及时抗诉原则上具有停止执行的效力(《韩国民事诉讼法》第 447 条、《韩国刑事诉讼法》第 410 条)。

天延长至7天(第405条及第416条)。

2020年2月4日(法律第16924号),于2021年1月1日实施。修改理由:根据2018年6月21日法务部部长和行政安全部部长发布的《检察官、警察调查权调整协议书》,为了让检察官和警察为保护国民的安全和人权互相合作,使调查权始终为保障国民而有效行使。主要修改内容:(1)检察官和司法警察在进行搜查、提出公诉及支持公诉时,需要互相协助(第195条新设)。(2)删除关于警务官、总警、警正、警卫所做的所有调查需要接受检察官指挥的有关规定等,警务官和总警等认为有犯罪嫌疑时,可以调查犯罪人、犯罪事实及相关证据(第196条)。(3)关于是否提起公诉或支持公诉,检察官在必要时,可以要求司法警察官进行补充调查,司法警察官在没有正当理由的情况下,应立即执行(第197条第2款新设)。(4)检察官在司法警察的调查过程中,如有涉嫌违反法令、侵犯人权或滥用调查权的事实举报或认识到有这一事实的情况下,可以要求司法警察官提交事件记录副本。接到事件记录副本的检察官可以向司法警察官要求纠正措施,检察官在司法警察官没有正当理由不履行纠正措施时,可以要求其将案件移交给检察官(第197条第3款新设)。(5)检察官在调查与司法警察官相同的犯罪事实时,可以要求司法警察官移交案件,接受要求的司法警察官应当毫不犹豫地将案件移交给检察官。检察官在申请拘捕令之前,对于同一犯罪事实,司法警察官已经申请拘捕令的,可以继续调查与该拘捕令相关的犯罪事实(第197条第4款新设)。(6)如果检察官在没有正当理由的情况下,没有向法官申请拘捕令,司法警察官可以向有管辖权的高等检察厅提出拘捕令申请审议,而且为了审议拘捕令,各高等检察厅设立了由外部委员组成的拘捕令审议委员会(第221条第5款新设)。(7)司法警察官在调查犯罪时,如果犯罪嫌疑已被认定,就应向检察官移送案件,除此之外,还要将明示理由的书面、相关文件和证物送交检察官(第245条第5款新设)。(8)司法警察官在未将案件移交检察官时,应当以书面形式向控告人、告发人(举报人)、受害者或其法定代理人告知案件不移交给检察官的宗旨及其理由(第245条第6款新设)。(9)接到司法警察官不将案件移交给检察官通知的人,可以向该司法警察官所属官署的负责人提出异议申请,司法警察官在收到异议后,应立即将案件移交给检察官(第245条第7款新设)。(10)检察官如认为司法警察官没有移交案件是违法的或不正当的,可以书面形式明示其理由,要求司法警察官重新进行调查,司法警察官一旦接到要求,就必须重新调查案件(第245条第8款新设)。(11)特别司法警察官应接受检察官对所有调查的指挥(第254条第10款新设)。(12)对于检察官制作的犯罪嫌疑人审问调查书(以合法的程序和方式制作的),在公审准备或公审期内,只有被告人或辩护人承认其内容时,才可以作为证据(第312条)。

## 二、混合式刑事诉讼模式

从刑事诉讼立法进程来看,韩国刑事诉讼模式经历了由职权主义诉讼模式到混合式诉讼模式的演进过程。在日本殖民统治时期,日本的刑事诉讼法被强行植入了朝鲜半岛,从总体上来看,日本的刑事诉讼法也不是自我创制的,而是更多地借鉴了德国的刑事诉讼法,因此,该时期的刑事诉讼模式呈现为职权主义刑事诉讼模式。"二战"结束后,韩国又经历了3年的美国军政管理时期,在此时期,通过美军政令的方式,在刑事诉讼中融入了部分当事人主义因素,尤其是在人权保障及被告人参与权等方面有所强化。1954年《韩国刑事诉讼法》出台过程中,在对日本殖民时期的法律进行清理的同时,又对原有法律进行了沿用,就1954年《韩国刑事诉讼法》的基本架构和内容来看,基本上还是沿用了日本殖民统治时期的刑事诉讼法,而并未采用融入诸多当事人主义元素的1948年《日本刑事诉讼法》,因此,刑事诉讼模式总体上仍然呈现出了以职权主义诉讼模式为主的特征。

1954年《韩国刑事诉讼法》出台以后,陆陆续续对其进行了数次修改,修改的目的总体上是逐步彰显人权保障理念,修改的内容也是逐渐融入当事人主义元素,由此形成了现行的职权主义与当事人主义相结合的混合式诉讼模式。正如金柄权所认为:"韩国刑事诉讼法在日本殖民地时代适用日本的旧刑事诉讼法,在1945年解放以后过渡政府时期以美军政令为基础采纳吸收了英美法系的当事人主义因素,尤其是在人权保障方面力图修改职权主义和官僚主义色彩浓厚的日本旧刑事诉讼法,而在刑事诉讼程序上力图民主化。此后经过9次的部分修改产生了现在的刑事诉讼制度。考察现在的刑事诉讼法的职权主义及当事人主义的因素,职权主义的因素中有法院的审问被告人职权、依靠职权调查证据、审判长依职权审问证人及审问程序变更权、向检察官要求公诉状变更权、自由心证主义、法院的诉讼指挥权、对于检察官的公诉状变更法院的许可等;当事人主义的因素中有公诉事实的特定、公诉状一本主义及公诉状变更、检察官和被告人的公判庭出席权、当事人的证据申请权、传闻法则等。综合考察现行刑事诉讼法的全部,可以看出它是以大陆法系的职权主义为基础,吸收英美法系的长处并加强当事人主义、公判中心主义的一种折中构造。"①虽然在刑事诉讼法发展过程中,也曾出现过波折甚至是后退,但总体上的发展趋势并未改变。"在1973年1月25日的第三次修改中人权保障的宗旨虽有些后退,但从整体上看,人权保障仍向扩大的方向发展着。"②因此,"目前韩国的刑事诉讼法是以职权主义的诉讼构造为根基,但也采取当事人主义被大幅引入的折中主义的诉讼构造,特别能够强烈体现当事人主义要素的领域就是公判程序"③。

### 三、儒家刑事司法模式在韩国的传承

#### (一)以促进社会和谐为终极司法价值取向

儒家思想的核心是要实现和谐社会,其他所有一切都要围绕这一目标而展开。在儒家刑事司法模式之下,刑事司法作为惩治犯罪的一种国家活动,其价值取向必然要与整体思想保持一致,从这个意义上来讲,刑事司法并不是单一的惩治犯罪的活动,而是促进社会和谐的一个重要组成部分,因此,刑事司法的终极价值取向就是要实现社会和谐。对此,韩国沈羲基教授认为:"在儒教社会中刑事司法不是自成一体的,而是作为促进社会和谐的一种手段,属于全部社会体系的一部分。刑者弼教、刑者辅治是儒家刑事司法的代表思想。这里的'治'和'教'

---

① [韩]金柄权:《韩国刑事诉讼制度简介》(上),载《诉讼法论丛》2000年第1期。
② 同上。
③ 同上。

指的是在刑事司法的帮助下(弼、辅)使得全体社会没有矛盾和冲突,营造出一种和谐的社会氛围。对于扰乱(达、犯)平稳和谐社会关系(道、德、礼、治、教)的人施加的制裁方式就是儒教社会的刑事司法(刑)。由于刑事司法是维持社会和谐稳定的一种手段,所以当整个社会体系都平稳运行时就没有必要动用刑事司法。同样地,刑事司法的最终目的就是使社会不需要刑事司法(刑期于无刑)。因此,刑事司法绝不是一国政治的根本,而是一国政治的最下策。"①在古代朝鲜时期,就一直将儒家思想作为治国思想,刑事司法就是典型的儒家刑事司法模式。虽然在刑事法律制度方面,古代朝鲜基本上仿效了中国古代时期的法律制度,但在对儒家思想的尊重方面,古代朝鲜较中国更为坚持,甚至在明朝时期,儒家思想对中国刑事司法影响相对弱化的情况下,古代朝鲜在借鉴《大明律》时,也并未一味地模仿,而是采取了以儒家思想为统领的选择性借鉴,在刑事立法与司法实践中,将儒家思想贯彻到底,形成了典型的儒家刑事司法模式。步入近现代社会以后,近代朝鲜虽然深受日本殖民统治及西方法律制度的影响,刑事司法制度在外在形式上发生了较大变化,但在思想层面上,儒家思想却从未退出,一直影响着刑事司法制度的价值取向。正如沈羲基教授所言:"近代朝鲜的新儒学刑事司法的基调500年中几乎没有动摇的流传下来了,现代韩国的刑事司法虽然融合了许多西方和日本的刑事司法制度,但儒家刑事司法制度的影响力也一直持续着。"②儒家思想对韩国刑事司法制度的影响并非没有遇到挑战,进入现代社会以后,随着韩国社会的工业化、信息化和国际化进程的不断加快,刑事司法问题渐渐成了国家政治所主要关心的本务,而儒家刑事司法模式的思想就变得有些不合时宜,以儒家刑事司法这种消极的姿态去解决现代社会中激增的抢劫

---

① 한국문화(韓國文化)와 형사사법제도(刑事司法制度)–신유학적(新儒學的)형사사법제도(刑事司法制度)의 공과(功過)와 그 장래(將來)에 대한 전망(展望) 심의기한국형사정책연구원 | 형사정책연구 | [1996년].[韩]沈羲基:《韩国文化和刑事司法制度:新儒学的刑事司法制度的功过和对其将来的展望》,载《刑事政策研究》(韩国刑事政策研究院),1996年第7卷第4号,第55页。

② 同上书,第66页。

和性暴力犯罪问题是很困难的。另外,还有来自个人价值观的冲击。韩国的新生代已经失去了在父权家长制模式中接受监护和保护的兴趣。对这些人来说,就算知道家长制的保护和训诫能给他们自身带来好处,他们也拒绝这种实惠和恩典,而是在个人主义价值观的支配下,选择优先保护个人隐私权。如果家长制干涉了他们个人理想和自我价值的实现,那么他们就已经做好了和家长甚至是与国家战斗的准备。而这无疑对儒家刑事司法模式的有效实施也造成了障碍。上述冲击虽然对儒家思想在韩国社会中的地位产生了一些影响,但就实质而言,儒家思想已经融入韩国社会的方方面面,从重家庭伦理到提倡孝文化,从重祭祀文化到弘扬传统风俗节日,从重家训、家风的塑造到注重大、中、小学校中的儒家教育,从威权政治到家庭式经济管理模式,无不折射出以儒家思想为主导的社会管理模式。也正是在儒家思想的统领下,即使在日本殖民统治时期,近代朝鲜作为独立的国家虽然消亡了,但作为一个拥有主导思想的民族却从未失去自我。也正是在儒家思想的统领下,即使在西方现代制度全方位涌入韩国的情况下,韩国也从未机械地仿效或照搬,而是在儒家思想的指导下,以我为主地进行辩证地选择和借鉴,在制度层面西方化的同时,却从未失去自我,顺利地实现了现代化的转型。也正是在儒家思想的统领下,面临市场经济、国际经济一体化乃至金融危机的冲击时,韩国将企业管理、经济经营家庭伦理化,形成了荣辱与共、患难与共的凝聚力,不仅帮助其渡过了金融危机,而且也实现了韩国经济的腾飞,成就了极具凝聚力的韩国社会,这在倡导个人本位、权利本位、契约主义的国家中,是难以理解和接受的一种现象。在儒家思想和文化的影响下,刑事司法并非国家要务,而是促进社会和谐的有机组成部分。

(二)刑事司法具有教化职能

从法律视角来看,犯罪是危害社会的行为,但从道德视角来看,犯罪是失去礼义廉耻的结果,失去礼义廉耻实际上就是个体失去自我的表现。在儒家看来,每个个体本是性善之人,"善"的含义中具有不失去自我之义,不失去自我实际上就是保持个体自我和谐的应有之义,一个不和谐的个体必然导致不和谐的社会关系,进而导致不和谐的社会。

因此,从儒家思想出发,刑事司法就不是一个简单的定罪科刑的活动,而是一个如何使犯罪人重新找回礼义廉耻之心、如何重回清明安和的理性状态、如何回归社会的教化活动,刑罚只是一个不得已而为之的辅助手段,并非理想选择。正如孔子所云:"子张曰:'何谓四恶?'孔子曰:'不教而杀谓之虐,不戒视成谓之暴,慢令致期谓之贼,犹之与人也,出纳之吝谓之有司。'"①荀子也认为:"故不教而诛,则刑繁而邪不胜;教而不诛,则奸民不惩。"②韩国刑事司法过程中,受儒家思想影响较大,刑事司法带有明显的教化功能。"从近代的观点来看,可以把儒学家看做社会道德规范体系的引领者。儒家刑事司法模式中规定的犯罪行为全部都直接或间接地是违反三纲五常的不伦行为。三纲五常是儒家道德范畴中最典型的道德准则,因此刑罚的首要性质就是对违反三纲五常的行为承担道义上的责任。这里所说的道义上的责任是指行为者如果没有'常人所必须的廉耻'就要受到惩罚,因此儒教社会中教育的目的就是要大众都有礼义廉耻。对于不知礼义和道德的无廉耻者第一阶段的刑罚就是要使其身体上受到伤害和胁迫。但是只有这个阶段是无法阻止行为者的恶行的,因为在刑事司法执行力跟不上的地方刑罚是起不到作用的。比起想如何阻止犯罪者再犯,从根本上改变初犯者的内心才是首要任务。因此,刑罚仅仅是给予身体上的惩罚和屈辱感是不行的,由此引出刑事司法的第二个阶段是通过刑罚找回初犯者的廉耻心,使没有廉耻心的犯人重新具有礼义廉耻。儒家刑事司法模式与法家刑事司法模式最根本的区别是,前者的主要观点是'礼主刑辅',后者的主要观点是强调刑事司法的作用。"③从上述表述可以看出,在儒家刑事司法模式的影响下,韩国在对待刑罚的态度上,不是一

---

① 《论语·述而》。

② 《荀子·富国》。

③ 한국문화(韓國文化)와 형사사법제도(刑事司法制度)–신유학적(新儒學的)형사사법제도(刑事司法制度)의 공과(功過)와 그 장래(將來)에 대한 전망(展望)심의기한국형 사정책연구원 | 형사정책연구 | [1996년]. [韩]沈羲基:《韩国文化和刑事司法制度:新儒学的刑事司法制度的功过和对其将来的展望》,载《刑事政策研究》(韩国刑事政策研究院),1996年第7卷第4号,第56页。

味强调刑罚的惩罚功能,而是将注意力放在刑罚的教化功能方面。因为犯罪人失去礼义廉耻之心,所以要受到惩罚,而惩罚的意义在于使之重新找回礼义廉耻之心。即使对待不需要惩罚的违法犯罪者,司法者也要对其进行教化,防微杜渐,而不是直接释放了之。除此之外,司法部门不仅负有直接教化犯罪者的职能,同时还承载着对社会进行一般教化的任务,以达到一般预防的目的。如沈羲基教授所言:“法务部对‘没有犯罪的村庄’进行表彰等等这些事例都说明了近代朝鲜儒家刑事司法模式在现代韩国的重现。”①

(三)刑事司法伦理化色彩浓厚

在儒家思想的影响下,韩国在形式上不断吸收西方法律制度的同时,又在实质上维护儒家的伦理纲常,无论是刑事实体法、刑事诉讼法,还是在刑事司法实践中,都体现出了伦理化的特征。

1. 注重对亲情的维护

无论是个体和谐还是社会和谐,其最终都是以情感为基础,表现为情感的和谐,因为只有在感情当中,人们才能忘却自我,而去关心他人。在诸情感关系当中,首要的就是亲情关系,人与人之间的和谐首先从亲属间的和谐开始,由近到远,由小到大,逐渐向外推展出去,形成了层层的和谐关系圈,进而形成和谐社会。因此,对亲情的维护不单是个人之间的事情,而且是一个国家的要务。刑事司法作为国家重要活动之一,其价值取向中必然要突出对亲情的维护。

(1)对尊亲属的特殊保护

“尊尊亲亲”构成了儒家伦理思想的核心,在家、国一体的状况下,对尊亲属的维护既是家庭和谐的基础,同时也是社会和谐的前提。韩国在儒家思想的影响下,在刑事立法、司法中,均彰显了对尊亲属的特殊保护。首先,从刑事实体法的规定来看,在同样的犯罪行为面前,对

---

① 한국문화（韓國文化）와 형사사법제도（刑事司法制度）–신유학적（新儒學的）형사사법제도（刑事司法制度）의 공과（功過）와 그 장래（將來）에 대한 전망（展望）심의기한국형 사정책연구원 | 형사정책연구 | [1996년]. [韩]沈羲基:《韩国文化和刑事司法制度:新儒学的刑事司法制度的功过和对其将来的展望》,载《刑事政策研究》(韩国刑事政策研究院),1996年第7卷第4号,第65页。

尊亲属实施的犯罪行为,其处罚要重于其他主体。如《韩国刑法典》第250条(杀人、杀害尊亲属)规定:"(一)杀害他人的,判处死刑、无期惩役或者5年以上的惩役。(二)杀害自己或配偶的直系尊亲属的,处死刑、无期惩役或者7年以上的惩役。"第257条(伤害、对尊亲属的伤害)规定:"(一)伤害他人身体的,处7年以下的惩役、10年以下的资格停止或1000万元以下的罚金。(二)对于自己或配偶的直系亲属实施(一)款罪的,处以10年以下的惩役或1500万元以下的罚金。"第258条(重伤害、对尊亲属的重伤害)规定:"(一)伤害他人身体导致其生命发生危险的,处1年以上10年以下的惩役。(二)伤害他人身体导致残疾或不能治愈或难以治愈的,其刑罚与前款规定相同。(三)对于自己或配偶的直系尊亲属实施前两款罪的,处2年以上的有期惩役。"第259条(伤害致死)规定:"(一)伤害他人身体致其死亡的,处3年以上的惩役。(二)对自己或配偶的直系尊亲属实施前款罪的,处无期或5年以上的惩役。"第260条(暴行、对尊亲属的暴行)规定:"(一)对他人身体施以暴行的,处2年以下惩役或500万元以下的罚金、拘留或科料。(二)对自己或配偶的直系尊亲属实施第(一)款犯罪的,处5年以下惩役或700万元以下的罚金。"第271条(遗弃、遗弃尊亲属)规定:"(一)在法律上或契约上负有保护老幼病残或其他需要扶助人的义务却遗弃的,处3年以下的惩役或500万元以下的罚金。(二)对自己或配偶的直系尊亲属实施第(一)款犯罪的,处10年以下的惩役或1500万元以下罚金。(三)实施第(一)款犯罪致使他人生命发生危险的,处7年以下的惩役。(四)实施第(二)款犯罪致使他人生命发生危险的,处2年以上的有期惩役。"第273条(虐待、虐待尊亲属)规定:"(一)虐待受自己保护或监护的人,处2年以下的惩役或500万元以下的罚金。(二)对自己或配偶直系尊亲属实施前款罪的,处5年以下的惩役或700万元以下的罚金。"第275条(遗弃等致死伤)规定:"(一)实施第271条至第273条犯罪致人伤害的,处7年以下的惩役;致人死亡的,处3年以上的惩役。(二)对自己或配偶的直系尊亲属实施第271条或第273条犯罪致人伤害的,处3年以上的有期惩役;致人死亡的,处无期惩役或5年以上的惩役。"第276条(逮捕和监禁、尊亲属逮捕和尊亲属监禁)规定:"(一)逮捕或监禁他人的,处5年以下的惩役或700万元以下的罚金。(二)对自己或配偶的直系尊亲属实施前款犯罪的,处10年以下的惩役或1500万元以下的罚金。"第277条(重逮捕和重监禁、尊属重逮捕和尊属重监禁)规定:"(一)逮捕或监禁他人并施以苛酷行为的,处7年以下的惩役。(二)对自己或配偶的直系尊亲属实施前款犯罪的,处2年以上的惩役。"第281条(逮捕、监禁等的致死伤)规定:"(一)实施第276条至第280条犯罪致人伤害的,处1年以上的有期惩役;致人死亡的,处3年以上的有期惩役。(二)对自己或配偶的直系尊亲属实施第276条至第280条犯罪致人伤害的,处2年以上的有期惩役;致人死亡的,处5年以上的有期惩役。"第283条(胁迫、尊亲属胁迫)规定:"(一)胁迫他人的,处3年以下的惩役或500万元以下的罚金、拘留或科料。(二)对自己或配偶的直系尊亲属实施第(一)款犯罪的,处5年以下的惩役或700万元以下的罚金。"通过上述立法规定可以看出,刑事立法对尊亲属予以了特殊保护,这与近现代所倡导的"法律面前人人平等"原则有着一定的区别,但在韩国看来,平等并不意味着毫无差别,这种差别对待恰恰是维护一个社会和谐的基础,只有尊卑有序、长幼有序,进而才能实现社会的和谐有序。

(2)对亲属间犯罪行为的包容

同样的犯罪行为如果发生在亲属之间,则会进行区别对待。如《韩国刑法典》第323条(妨害权利行使)规定:"拿走、隐匿或损坏由他人占有或成为他人权利标的的自己物品或电子记录等特殊媒体记录妨害他人行使权利的,处5年以下惩役或700万元以下罚金。"但上述行为如果是发生在亲属或有着特殊关系的人之间,就会有所区别对待。如第328条(亲属间的犯行与告诉)规定:"(一)直系血亲、配偶、同居亲属、同居家属或其配偶相互之间实施第323条犯罪的,免除其刑罚。(二)第(一)款之外的亲属之间实施第323条犯罪的,只有告诉才能提起公诉。"同样的情形还表现在其他项规定当中,如第329条(盗窃)规定:"窃取他人财物的,处6年以下的惩役或1000万元以下的罚金。"第330条(夜间侵入住居盗窃)规定:"夜间侵入他人住居、看守的住宅、建筑物、船舶或占有的房屋窃取财物的人,处10年以下的惩役。”第331条(特殊盗窃)规定:“(一)夜间破坏门窗、墙壁或其他建筑物的部分侵入他人的住居、看守的住宅、建筑物、船舶或占有的房屋窃取财物的,处1年以上10年以下的惩役。(二)携带凶器或2人以上合谋窃取他人财物的,其刑罚与前款规定相同。”第331条之2(非法使用汽车等)规定:“未经所有权人同意暂时使用他人汽车、船舶、航空器或者动力自行车的,处3年以下的惩役或500万元以下的罚金。”第332条(常习犯)规定:“常习地实施第329条至第331条之2的罪,其刑罚加重到其罪所定刑罚的二分之一。”而上述的规定如果是发生在亲属之间,则情况就会完全不同。根据第344条(亲属之间的犯行),“第328条的规定,准用于第329条至第332条的犯罪及其未遂犯。”也就是说,上述犯罪行为如果是发生在亲属之中,则会得到免予处罚的对待,表现出了对亲情的一种特殊维护。类似的规定如第362条(赃物的取得、斡旋等)规定:“(一)取得、转让、运输或保管赃物的,处7年以下的惩役或1500万元以下的罚金。(二)斡旋前款行为的人,其刑罚与前款规定相同。”第363条(常习犯)规定:“(一)常习地实施前条犯罪的,处1年以上10年以下的惩役。(二)对第(一)款的情形,可以并处10年以下的资格停止或1500万元以下的罚金。”第364条(业务上过失、重大过失)规定:“因业务上过失或重大过失实施第362条犯罪的,处1年以下的禁锢或500万元以下的罚金。”上述情形根据第365条的规定,同样可以适用第328条的规定,如第365条(亲属间的犯行)规定:“(一)实施前3条犯罪的人与被害人之间具有第328条第1款、第2款的身份关系的,准用同条规定……”

(3)对亲属间包庇犯罪的宽容

为了维护亲属或家属之间的亲情,韩国刑事司法过程中不以亲情作为惩治犯罪的成本和代价,对亲属或家属间的互相包庇行为采取了宽容的态度。如《韩国刑法典》第155条(毁灭证据与亲属间的特例)规定:“(一)销毁、隐匿、伪造、变造有关他人刑事案件或惩戒案件的证据或者使用伪造或变造证据的,处5年以下惩役或700万元以下罚金。(二)隐匿或帮助逃匿有关他人刑事案件或惩戒案件的证人的,其刑罚与前款规定相同。(三)以谋害被告人、犯罪嫌疑人或惩戒嫌疑人为目的实施本条前2款行为的,处10年以下惩役。(四)亲属或同居的家属为了本人实施本条之罪的,不予处罚。”与之相适应地,刑事诉讼法中也规定了亲属免证权,如《韩国刑事诉讼法》第148条(近亲的刑事责任和拒绝作证)规定:“任何人可以拒绝作出有可能暴露自己或属于下列各号之一的关系人被刑事追诉或被提起公诉或受有罪判决事实的证言。(一)亲属或有过亲属关系的人;(二)法定代理人、监护人。”除了对亲情的维护以外,《韩国刑事诉讼法》中还规定了特殊身份人的免证权,如第149条(业务上秘密和拒绝做证)规定:“律师、辩护人、公证人、注册会计师、税务师、代书者、医师、中医师、牙医师、药师、药材师、助产师、护士、宗教职业者或曾为这些职业者,因其业务上受委托的关系所获知的事实,属于涉及他人秘密的,可以拒绝作证。但有本人允许或在重大公益上有必要的除外。”上述维护亲情的规定表明:“司法的目的是促进社会和谐而不是相反,司法过程中的和谐是整个社会和谐的一个组成部分,这种规定折射出浓浓的儒家‘亲亲相隐’思想。”①

(4)对直系亲属或配偶告诉的限制

为了强化对直系亲属关系的维护,刑事诉讼法中明确规定了对直系亲属不得告诉的内容,如《韩国刑事诉讼法》第224条(告诉的限制)规定:“不得告诉本人或配偶的直系亲属。”这个条款虽然备受质疑,并一度被要求废止,但却一直延续下来,也从另一个视角表明了儒家思想在韩国的重要影响。另外,为了维护配偶间的亲近关系,无论是刑法还是刑事诉讼法,都对配偶间的关系予以了特别保护,如《韩国刑法典》第241条(通奸)规定:“(一)有配偶的人与人通奸的,处2年以下的惩役。与之相奸的,处以相同的刑罚。(二)前款犯罪有配偶告诉的,才能处罚。但是配偶怂恿或宽恕通奸的,不得告诉。”从刑法典中的规定来看,似乎只要是配偶没有怂恿或宽恕,就可以对通奸行为进行告诉,

---

① 尹茂国:《儒家文化对韩国刑事司法模式的影响——兼论对我国的启示》,载《延边大学学报》(社会科学版)2013年第6期。

并进而使通奸者得到处罚。但从刑事诉讼法的规定来看,事情并非如此。根据《韩国刑事诉讼法》第 229 条(配偶的告诉)规定,"(一)刑法第 241 条情况下,如果是解除婚姻或提起离婚诉讼之后,不得告诉。(二)前项情况下,如果恢复婚姻或撤回离婚诉讼时,视为撤回告诉"。刑事诉讼法的规定表明,即使是配偶想告诉通奸,即使是配偶没有怂恿或宽恕通奸行为,也不是想告诉就可以告诉的,必须是在解除婚姻或提起离婚诉讼之后,方可进行告诉,而一旦恢复婚姻或撤回离婚诉讼,就视为是撤回告诉。这种立法规定表明,维护直系亲属或配偶关系是法律的重要价值取向,只要上述关系存在,就不允许互相告诉,以保证亲近关系人之间的和谐。

2. 注重对礼俗的维护

在儒家思想当中,礼不仅是道德的重要表现形式,同时也是使人道德的重要路径,人之有礼是道德的一种表现,而道德之人本应是有礼之人。儒家倡导德主刑辅,以道德为指导并要对道德加以维护,这是儒家刑事司法模式的内在要求。而在诸道德要求当中,对礼的维护是法律的重要价值所在。韩国刑事司法中,突出了对礼俗的维护,尤其是对葬礼、祭礼以及与之相关的内容进行了特别保护,如《韩国刑法典》第 158 条(妨害葬礼等)规定:"妨害葬礼、祭祀、礼拜或说教的人,处 3 年以下惩役或 500 万元以下罚金。"第 159 条(侮辱尸体等)规定:"侮辱尸体、遗骨或遗发的人,处 2 年以下惩役或 500 万元以下罚金。"第 160 条(挖掘坟墓)规定:"挖掘坟墓的人,处 5 年以下惩役。"第 161 条(窃取尸体等)规定:"(一)损坏、遗弃、隐匿或窃取尸体、遗骨或遗发以及棺材内装置物品的,处 7 年以下惩役。(二)挖掘坟墓实施前款规定犯罪的,处 10 年以下惩役。"与上述规定相适应,刑事诉讼法中也对礼俗作出了规定。如《韩国刑事诉讼法》第 141 条(检查身体的注意事项)规定:"……(四)解剖尸体或挖掘坟墓,应当注意礼俗并事先通知其遗属。"

(四)刑事司法的可调和化

犯罪既是对被害人合法权益的侵害,同时也是对国家权威的挑衅,这也正是国家要对犯罪加以惩罚的原因之一。但在儒家刑事司法模式视野中,国家与个人之间并非完全不可调和的敌对关系,一旦犯罪人真诚悔过,对给被害人所造成的损失进行了最大化的补偿,并进而获得了被害人谅解的情况下,国家会对犯罪者予以宽恕处理。因为在国家视野中,犯罪者如同一个犯了错的孩子,如果其已经认识到了自身过错,并能真诚悔过,就应当予以宽大处理,而不是一味惩罚。沈羲基教授对此认为:"在笔者看来,在现代韩国刑事司法的实践中,国家和个人之间不是不可调和的敌对关系。但是不能否认现代韩国也可能存在潜在的个人和国家的对立状态。然而,现代韩国的刑事司法中,个人和国家能够和解的条件已经摆在那里了。能够调解个人和国家关系的契机中最显著的,就是个人对自身所犯的错误毫无保留的自首,以及发自内心的悔悟反省。如果个人对自身所犯错误毫无保留的自首,以及发自内心悔悟反省,现代韩国刑事司法程序中刑事司法的权威人士就会对其进行训诫继而施与恩典,这样个人逃开刑事司法程序的可能性就大大增加了。另外,还有一个显著的事例,就是'对于思想上转变者破格给予特惠的惯例'。"[①]当向国家真诚悔过后,就容易得到宽大处理,而如果犯罪嫌疑人向被害人真诚悔过,尽力弥补给被害人造成的损失,并进而得到被害人谅解的,则国家也同样予以认可并给予充分考虑,比较典型的是韩国刑事诉讼中的刑事和解制度,韩国刑事和解制度主要是根据2010年5月14日通过的《韩国犯罪被害人保护法》(法律第10283号)而确立的。根据该法规定,负责刑事和解的是刑事和解委员会,如第42条(刑事和解委员会)规定:"①为了实行刑事和解制度,在各级地方检察厅及地厅设置刑事和解委员会。②刑事和解委员会由2名以上刑事和解委员构成。③刑事和解委员在具备法律知识等专门性与德望的人员中,由管辖地方检察厅或者地厅长官提前委任。④符合《国家公务员法》第33条规定的人员不能委任为刑事和解委员。⑤刑事和

① 한국문화(韓國文化)와 형사사법제도(刑事司法制度) –신유학적(新儒學的)형사사법제도(刑事司法制度)의 공과(功過)와 그 장래(將來)에 대한 전망(展望) 심의기한국형사정책연구원 | 형사정책연구 | [1996년].[韩]沈羲基:《韩国文化和刑事司法制度:新儒学的刑事司法制度的功过和对其将来的展望》,载《刑事政策研究》(韩国刑事政策研究院),1996年第7卷第4号,第46~47页。

解委员任期为2年,可以连任。⑥刑事和解委员会的委员长由管辖地方检察厅或者地厅长官在刑事和解委员中委任。⑦对于刑事和解委员,可以在预算范围内依法务部令给予津贴,必要时也可以给予旅费、日薪以及住宿费。⑧前7项之外的有关刑事和解委员会的构成与运营以及刑事和解委员的任免等事项,由总统令决定。”刑事和解既可以由公诉人依职权提交,也可以通过当事人申请方式启动。如第41条(刑事和解的提交)规定:“①公诉人为了圆满而公正地解决犯罪嫌疑人与被害人之间存在的刑事纷争,认为采取刑事和解可以恢复被害人遭受的损害的,可以通过当事人申请或者依职权提交刑事和解。②可以提交刑事和解的刑事案件的具体范围由总统令决定。但是,下列各种情况下不能提交刑事和解。1. 犯罪嫌疑人有可能逃走或者隐匿证据的;2. 临近公诉时效的;3. 符合不起诉处分的事由。”除当事人申请以外,检察官依职权可以适用刑事和解的案件包括:(1)民间借贷、工程款、投资资金等因金钱给与产生的诈骗、侵占、渎职等侵犯财产类犯罪案件;(2)侮辱诽谤、侵犯他人知识产权、欠付工资等民间纠纷产生的公诉案件;(3)其他适宜适用刑事和解的刑事案件。刑事和解的程序则主要是依据第43条及第44条、第43条(刑事和解的程序)规定:“①刑事和解委员会应当为达成当事人之间公正而圆满的和解与恢复被害人遭受的损失而努力。②提交刑事和解之后,刑事和解委员会应当马上进行刑事和解。③刑事和解委员会认为有必要时,可以通过与刑事和解结果有利害关系人的申请或者依职权允许利害关系人参与刑事和解。④前3项之外的有关刑事和解程序的事项,由总统令决定。”第44条(相关资料的移送)规定:“①刑事和解委员会可以向提交刑事和解的公诉人要求移送当事人提出的文件、搜查资料以及证据等相关资料的副本。②被要求移送相关资料的公诉人认为相关资料在刑事和解中能起到作用的,可以移送刑事和解委员会。但是,涉及当事人或者第三人的私生活或者名誉的内容可以除外。③当事人可以将与该刑事案件有关的资料向刑事和解委员会提出。④刑事和解委员会在得到资料的提出者或者陈述者的同意之后,可以将其资料供对方当事人阅览或者交付副本。⑤对于相关资料的移送或者提出程序以及阅览等确认方法的事项，由总统令决定。”刑事和解程序结束后，如果达成了和解，刑事和解委员会应将结果移交检察部门，供检察部门处理案件时考虑。如果达不成和解，也应将结果告知检察机构，其结果不能作为对犯罪嫌疑人不利的因素来考虑。如第 45 条（刑事和解程序的结束）规定：“①刑事和解委员会在每次和解时应当以书面记录刑事和解的过程，如果成立刑事和解的，应当书面记录其结果。②刑事和解委员会在和解过程中发现因伪造证据或者虚假证据等事由认定不具有嫌疑的，应当中断和解，移送相关公诉人。③刑事和解委员会在刑事和解程序结束后，将第 1 项的书面资料移送提交刑事和解的公诉人。④公诉人在处理刑事案件时可以考虑刑事和解结果。但是，刑事和解没有成立时，不能将其结果作为对犯罪嫌疑人不利的因素来考虑。⑤刑事和解过程以及记录其结果的书面表格等相关事项，由法务部令决定。”刑事和解制度推行以来，应该说收效良好并得到了社会普遍认可。韩国虽然在起诉方面实行的是“起诉独占主义”，但在诉讼过程中并不过分彰显司法权的刚性，允许犯罪嫌疑人、被害人进行刑事和解，某种意义上可以视为是国家司法权的适度让渡，因为双方一旦达成和解，就会对司法结果产生实质影响，表明了司法并不是一个简单的作出裁判的活动，而是负有促进社会和谐的重要功能，突出了儒家以社会和谐为目标的价值取向。

（五）有明显的“原心定罪”倾向

虽然现代韩国刑事司法模式受到各种力量的冲击，外表已经披上欧美和日本的外衣，但不可否认的是，究其实质还是有相当一部分都是古代与近代朝鲜儒家刑事司法模式的体现。韩国刑事政策受检察机关影响较大，检察官起诉裁量权的运行模式某种意义上就是韩国刑事司法权运行模式的一个缩影，下面仅以检察官起诉裁量权为例，来说明韩国刑事司法过程中“原心定罪”的一些表现。

现代韩国检察官在作出暂不起诉决定时，要事先填写固定样式的《暂不起诉理由书》。表 4－1 是以 703 份《暂不起诉理由书》为调查对象而统计出来的参考事项的使用频率。

**表 4－1　703 份《暂不起诉理由书》中各参考事项使用频率**

单位：回

| 参考事项 | 份数 | 参考事项 | 份数 |
|---|---|---|---|
| 未成年人 | 62 | 少年 | 32 |
| 学生 | 69 | 固定职业 | 228 |
| 初犯 | 446 | 没有同种性质犯罪的前科 | 155 |
| 轻微个案 | 580 | 意外犯罪 | 326 |
| 动机 | 178 | 损失恢复 | 223 |
| 被害者不愿惩处 | 467 | 自首 | 660 |

资料来源：李載祥、樸美淑：《有关检察官起诉裁量权的研究》。①

表 4－1 中显示现代韩国的检察官在行使起诉裁量权时，首先考虑最多的因素是犯罪嫌疑人“自首”（660 回），其次按顺序依次是“轻微个案”（580 回）、“被害者不愿惩处”（467 回）、“初犯”（446 回）、“意外犯罪”（326 回）。该研究报告虽然列出了影响检察官起诉裁量权行使的各种因素比率，但却没有分析现代韩国的检察官们为什么会形成这种行为模式和价值取向，以及选择这种立场的原因是什么。总体上看，刑事司法目标分为三种：按罪量刑、一般预防、特别预防，特定的刑事司法可能只有其中一种，也可能是两种目标相结合，或者三种目标都具备。但问题是在特定的刑事司法制度中哪一个目标才是最优先的呢？就韩国检察官起诉裁量权而言，按罪量刑主义比重相对较大，而在法官中则特别预防占较大的比重，但从刑事司法整体的立场来看，现代韩国的刑事司法并不比其他国家更突出按罪量刑主义。因为从表 4－1 中可以看出，在暂不起诉的参考事由中，“自首”（660 回）、“初犯”（446 回）、“没有同种性质犯罪的前科”

① 한국문화（韓國文化）와 형사사법제도（刑事司法制度）–신유학적（新儒學的）형사사법제도（刑事司法制度）의 공과（功過）와 그 장래（將來）에 대한 전망（展望）심의기한국형 사정책연구원 | 형사정책연구 | [1996년]. [韩]沈羲基：《韩国文化和刑事司法制度：新儒学的刑事司法制度的功过和对其将来的展望》，载《刑事政策研究》（韩国刑事政策研究院），1996 年第 7 卷第 4 号，第 50 页。

(155 回)、“意外犯罪”(326 回)。对检察官行使自由裁量权也有很大的影响。因为从道义责任来看,刑事司法的最优目标应该是按罪量刑主义。在刑事诉讼进行中审查犯罪嫌疑人能否摆脱诉讼,以上两点参考事由(是否自首和行为者有无人格上的恶意)是至为关键的因素,而这种思考方式和行为模式恰恰是古代与近代朝鲜儒家刑事司法模式的主要标志之一。是否自首直接关系行为人实施危害行为后的认识和态度问题,而自首表明行为人已认识到行为的危害性及违法性,愿意配合司法机关查清事实,主动接受理应承担的法律责任。在客观后果相同的情况下,行为人却得到了不同的法律处理,关键在于主观恶性的弱化。就功利主义司法视角而言,自首者更易于回归社会,因此成为暂不起诉考量的主要情形之一。初犯、没有同种性质犯罪的前科并不意味着没有主观恶性,只是与累犯、惯犯相比较,其主观恶性不是持久或经常的存在,更具有回归社会的可能性,但这不是唯一的衡量标准,情节及后果也是重要的考量因素。意外犯罪实际上就是过失犯罪,行为人主观上并不积极追求行为结果的发生,因此其主观恶性不大,重复犯罪的可能性较小,具有不予刑事处罚的社会基础。“儒家刑事司法模式中也把犯罪行为看作是有形性和有意性的结合,但是在这种模式下有意性比有形性更是犯罪行为的中心。‘原心定罪’就是儒家刑事司法中有意性的体现。这里所说的‘心’是指‘有道义的人都必须具有的廉耻’。‘心’在现代刑法学中指故意或者比故意更窄的概念范围。儒家刑事司法模式中,假如犯人犯的是意外的罪行或者犯人没有‘人格上的恶意’则犯人会得到尽可能宽大的处理。这种模式的观点就是‘眚灾肆赦,怙终贼刑(对于过失和意外事故给予宽宥,对于有所恃而不知悔改的处以死刑)’、‘宥过无大,刑故无小(一时过失,虽大也可以宽恕;明知故犯,虽小也要惩罚)’。在儒教犯罪理论中,共犯中的首犯和主犯会受到更多的惩罚。在这种模式下,犯人如果毫无保留的自首以及真心悔过的话,因为看起来还知道礼义廉耻所以会得到最大限度的宽恕。相反,在儒家刑事司法模式下如果行为者被认为有人格上的恶意,那么这个行为者就会受到严厉的处罚。初犯可以得到宽大的处理,但是对于再犯者来说不管是又犯了同种还是异种罪行都不可以原谅。这是因为对于初犯者要给予他们反省和悔悟的机会，而对于再犯者来说就被认为是行为者没有礼义廉耻。"[①]因此，从总体上看，行为人主观恶性有无及大小是否及如何对其进行处罚的基础，这是比较典型的"原心定罪"的体现，同时也是儒家刑事司法模式的内在要求和外在表现。

（六）恤刑主义

儒家倡导"三纲五常"、家国一体，家是缩小的国，国是放大的家，在举国一家的状况下，个人与国家不是敌对关系，而是家庭成员之间的关系，对待家庭成员的过错自然就不能一味地惩罚，而是教化为先，惩罚只是不得已时的一种辅助手段，由此导致刑事司法具有恤刑的特点。"治理一个国家就像治理一个家庭一样，更何况是治理一个县呢？下面来看治理家庭的例子。（A）有一个家庭的老人，天天对奴婢呼来喝去，用鞭子鞭打自己家族的子弟，把奴婢绑起来殴打。奴婢即使窝藏一分钱也不饶恕，打翻了一碗汤也不原谅。甚至拿着铁槌打他们的肩膀，拿着棒槌打他们的大腿。越是这样，子弟们就越欺骗这个老人，奴婢们就越是偷盗家里的东西。众人聚集在一起辱骂老人，每个人都害怕不知什么时候就挨打。家里上上下下联合在一起欺骗老人。这个老人多悲哀呀，俨然成了个独夫寡人。而家庭被他治理得越来越偏离正轨，非常混乱，最终都不像一个家了，没有任何家法可言。（B）有另一个老人，早晨很早就起来洗漱、梳头、整理衣冠，然后严肃的端坐在那里，等候着家人来问安。家里的事情按照不同的分类分给不同的人去负责，每个人都有每个人的职责。如果有谁干得不好，老人就对他谆谆教导，如果有谁作出丢人的事情来，老人就替他隐瞒，等到独处的时候再招他过来进行惩戒责罚。老人以身作则，自己很勤劳则大家都很勤劳，自己很节俭则众人都很节俭，老人还在恭敬和廉洁方面作为家里的表率。表率

---

① 한국문화（韓國文化）와 형사사법제도（刑事司法制度）–신유학적（新儒學的）형사사법제도（刑事司法制度）의 공과（功過）와 그 장래（將來）에 대한 전망（展望）심의기한국형사정책연구원 | 형사정책연구 | [1996년].[韩]沈羲基：《韩国文化和刑事司法制度：新儒学的刑事司法制度的功过和对其将来的展望》，载《刑事政策研究》（韩国刑事政策研究院），1996年第7卷第4号，第63页。

作用起的好,则事情没有不顺利的。家族子弟都能高雅正直,奴婢们都很恭顺善良,不会做出欺骗和盗窃这种事情。一年到头,庭院里都没有鞭笞的声音,而进入室内,都好像看见和气盈门,感觉就像春风拂面,琴瑟书册,都安然恬淡;草木鸡犬,都茂盛肥硕。不问也知道这里是得道君子的家。通过上面这些可以看出,用声色来感化人民,是最差的选择;用刑罚来教人们走正道,是最下策。自身正直,则百姓都正直,自身不正直即使施与刑罚也不会变正直。自有天地以来,这个道理就一直存在,怎么能够胡乱说呢?儒教刑事司法制度中如果有家族成员不幸违反了法律,不仅仅是这个家族成员本人要承担责任,没有正确的教导他道德和礼仪、没能防止他做错事的家长、家族成员、邻居、地方官甚至是君主都要承担一定的责任。例如,如果经常发生违背伦理道德的犯罪行为的话这个家族的信誉就会暴跌,连周边社会的品格也会降级。君主也必须要反省自身的不德,严重的情况还可能诱发政变。因此,在儒家刑事司法模式下,法官在审理案件时要把犯罪嫌疑人看作是自己家人或者子女一样,站在怜悯他们的角度审判。更进一步说就是法官站在怜悯犯罪嫌疑人的立场,就要在查找对嫌疑人有利的证据方面多倾注心血。近代社会中大多都强调刑罚的谦抑性和最后手段性,儒家刑事司法模式中的刑罚行使也受到最后手段性的影响。但是近代社会中刑罚的谦抑性和补充性是以尊重个人自由的人权保障为追求目标的,与此不同的是,儒家刑事司法模式中刑罚的最后手段性是因为'家族主义中家长制教化的原理'。这里的宽刑主义和恤刑主义是儒家刑事司法模式的标志之一。同样的道理在这种模式下君主经常进行赦免,把监狱清空是君主善政的一种表现。如果君主或者法官不积极地履行这一义务,会被百姓评价为暴君或酷吏。"①虽然现代韩国刑事司法制度大量借鉴了欧美及日本的元素,但在实质方面仍难以摆脱儒家

① 한국문화(韓國文化)와 형사사법제도(刑事司法制度) –신유학적(新儒學的) 형사사법제도(刑事司法制度)의 공과(功過)와 그 장래(將來)에 대한 전망(展望) 심의기한국형사정책연구원 | 형사정책연구 | [1996년].[韩]沈羲基:《韩国文化和刑事司法制度:新儒学的刑事司法制度的功过和对其将来的展望》,载《刑事政策研究》(韩国刑事政策研究院),1996年第7卷第4号,第61页。

刑事司法模式的影响,慎刑罚、常赦免等恤刑主义做法仍是现代韩国刑事司法的常态化表现。

## 四、对我国的启示

儒家文化不仅对韩国社会产生了较大影响,而且在古代与近代朝鲜就形成了儒教化刑事司法模式,这种模式一直延续到现代韩国的刑事司法当中。尽管随着社会的发展,新近韩国刑事司法模式不断融入大量英美法元素,儒家文化色彩逐渐淡化,但这种变化本身就是在作为一种立场与方法的儒家文化的支撑下,以主体视角审视其他文化,以包容态度吸收其他文化,在文化发展的同时,也促进了刑事司法制度的不断完善。韩国的做法无疑对我国具有一定的启示意义。

### (一)现代化并不意味着与传统思想文化的割裂

事物的发展是否定之否定,否定之否定不是与传统的彻底割裂,而是建立在传统的基础上不断超越的过程。儒家思想文化在韩国的传承是自然而流畅的,即使是在外来势力侵入及多元文化冲击的情况下,也从未动摇儒家思想文化的主导地位。也正是在儒家思想文化的支撑下,韩国比较顺利地实现了现代化转型,既未造成精神世界的空虚与背离,也未产生社会的动荡与不安,保持了良好的法律承继,这是我国法制建设中值得重视和学习的。

### (二)刑事司法制度的发展应是整个社会转型的一部分

韩国刑事司法制度的发展是以整个社会的同步发展为基础的,在儒家文化根深蒂固的情况下,刑事司法制度必然会受到儒家文化的影响。刑事司法不是简单的法律适用活动,而是与整个社会秩序与和谐联系在一起,以创建社会和谐为最终目标。在“原心定罪”原则的指导下,刑事司法更注重对犯罪人主观恶性的考量,使犯罪人重新回归社会成为刑事司法的一个重要目标。我国刑事司法经历了由重犯罪惩罚到惩罚犯罪与保障人权并重的过程,但由于缺乏民族主体文化的支撑,刑事司法改革难与社会发展同步,出现社会发展成果难以及时促进刑事司法改革的状况,刑事司法改革缺乏系统性,难以为社会发展提供充分保障,我国《刑事诉讼法》艰难的修改历程及司法公信力不高的现状就从不同视角反映了这一问题。

(三)以主体视角来审视其他刑事司法模式

法律文化的民族性塑造了刑事司法模式的特殊性,进而彰显了主体性。韩国秉承儒家思想文化,但儒家“和而不同”的思想并没有造成狭隘的刑事司法观,相反,韩国以一种更加积极、开放的态度面对世界各种刑事司法模式,以主体视角审视各种刑事司法模式,并对自身刑事司法模式进行着适时调整。由较为浓厚的大陆法系色彩到融入诸多英美法系的元素,刑事司法模式更加突出以我为主的有效性与合理性。我国自1979年《刑事诉讼法》颁布以来,已进行了三次修改,每次变动也都吸收借鉴了一些国外立法经验,但由于缺乏主体文化支撑的基于主体视角的自我需要审视,法律借鉴带有一定的试验性,缺乏系统性。

(四)注重刑事诉讼制度的多元化价值取向

韩国刑事诉讼制度由于受日本殖民统治的影响,即使独立后,开始也仍然采用了大陆法系职权主义的诉讼模式,后期虽受英美法系的影响,借鉴了诸多当事人主义诉讼模式的元素,呈现混合式诉讼模式的特点,但在儒家思想的影响下,韩国注重对伦理纲常的维护,重视对礼俗的法律保护,无论是刑法还是刑事诉讼法中,都折射出浓浓的儒家文化色彩。这表明韩国并不以惩治犯罪作为刑事诉讼的唯一价值取向,还彰显对维护伦理亲情进而实现社会和谐这一价值取向的追求。而我国由于儒家思想文化在传承中出现断裂,致使刑事诉讼的价值取向侧重于对犯罪的惩治和打击,对伦理亲情的关注不够,不利于和谐社会的生成。

(五)注重刑事诉讼制度的系统性建设

儒家思想文化的一个重要特点是强调系统的整体性,注重从整体视角审视结构的组成。现代韩国刑事司法模式注重结构的整体性,如在立法中确立无罪推定、不被强迫自证其罪等原则的同时,赋予被追诉人沉默权,并为沉默权的实现设置了充分的保障手段。比较而言,我国在2018年《刑事诉讼法》第52条中规定了“不得强迫任何人证实自己有罪”,但在第120条中又为犯罪嫌疑人设置了“应当如实回答”的义务,这种结构上的矛盾为准确理解和适用《刑事诉讼法》造成障碍。

(六)注意立法的适时性

儒家思想文化塑造了独特的韩国刑事司法模式,同时也造就了与其他刑事司法模式的差异性。差异导致比较,比较产生借鉴,借鉴促进完善。韩国采用的是积小变为大变的立法方式,也就是经常性地进行局部立法调整,待时机成熟时进行一次较大规模的调整。韩国自 1954 年颁布刑事诉讼法典以来,截至 2002 年,已经进行了 11 次修改,之后又分别于 2004 年、2005 年、2006 年,对《韩国刑事诉讼法》进行了几次局部调整,2007 年则对《韩国刑事诉讼法》进行了一次较大规模的调整,之后到目前,又进行了多次局部修改。而我国自 1979 年《刑事诉讼法》颁布以来,分别于 1996 年、2012 年、2018 年进行了三次修改,采取的是"要么不变,变则大变"的方式。这种做法导致:一是一些成熟经验不能及时转化为立法内容;二是由于长时间不变,一旦大规模变动,必然会引起较大争议及社会波动。比较而言,韩国的立法方式无疑对完善我国刑事司法模式具有一定的启示作用。

## 第四节 儒家思想对建构现代刑事司法模式的意义

我国正致力于法治建设,不断推进司法改革进程。法治建设不是机械地模仿,司法改革也不是盲目地改变,而是应根据社会需要,遵循社会发展规律,在统一思想的引领下,科学设计,循序渐进。就建构现代刑事司法模式而言,儒家思想无论是在建构立场、建构路径、司法价值取向方面,还是对刑事诉讼原则、刑事诉讼制度的具体建构方面,均具有重要的现实意义和价值。

### 一、对建构立场与路径的影响

#### (一)对建构立场的影响

任何一种刑事司法模式的形成既不是偶然的事情,也不是随意选择的结果,而是与一个民族的思想文化密切联系在一起。"文化,就是吾人生活所依靠之一切。如吾人生活,必依靠于农工生产。农工如何生产,凡其所有器具技术及其相关之社会制度等等,便都是文化之一大重要部分。又如吾人生活,必依靠于社会之治安,必依靠于社会之有条理有秩序而后可。那么,所有产生此治安此条理秩序,且维持它的,如国家政治,法律制度,宗教信仰,道德习惯,法庭警察军队等,亦莫不为文化重要部分。又如吾人生来一无所能,一切都靠后天学习而后能之。于是一切教育设施,遂不可少;而文化之传播与不断进步,亦即在此。那当然,若文字、图书、学术、学校,及其相类相关之事,更是文化了。"① 一个民族之所以存在自我的生活样法,之所以形成自我的文化,关键还是由于对待意欲的态度不同。② 意欲是建立在需要基础之上,但又不同于需要,需要更是一种客观存在,而欲望则表现为一种主观愿望。正如梁漱溟先生所言:"人生从一堕地便带来了种种缺乏(缺食、缺衣、缺……)或说带来了一连串待解决的问题,此即欲望之本,而苦亦即在是焉。苦非缺乏不得其满足之谓乎?苦非问题不得其解决之谓乎?很明白,苦是与生俱来的。"③"欲望通常表现于吾人意识上,而欲望之本则在此身。"④需要是客观的,但有了需要不一定就必须要生成满足的欲望,有了欲望也不是一定要不择手段地追求实现,由此导致了不同的人生路向。西方一般坚持有了需要就一定要生成欲望,有了欲望就一定要追求实现,但需要是多方位、多层次的,由此导致欲望的无止境,直到最终无法满足而陷入烦乱苦恼之中,痛苦不已。"所谓问题的解决,除掉引入一更高更难的问题外没有他义。其最后便将引到一个无由解决的问题为止。"⑤儒家虽然承认需要的客观存在,并且也认为需要是人不断积极向上的内在驱动力,但儒家不主张欲望的泛滥,而是强调人具有把控自我的本性和能力,通过对欲望的有效抑制,人能够实现自我的和谐,进而促进社会的和谐。为了保持人之善的本性,需要不断加强道德修养,道德的主要依傍是礼和乐,通过礼来约束人的外在行为,通过乐来充盈人的内心,进而实现内与外的和谐。礼发挥作用的范围是伦理关系,伦理关系的基础是情感,情感的要求是付出,只有在

---

① 梁漱溟:《中国文化要义》(第2版),上海人民出版社2011年版,第7页。

② 参见梁漱溟:《人生的三路向:宗教、道德与人生》,当代中国出版社2010年版,第11页。

③ 同上书,第15页。

④ 同上。

⑤ 同上书,第16页。

情感之中,人们才甘愿付出,也只有在付出之中,才能实现伦理关系的和谐。当伦理关系中的礼演化为普遍之路道时,就会成为一种风尚。“这就为人们在社会中总要有能以彼此相安共处的一种路道,而后乃得成社会共同生活。此通行路道取得公认和共信便成为当时当地的礼俗。凡行事合于礼俗,就为其社会所崇奖而称之为道德;反之,则认为不道德而受排斥。”①“就在儒家领导之下,二千多年间,中国人养成一种社会风尚,或民族精神,除最近数十年浸浸澌灭,今已不易见外,过去中国人的生存,及其民族生命之开拓,胥赖于此。这种精神,分析言之,约有两点:一为向上之心强,一为相与之情厚。”②由两者可以概括出中华民族的诸项精神和美德,如崇尚和善、勤劳勇敢、吃苦耐劳、仁义礼让、坚忍执着、甘愿付出、孝敬父母、尊老爱幼、礼师信友、扶危济困、乐善好施等,无不是支撑中华民族不断向上的精神支柱。这些精神和美德既是中华民族传统文化的灵魂所在,也是新时期中华民族走向伟大复兴的精神力量源泉。“它既不是刻在石头上,也不是刻在青铜上,而是刻在公民的心里,它造就国家的真正架构,并且每天都在获得新的力量;当其他法律过时或失效时,它使其焕发活力或取而代之,使一个民族保持其创立制度的精神,不知不觉地用习惯的力量代替权威的力量。我说的是风尚、习俗,尤其是舆论,它还不为我们的政治家们所知,但其他方面的成功全都取决于此;伟大的立法者暗自关注着这个问题,而他表面上只限于制定个别的规章,这些个别的规章只是穹隆的支架,而慢慢形成的风尚才是穹隆的撼不动的拱心石。”③儒家思想对建构现代刑事司法模式立场方面的影响主要体现在以下三个方面:

第一,以儒家和谐观、公平正义观、伦理观为依托,准确定位刑事司法的基本走向。我们进行法治建设,进行司法制度改革,进行刑事司法模式的建构,都离不开文化的支撑。只有在文化的支撑下,我们才能真正领悟到我们的需要是什么,因为文化不过是生活的样法,懂得了我们

① 梁漱溟:《人生的三路向:宗教、道德与人生》,当代中国出版社 2010 年版,第 125 页。
② 同上书,第 115 页。
③ [法]卢梭:《社会契约论》,杨国政译,陕西人民出版社 2004 年版,第 48 页。

自身的生活,才能了解我们自身的需要,才能确定我们身处何处,也才能把握我们要走向何方,一个迷失的人无论走向哪里都是毫无意义且极其危险的,正如邓正来教授所说:“我认为,不知道目的地,选择走哪条路或确定如何走某条路都是无甚意义的;然而,不知道目的地的性质,无论选择哪条路还是确定如何走某条路,却都有可能把我们引向深渊。”①我们所走过的路已经印证了这一点,没有思想文化的指引,我们就很难把握自我,没有思想文化的支撑,我们就易于迷失路途。基于儒家思想所形成的中华民族传统文化并未过时,基于传统文化所形成的风尚、习俗并未消失,无论对刑事司法模式进行怎样的设计和选择,它都必须与我们的生活样法相一致,只有植根于民族文化基础之上,才能够具有勃勃的生机与活力。儒家和谐思想对于准确把握刑事司法的终极价值目标,无疑具有积极意义。基于古体“灋”字所蕴含的对公平正义的理想追求,则有助于准确定位刑事司法的基本价值走向。维护伦理纲常以及崇尚基于仁爱的恤刑及人道主义精神等,对于具体架构刑事诉讼更是具有不可替代的价值。

第二,以儒家“天下本位观”为基础,尊重普适性的刑事诉讼原则与制度。“天下本位观”构成了儒家法思想的最高价值目标,对此俞荣根教授认为:“儒家‘法先王’的法学运思模式为现实社会树立了一种理想法。这种理想法在价值追求上超越了一家一国的利益而指向天下的利益,这就是‘大同’世界的‘天下为公’之法,或‘公天下之法’。它体现了儒家伦理法的终极关怀,儒家思想家总是将‘天下’置于个人和国家之上。”②儒家天下本位观的当代价值至少体现在两个方面:一是要以天下为己任,引领天下共同走向繁荣。中华民族正在走向伟大复兴的路上,民族复兴与世界繁荣紧密相连,只有世界繁荣,才能真正实现一个民族的伟大复兴,而世界繁荣又是每一个民族所需要共同承担的责任,中华民族复兴之际,有责任引领世界共同走向繁荣,这是天下国与帝国的最大不同之处。“一带一路”倡议的提出与推行就是一个

---

① 邓正来:《中国法学向何处去》,商务印书馆 2006 年版,第 1 页。

② 俞荣根:《儒家法思想通论》(修订版),商务印书馆 2018 年版,第 153 ~ 154 页。

典型的事例,“一带一路”的出发点不是为了中华民族的一己之利,也不局于几个国家或区域国家的小团体利益,而是将整个人类视为命运共同体,胸怀天下,放眼世界,通过“政策沟通”“设施联通”“贸易畅通”“资金融通”,最终实现“民心相通”,达至理想中的“大同世界”。二是要融入天下,尊重普适性文化与制度。在人类共性文化与制度面前,我们没有标新立异的必要,这是融入天下的前提和基础,同时也是与我们民族文化相契合的结果。对普适性的刑事诉讼文化与制度,我们理应表现出应有的尊重与接纳,这不仅仅是出于一种态度上的考虑,更是基于满足自我现实需要的考量。

第三,基于儒家“和而不同”思想,充分尊重刑事诉讼文化与制度的差异。在完全相同的情况下,不存在“和”的问题,只有当差别性存在的时候,才涉及如何在不同中共存、共生、共荣的问题。而如何在不同的人及群体之间实现和谐,这无疑是问题的关键所在,对此,儒家的观点是“和而不同”。子曰:“君子和而不同,小人同而不和。”①“和”不单纯是一种和谐共存的关系状态,同时还意味着一种社会合力的生成。正是因为人与人之间的“不同”,才产生了“和”的必要性,也正是因为有了“和”,人与人之间才能和谐共存,社会才会不断进步和发展。对待其他不同的刑事诉讼文化与制度也应如此,既不要盲目地去求同,也不要刻意地去同化,而是要尊重差异性。因为差异性,世界才如此丰富多彩;因为差异性,彼此才有了互相借鉴的可能,在差异性中寻求共存、共生、共荣。

(二)对建构路径的影响

社会不断向前发展,法律制度也自然随之变化,由此刑事司法模式也在不断发展演进。从法律演进的基本形式和路径来看,主要包括法律继承、法律移植和法制改革。“所谓法律继承,就是不同历史类型的法律制度之间的延续、相继、继受,一般表现为旧法律制度(原有法)对新法律制度(现行法)的影响和新法律制度对旧法律制度的

---

① 《论语·子路》。

承接和继受。”①就应然视角而言，法律演进应当是基于国家和社会的内在需要，在文化的支撑下，缓慢向前推进的一个过程，但就具体演进状况来看，也不排除由外力所导致的被动演进情况。从近现代的发展历史来看，我国近现代的法律演进即始于被动，从清末变法到北洋军阀时期再到国民党政府时期，都是在外力的影响下，较为被动地开启了近现代化的转型历程。中华人民共和国成立后，对所有旧法采取了全盘否定的做法，由此导致了法律继承的断裂，1979 年《刑事诉讼法》所表现出的强职权主义刑事诉讼模式与该时期的社会状况相适应，突出了乱世用重典的做法，但却忽略了法律演进过程中的传承。1996 年《刑事诉讼法》、2012 年《刑事诉讼法》及 2018 年《刑事诉讼法》虽对《刑事诉讼法》进行了较大调整，但更多的是彰显了法律移植，在法律继承方面并无实质改变。如果通过法律移植就能达到完善的话，那么也就无须法律继承，问题的关键是基于传统思想文化所形成的社会风尚与习俗对社会的影响越来越大。突出对伦理亲情的维护，强化对道德建设的保障，加强司法促进社会和谐的作用，强调司法的教化功能等，这种呼声日益高涨。而法制建设过程中，对此类社会需要却关注不够，客观上造成了刑事司法模式的演进与社会生活需要衔接不够的状况，因此，在辩证的基础上，应加强对传统刑事司法模式中合理元素的继承，这已成为现时期法律演进的重要组成部分。法律继承强调的是对不同历史时期法律制度的纵向传承，法律移植则是指不同国家之间法律制度的互相借鉴。儒家思想是开放的思想，根据该思想所形成的文化也是开放的文化，儒家以“三人行必有我师”的谦虚姿态，来对待个体间的差异性，来强调取长补短的重要意义。儒家以大同世界来向世人展示人类的共同目标，来强调人类社会的趋同性，只要有利于实现和谐人生、和谐社会、大同世界的一切先进经验，都是值得互相学习和借鉴的内容。西方在法制建设方面起步较早，尤其是在刑事诉讼制度建设方面，更是远远地走在了前面。无论是大陆法系的职权主义诉讼模式，还是

① 张文显主编：《法理学》（第 4 版），高等教育出版社、北京大学出版社 2011 年版，第 161 页。

英美法系的当事人主义诉讼模式,程序公正、人权保障等诉讼理念已经深入人心,这与儒家的仁爱思想并无实质区别,但西方在程序公正与人权保障的具体举措方面,却更加具体到位。刑罚谦抑性及恢复性司法等理论与儒家恤刑及教化为先等思想亦有异曲同工之妙,但在技术层面,西方则更具有现实可操作性,这对于建构中国现代刑事司法模式无疑具有积极的借鉴意义。但无论进行怎样的法律移植或借鉴,都必须是建立在以我为主的立场上所进行的主动取舍,任何被动的或盲目的法律移植都有可能导致流于形式或水土不服,难以产生通过借鉴进而得到提高的效果。法律继承及法律移植都是建立在先前经验的基础上,当没有先前经验可循时,则涉及法制创新或法制改革问题。任何改革都是对先前的一种变革,而任何改革又都是建立在先前基础上的一种变革,至于向何方变及如何变则涉及思想引领的问题。只有在一种思想的引领下,这种法制改革才能不偏离总体发展方向,也只有在一种思想文化的支撑下,这种改革才能产生实效。例如,我国刑事诉讼中的刑事和解制度,其最初是生成于司法实践之中,而后才上升至法律制度层面,之所以会出现这种现象,并非出于偶然,而是暗合了儒家"和为贵"及司法应促进社会和谐的思想,当上述思想已经在大众生活中成为一种风尚时,那么,对与之相关的法律制度进行适时的调整,也就成了一种必然的选择。

## 二、对刑事司法价值取向的影响

任何刑事司法模式的形成都是基于一定的价值取向,因为价值问题决定了定位与走向,刑事司法的价值取向决定了刑事诉讼的立法规定,也会影响刑事诉讼的基本架构,还会对刑事司法的具体实践产生影响。如果将价值取向定位于惩罚犯罪、维护社会秩序,那么,在刑事诉讼立法与司法实践中,就会倾向于对实体公正的追求,就会淡化对刑事诉讼中国家权力的约束,进而就会对刑事诉讼中的权利保障重视不够。我国 1979 年刑事诉讼立法与司法实践中,就表现出了这样的一些特点,总体上表现出强化为实现惩罚犯罪所需的一切国家权力,而淡化被追诉人在刑事诉讼中的权利保障,客观上形成了强职权主义的刑事司法模式。1996 年《刑事诉讼法》及 2012 年《刑事诉讼法》均表现出不断强化刑事诉讼中的权利保障,逐步加强对刑事诉讼权利的制约的倾向,由单一追求实体公正到实体公正与程序公正并重,体现出了刑事诉讼二元价值取向的趋势。但无论是一元价值取向也好,还是二元价值取向或多元价值取向也好,都不是一个随意而为的事情,也不是一个随波逐流的事情,而是要基于对自我的清醒认知所作出的一种选择。文化是生活的样法,但不是所有的生活样法都是文化,只有被一个民族普遍认可的优秀样法,才能成为不断传承的民族文化。民族文化的价值不单纯是对历史的记载,更重要的是对于今天的意义,文化不仅是立足之本,更是作出选择的基础。没有文化的传承,我们就不清楚历史的经历;没有文化的记载,我们就不了解现在何以如此;没有文化的指引,我们就不知道该走向何方。传统民族思想文化直接影响法律及司法的价值取向,进而影响刑事司法模式的基本构成。

首先,从总体价值取向来看,法律及刑事司法的意义在于实现和谐社会。在儒家看来,法律存在的意义不在于其自身,而是为了达到"以刑去刑"的目的,"刑期于无刑"既是一种理想状态,也是一种理想追求,通过法律的作用,最终实现无法而能治的和谐社会状态。司法从直观上表现为法律适用活动,但法律的价值取向决定了司法的价值取向,司法不是一个简单的法律落实活动,而应成为促进和谐社会生成的重要组成部分。刑事司法的价值取向也是如此,不应只是单纯的定罪量刑活动,而应通过刑事司法来教化犯罪人,最终使之回归社会,达到不再犯罪的地步。现今我国正在倡导法治,主张依法治国,但对法治我们要有清醒的认识,法治国家、法治社会并非理想状态,法律只是一个社会最低的保障线,而非最高要求,一个离了法律就无法维持的社会不是理想社会。儒家所倡导的"德主刑辅"不是要否定法律的价值,只是表明法律不是最为理想的选择,因而不能成为治国的首选,只能作为德治的一种辅助。但在特定的历史阶段,当法律成为治国的主要手段时,我们只能理解为距离理想社会还有一段距离,而不是驻足不前,误以为到了理想境地。因此,从这个意义上来说,无论是法律还是司法,都不过是达至理想社会的手段而已,而非终极目标。

其次,从具体价值取向来看,刑事司法的价值取向是多元的,目的在于实现为一个民族或国家所珍视的诸项价值追求。从实体角度来看,刑事司法要以实现实体公正为目标,但公正本身就不是一个具体明确的概念,准确定罪量刑只不过是一个概括的表述,定罪量刑背后蕴含着诸多价值取向,如对生命健康的保护、对合法财产的保护、对自由的保护、对伦理道德的维护等,都是实体公正的应有之义。无论是从立法现状的视角来分析,还是从刑事司法实践的具体状况来看,刑事司法更加突出对犯罪的惩罚及对社会秩序的维护,而相对淡化对伦理亲情的维护,如我国刑法中规定了近亲属之间的包庇罪,刑事诉讼法中规定了近亲属之间并不享有免证权,这都表现出了为了打击犯罪而淡化包括亲情在内的情感的态度和做法。但近亲属之间的亲情是诸情感之中最为亲近、最为重要的,如果近亲属之间可以互相出卖,那么,人与人之间就会失去信任感,当亲人之间都不能建立信任关系时,社会就将陷入尔虞我诈的关系之中,和谐则无从谈起。因此,在刑事立法与司法实践中彰显对亲情的维护,并不是要纵容或肯定犯罪,而是对诸项冲突的价值进行平衡后,所作出的一种无奈的选择。就程序视角而言,刑事司法要实现程序公正,程序公正是一个较为宽泛的概念,从实质上来说,所谓程序公正就是以普遍认为公正的方式来进行刑事诉讼,在不同的历史时期,对公正的理解也不一致,从现代刑事诉讼来说,审判中立、公开审判、控辩平等对抗等均是程序公正的体现,总体上呈现出不断加强对犯罪嫌疑人、被告人权利保障的趋势,这实际上就是要彰显刑事诉讼的人道化、文明化。儒家倡导仁爱思想,恻隐之心为仁之端也,不愿见到他人陷入痛苦之中是仁应有之义,这种仁爱之心不应简单地理解为恤刑主义,还应扩展到刑事诉讼程序之中。中国古代野蛮的刑讯制度并不符合儒家的仁爱思想,也不属于中国古代刑事司法的专有制度,而是基于该时代生产力发展水平落后所作出的一种无奈的选择。强化对犯罪嫌疑人、被告人刑事诉讼权利的保障已经得到了世界的普遍认可,《世界人权宣言》及《公民权利与政治权利国际公约》等均突出了对刑事诉讼权利的保障,世界上大多数国家也都将无罪推定原则、不强迫自证其罪原则、有效辩护原则、控辩平等对抗原则等纳入了刑事诉讼立法之中。我国近年来不断强化对犯罪嫌疑人、被告人刑事诉讼权利的保障力度，现行《刑事诉讼法》第2条也规定了“尊重和保障人权”，但在相关原则的确立和保障方面，与国际通行规定及其他多数国家相比较，尚存在一定的差距，因此，有必要进一步强化，这不仅是要符合国际社会的发展潮流，而且也要与传统思想文化协调一致，从而才能促进和谐社会的生成。

### 三、对刑事诉讼构造的影响

刑事司法模式很重要的一个表征就是刑事诉讼的基本构造，也就是刑事诉讼中的主体地位及其相互关系。在刑事诉讼中，各主体的诉讼地位及其相互关系构成了刑事诉讼的基本架构，同时也表征了刑事诉讼的基本模式。儒家一直强调名分的重要性，而名分也是与地位相关联的一个概念，只有名分确定并适中，则无论是说话还是做事才能顺畅而成功。子曰：“野哉！由也！君子于其所不知，盖阙如也。名不正，则言不顺；言不顺，则事不成；事不成，则礼乐不兴；礼乐不兴，则刑罚不中；刑罚不中，则民无所措手足。故君子名之必可言也，言之必可行也，君子于其言，无所苟而已矣。”①

就刑事诉讼结构而言，名分首先意味着各刑事诉讼主体地位及其相互关系的合理定位。中国古代形成了较为典型的纠问式刑事诉讼模式，而纠问式刑事诉讼模式往往又与控审不分、法官专断、诉讼不人道等关联在一起，由此导致对儒家思想现代价值的质疑。对儒家思想价值的认识虽然不能脱离对具体制度的分析，但又不能仅仅局限在具体制度层面去认识儒家思想的现代价值。制度需要思想的指导，思想也需要通过制度来体现，但二者并不必然地保持一致。儒家虽在中国古代占据主导地位，但也存在被统治者歪曲利用以满足自身统治需要的情况。正如余英时先生所言：“中国历史上向来就有两个‘儒家’：一个是被迫害的儒家，一个是迫害人的‘儒家’。所以我们要严格的分清，谁是真正的儒家，谁是借儒家来得到某些政治利益的‘所谓’儒家思想。所以这些如果分清了，我们就不用犹豫，我们还可以继续讲儒家，我们还可以继续提倡儒家对文化的看法，对社会批判的看法，以及怎样

---

① 《论语·子路》。

和西方的人权、民主、自由结合起来。”因此,纠问式诉讼模式固然是在儒家思想占据主导地位的时期形成的,但不能说儒家思想必然导致纠问式诉讼模式。一种诉讼模式的形成不仅仅是思想的产物,还受生产力落后、科技不发达、人们认知能力有限等客观因素的制约,同时还受统治者统治需要的影响。即使单纯从思想层面出发,儒家思想也并不必然地与纠问式诉讼模式联系在一起。儒家在政治上主张贤人政治,作为掌权者一定要是圣贤之人,正所谓内圣外王。如果权力由圣贤之人掌控,那么即使权力集中,也不会导致权力的泛滥,而且还会大大降低权力运行成本。在治国方略上,儒家倡导德主刑辅,以道德为统领,以法律为保障。德主刑辅是一种理想化的治国方略,不仅成本低,而且易于生成和谐社会。但德主刑辅对人的道德素养要求也是比较高的,只有整个社会的道德水准较高时,道德才能发挥主导作用。如果一个社会的道德水准比较低,那么,道德发挥作用的空间就比较小,法律就会扮演较为重要的角色。当一个社会离了法律就无法正常运行,法律在实质上扮演主导角色时,那只能从另一个视角表明了道德水准的低下。儒家从未否定法律的作用,只不过从理想化的角度出发,将法律摆位在了辅助地位。但从现实的视角来看,社会是一个动态的发展过程,这种摆位也不是一成不变的,不能排除在特定的历史阶段,当一个社会的道德水准不足以支撑道德的主导地位时,法律就会处于主导地位。但从思想层面而言,儒家的确缺乏当法律成为主要治国方略时,应当如何去架构一个国家的政治及法律制度,从而保证权力不被滥用的内容。

与儒家不同的是,西方基于“人性恶”的考量,认为人性是不可靠的,在欲望的驱使下,出于利益最大化的考量,矛盾与纠纷在所难免。因此,必须通过法律来约束人们的行为,通过法律来定分止争,而掌权者的行为则是法律的主要调整对象。“正如权力的基本属性一样,权力本身无所谓善与恶,但是权力的掌控者因为人性的弱点,总是具有一种扩张的冲动。”①德国历史学家弗里德里希·迈内克认为:“一个被授予权力的人,总是面临着滥用权力的诱惑,面临着逾越正义和道德界线

① 苏惠渔、孙万怀:《论国家刑权力》,北京大学出版社 2006 年版,第 37 页。

的诱惑,人们可以把它比作附在权力上的一种咒语——它是不可抵抗的"[①]。也就是说,权力掌控者想滥用权力如同是一个不可摆脱的咒语,既然不可摆脱,那就只能从强化法律制度的层面入手,加强对权力掌控者外在行为的约束,使其不能越雷池一步,进而保证权力不脱离其运行的宗旨,使权力始终处于廉洁、高效运行之中。因此,西方一直注重法律在治国理政方面的价值,倡导法治,将法律作为治国的主要方略,并围绕法律的主导地位,建构了一整套政治及法律制度。在刑事诉讼中,控、辩、审三方主体及其相互关系构成了刑事诉讼的基本架构,控、辩是一种平等的对抗关系,而作为审判者则要保持一个居中裁判的角色,这就是对三方诉讼地位及相互关系的基本定位。这种定位不仅有助于实现诉讼目的,而且也有助于实现对权力的有效制约,进而有助于实现实体公正及程序公正。在西方倡导的审判中立、控审分离、控辩平等对抗、有效辩护、程序公正、无罪推定、不强迫自证其罪等这些基本的诉讼制度与原则面前,我们并没有标新立异的必要,这不仅符合基于当下社会道德水准对法律所进行的定位,同时也契合儒家名正言顺的思想,如果超越了这个定位,就会产生混乱,进而导致诸多问题的产生。我国到目前为止所出现的一系列冤假错案在一定程度上表明,由于在刑事诉讼中,出现了以侦查为中心而不是以审判为中心的错位现象,极端情况下甚至出现了审判者配合侦查机关、审查起诉机关完成追诉任务的关系紊乱问题,由此导致了部分冤假错案的发生。正是出于要名分确定并适中的考虑,所以要推行以审判为中心的司法改革,进一步理顺并明确控、辩、审三方主体的诉讼地位和相互关系,进而才能实现刑事诉讼的目标和价值。但就目前所进行的以审判为中心的改革状况来看,主要还是侧重于审判环节中的改革,突出审判者在审判阶段的中心地位。为了保证审判者能够独立公正行使裁判权,进行了去地方化、去行政化的配套改革;为了保证审判者能够拥有实质的裁判权,又进行了庭审实质化的改革。但总体上还是围绕审判阶段的中心地位而展开的,并没有进行实质性的拓展。以审判为中心不应简单地理解为到了

---

① Meinecke, *Machiavellism*, trans. by D. Scott, New Haven, 1957, p. 13.

审判阶段才以审判者为中心,而是应将审判者的中心地位贯穿整个刑事诉讼过程之中,无论是实体问题还是程序问题,只要是发生在追诉方与被追诉方之间且争议较大的,都应当由审判者居中裁决。现行刑事诉讼立法中,除逮捕外的其他强制措施均由侦查机关自行决定并执行,逮捕也不是由中立的审判者来裁决,而是由作为起诉者的检察机关来决定,由此导致现实中逮捕等强制措施的适用率较高,使犯罪嫌疑人先天地处于劣势地位,难以真正实现控、辩平等对抗。搜查、扣押以及技术侦查等同样如此,都涉及犯罪嫌疑人、被告人的财产权、隐私权等相关权利,但都是由侦查机关自行决定并执行,而不是由中立的审判者来决定。这一方面容易导致犯罪嫌疑人、被告人的权利被过度损减,另一方面也极易导致审判阶段以审判为中心难以实现。因为就现行我国刑事诉讼中非法证据排除规则来看,并不是实行绝对的非法证据排除规则,而是进行了区别对待。2018 年《刑事诉讼法》第 56 条第 1 款规定:"采用刑讯逼供等非法方法收集的犯罪嫌疑人、被告人供述和采用暴力、威胁等非法方法收集的证人证言、被害人陈述,应当予以排除。收集物证、书证不符合法定程序,可能严重影响司法公正的,应当予以补正或者作出合理解释;不能补正或者作出合理解释的,对该证据应当予以排除。"通过上述规定可以看出,就非法证据排除方面,立法对非法言词证据与对非法物证、书证的态度是不同的,就非法言词证据而言,实行的是绝对的排除主义,但就非法物证、书证来说,则实行的是有条件的排除,必须达到可能严重影响司法公正且不能补正或作出合理解释的程度。在搜查、扣押及技术侦查都由侦查机关自行决定并执行的情况下,几乎不可能存在不能补正或不能作出合理解释的情况,由此导致庭审中非法物证、书证排除规则作用有限,难以实现庭审实质化,以审判为中心也就自然难以落实。因此,应当将以审判为中心贯穿整个刑事诉讼之中,建立严格意义上的司法审查制,这既不是人云亦云,也不是照抄照搬,而是基于名正、言顺、事成的思想,将以审判为中心的司法改革落到实处。

法律制度只是一种基础性的保障,人的因素才是刑事司法的核心要素。司法体系和司法能力现代化的前提是司法主体的现代化,没有司法主体的现代化,司法体系现代化的意义就难以彰显,而司法能力现代化本身就是司法主体现代化的重要组成部分。司法主体现代化不单纯是政治素养和法律职业素养现代化的问题,同时还包括司法主体道德素养和人文素养的现代化。一个自身不和谐的司法者难以促进社会的和谐,而一个缺乏人文情怀的司法者也不可能处理好发生在人与人之间的事,儒家的道德观、伦理观、修身思想及人文理论对提升司法者的道德与人文素养,无疑是具有积极作用的。

## 四、对刑事诉讼基本制度的影响

### (一)对刑事诉讼原则的影响

刑事诉讼原则既是思想的集中体现,同时又是刑事诉讼中的统领,其他具体刑事诉讼规范均应合乎原则,并应与原则保持一致。儒家主张仁爱思想,政治上倡导仁政。就刑事诉讼而言,不冤枉无辜,不轻易使他人陷入被追诉的痛苦之处境,以文明、人道的方式对待被追诉人,这都应是仁之思想的应有之义。就现代社会而言,法律不过是民众普遍意志的体现,普遍民意形成过程中,必然要经历设身处地地考量,也就是所谓的"己所不欲,勿施于人"①,当自身被追诉时,期望得到何种对待,当这种意志成为普遍意志时,就会上升为国家意志,进而转化为法律。作为一个有着正常智识的人,是不会选择可以被任意纳入被追诉人的行列,因为毕竟成为被追诉人不是一件令人愉悦的事情。而一旦被追诉,也不会作出可以被野蛮、非人道对待的选择,因为这毕竟不是一种裁判后的处罚,而是待定过程中的一种非文明、非人道的对待。当上述普遍意志上升为法律后,就会体现为原则或规范。从原则视角而言,首先,体现为无罪推定原则。儒家倡导人性本善,在没有确定一个人有罪之前,推定一个人是善的,这也是儒家仁政思想的应有之义。但现行《刑事诉讼法》中,虽然在第 12 条中规定了"未经人民法院依法判决,对任何人都不得确定有罪"。但该规定并不能想当然地理解为是无罪推定原则的设定,更多的是表明有罪判定权专属于法院。深受儒家思想影响的韩国则在宪法和刑事诉讼法中均作出了明确规定,根

---

① 《论语·卫灵公》。

据《韩国宪法》第27条第4款的规定,“刑事被告人在作出有罪判决之前推定为无罪”,根据《韩国刑事诉讼法》第275条第2款的规定,“被告人在作出有罪判决之前推定为无罪”。我国无论是出于对传统思想文化的传承,还是出于对人权保障的现实考虑,还是从与世界接轨的需要出发,都应在宪法及刑事诉讼法中明确无罪推定原则。其次,是不强迫自证其罪原则,强迫他人证实自己有罪是与儒家仁爱思想相背离的一种做法,也是刑事诉讼中野蛮非人道的表现。我国2018年《刑事诉讼法》第52条虽然规定了“不得强迫任何人证实自己有罪”,但在第120条中却又规定了“犯罪嫌疑人对侦查人员的提问,应当如实回答”。这种前后矛盾的表述很难理解为该项原则已经实质确立,因为没有沉默权的保障,该项原则的规定就难以实现。儒家倡导和谐,和谐则意味着机体的有机统一,正所谓:“喜怒哀乐之未发,谓之中;发而皆中节,谓之和。中也者,天下之大本也;和也者,天下之达道也。致中和,天地位焉,万物育焉。”[①]如果机体内部本身就处于矛盾之中,那么就很难产生真正的和谐,“正直中和之谓德”[②],如果机体自身不和谐,自然也就无法产生预期的和谐效果。《韩国宪法》第12条第2款中明确规定了沉默权,《韩国刑事诉讼法》第200条及第283条也都作出了沉默权的规定。我国势必也要在这种矛盾的规定中作出抉择,如果选择了“不强迫自证其罪”,那么,就必然要设定沉默权,但无论是从应然视角考虑,还是从实然需要出发,都应在宪法及刑事诉讼法中确立“不强迫自证其罪”原则,并设置沉默权来保障该项原则的有效实施。另外,我国2018年《刑事诉讼法》第7条规定:“人民法院、人民检察院和公安机关进行刑事诉讼,应当分工负责,互相配合,互相制约,以保证准确有效地执行法律。”如果侦查机关、审查起诉机关、审判机关三机关互相配合,那么,将使犯罪嫌疑人、被告人处于更加弱势的地位,客观上形成了个体以一己之力来对抗整个国家司法权力的状况,其结果可想而知,不仅不符合儒家的仁爱思想,也与人权保障理念相背离,因此,应当适时取

---

① 《礼记·中庸》。

② 《资治通鉴·周纪一》。

消该项原则,以保持整个刑事诉讼机体的协调统一。

(二)对刑事诉讼具体制度的影响

刑事诉讼模式主要通过刑事诉讼制度体现出来,儒家思想对刑事诉讼模式的影响,也主要通过对刑事诉讼制度的影响具体表现出来。我国现行刑事诉讼制度与刑事诉讼的价值取向基本一致,由注重实体公正到实体公正与程序公正并重,但在公正内涵的理解上,尤其是程序公正内涵的界定上,更多的是表现为公开、自由、平等、权力制约及权利保障等,而对和谐等价值取向则关注不够,由此导致刑事司法只是一个依法治罪科刑的活动,对促进个体和谐及社会和谐方面则贡献不够。因此,在和谐社会价值观的引领下,也应对刑事诉讼制度进行适当的调整,使其成为促进和谐个体及和谐社会的重要组成部分。

1. 维护伦理道德方面

伦理纲常是个体及社会和谐的基础,在儒家看来,人是伦理之人,社会是伦理社会,道德治理在先,法律惩治在后,突破道德底线之时,才是法律发挥作用之时。法律发挥作用也不是简单地依律定罪处罚,而是要配合道德实现教化功能,进而实现和谐个人及和谐社会。为此,在法律制度层面,要彰显对伦理道德的维护。

首先,要突出对尊亲属的特别保护。尊卑有序、长幼有序是维护一个家庭和谐的前提,也是促进社会和谐的基础,某种意义上可以说,对尊亲属的特别保护,就是对和谐家庭乃至和谐社会的保护,因为这是维护一个家庭乃至社会和谐的必要保障。另外,如果一个人对尊亲属都达到了犯罪的程度,那么,也足以说明此人的主观恶性之重,对其进行严厉惩治也就有了理论依据及现实必要性。韩国非常重视对尊亲属的特别保护,其刑法关于杀人罪、故意伤害罪、虐待罪等诸项规定中,均作出了对尊亲属犯罪要较普通情况更重的处罚,以此来彰显对尊亲属的特别保护。这种看似不平等的规定,恰恰是维护家庭乃至社会和谐的关键,我国刑事立法中,也应不同程度地彰显对尊亲属的特别保护,以维护一个家庭及社会实现和谐所必需的伦理道德。

其次,对亲属间包庇罪的宽容。任何犯罪都是具有社会危害性的,但并非所有危害社会的行为都要予以犯罪化处理,这需要在诸多利益冲突当中进行平衡,然后再作出价值选择。韩国在维护亲属间和谐与惩治包庇犯罪行为之间进行了利益的取舍,对于亲属或同居家属之间的包庇犯罪行为予以了宽容对待,《韩国刑法典》第 155 条第 4 款明确规定了不予处罚亲属或同居家属间的包庇行为,以此来彰显亲属或同居家属间和谐的重要性。对同样重视亲情关系的中国社会而言,也应在二者之间进行一种价值判断,向亲情方面进行适当倾斜,这不是对犯罪的一种放纵,而是在冲突的利益当中,所进行的一种无奈的选择,因为毕竟不能在惩治不和谐行为的过程中,再次制造不和谐,这并非一种理想的选择。

最后,确立亲属间的免证权。和谐社会关系的基础是互相信任,如果连亲属间都不能互相信任,那么,和谐家庭、和谐社会就无从谈起。我国现行《刑事诉讼法》规定了"凡是知道案件情况的人,都有作证的义务",表明了注重惩治犯罪的态度。惩治犯罪的目的在于创造和谐社会,而此种做法在惩治的过程中却又动摇了和谐社会的根基,使亲人之间为此而成了互相出卖的关系,因此,无论是从维护亲情和谐的视角出发,还是出于利弊大小的权衡考虑,都应当确立亲属间的免证权。《韩国刑事诉讼法》第 148 条规定了亲属间的拒证权,除此之外,还规定了因特殊职业而导致的拒证权,如《韩国刑事诉讼法》第 149 条规定:"律师、辩护人、公证人、注册会计师、税务师、代书者、医师、中医师、牙医师、药师、药材师、助产师、护士、宗教职业者或曾为这些职业者,因其业务上受委托的关系所获知的事实,属于涉及他人秘密的,可以拒绝作证。但有本人允许或在重大公益上有必要的除外。"我国也应参照韩国做法,对刑事诉讼采取多元价值取向,在刑事诉讼法中确立亲属间及基于特殊职业所产生的拒证权,使刑事诉讼制度的价值取向与刑事诉讼的终极价值取向保持一致,不断促进和谐社会的生成。

2. 促进社会和谐方面

如果说刑事司法是促进社会和谐的重要组成部分,那么,这种功能主要通过刑事诉讼制度体现出来,这种和谐首先指刑事司法过程中的和谐,然后通过刑事司法促进和谐个体及和谐社会的形成。

首先,刑事和解制度是和谐在刑事司法过程中的直接体现。一直以来,刑事司法被视为是国家司法机关的专属领域,是依法定罪量刑的专门活动,无论是犯罪嫌疑人、被告人还是被害人,都只不过是刑事司法过程中的参与者,并不能左右刑事司法的结果,表明了司法权力刚性的一面。这种做法强调犯罪是对国家权威及法律权威的挑战和破坏,被害人只不过是法律所保护的法益载体,国家独占刑事司法权,虽然加害人、被害人有权利参与刑事诉讼过程,但却不能与司法者分享司法权力。从根本上来说,国家刑事司法权源于民众授予,民众基于自身惩治犯罪能力的有限,所以授权国家刑事司法权,以维护自身合法权益。因此,从这个意义上讲,国家既然是基于授权产生的,那么,就必然要认真履行职责,不允许有丝毫的懈怠。但是,在国家行使刑事司法权的过程中,作为授权人的被害人有无拒绝国家保护而选择自我解决的权利,则涉及权力让渡与回归的问题。就国家视角而言,既然已经被授予了刑事司法权,那么,就拥有了独立行使刑事司法权的资格,如果将自身权力部分转让给被害人,某种意义上可以视为是一种权力的让渡。但就被害人视角而言,国家刑事司法权本身就是由包括被害人在内的民众授权产生,而且这种授权可以视为是不得已的一种选择,一旦自身拥有了行使的能力,就应当收回并自行行使,因此,从这个意义上来说,将部分刑事司法权交由被害人行使,又可以视为是一种权力的回归,因为该权力本就属于授权人所有。国家刑事司法权存在的意义就在于通过惩治犯罪,维护被害人的合法权益,教化犯罪人以使之重新回归社会,最终促进和谐社会的形成。当犯罪情节和后果不是特别严重,加害人真心悔过且得到被害人谅解时,在不涉及公共利益、公共秩序、公共安全的情况下,如果一味地强调刑事司法权的刚性,对被害人及加害人的意见视而不见,这不仅背离了法律及刑事司法的意义和价值,而且也不利于和谐社会的生成,这种简单化、形式化的刑事司法某种意义上可以视为是国家的一种傲慢或懈怠,也是未认真履行职责的一种体现。正是基于上述考虑,2012 年《刑事诉讼法》修改时,首次在立法中确立了刑事和解制度,这对于从实质上保障被害人合法权益,对促进和谐司法、和谐社会的实现,无疑具有重要意义。但从目前立法规定来看,无论是在适用范围、适用程序方面,还是在配套措施保障方面,都需要进一步地加以完善。具体操作方面,可以考虑适当放宽刑事和解的适用范围,不只是局限在“因民间纠纷引起,涉嫌刑法分则第四章、第五章规定的犯罪案件,可能判处三年有期徒刑以下刑罚的”和“除渎职犯罪以外的可能判处七年有期徒刑以下刑罚的过失犯罪案件”。排除所有犯罪都是对法律所保护的社会关系的侵害情况,只要不是直接针对公共安全、公共秩序,只是针对被害人个体权益的犯罪,如果情节不是特别恶劣,加害人真诚悔过,被害人彻底谅解的,则可以考虑不受案件起因及可能判处刑罚的限制,而把这种决定权交由检察机关来自由裁量。因为刑罚的意义毕竟不是简单地定位于惩罚,而是要去除或转变犯罪人的主观恶性,使之重新回归社会,因此,对加害人的主观恶性的考量,是决定是否适用刑事和解制度的关键所在。对于主观恶性大、情节恶劣的犯罪行为,如果不进行刑事惩罚或不进行严厉刑事惩罚,就不足以平民愤、慰藉受害人、去除或扭转加害人主观恶性的话,那就必须要对犯罪予以刑事惩罚或严厉刑事惩罚。至于经济赔偿方面,如果加害人积极赔偿的话,则可以考虑不处罚、从轻或减轻处罚。如果加害人拒绝经济赔偿的话,则国家需要建立刑事被害人国家补偿制度等配套保障措施,对于符合条件的刑事被害人予以国家补偿。这不单纯是出于人道主义的考虑,也是国家因履行保护职责不到位所应承担的一种责任,同时还是被害人、国家与严重犯罪行为坚决不妥协的一种保障,避免出现“有钱能使鬼推磨”等被害人被迫接受刑事和解的现象。

其次,彰显刑事司法的教化功能。在儒家看来,犯罪是迷失自我的表现,因为人性是善的,其中善包括把控自我的能力,没有把控好自我,最终走向犯罪道路,这是个体失去自我的表现,也是失去羞耻心的结果。刑事司法实质上就是一个“救治”的过程,让失去自我的人重新找回自我,让犯罪的人重新拾回羞耻心,从这个意义上讲,刑罚也只不过是一副药剂而已,对症下药是对刑事司法者的基本要求。是药三分毒,刑罚也是一种不得已而为之的恶,不动用刑罚就能达到理想目标,是诸项选择中的首选,用轻刑就能达到的,尽量不用重刑,这不单纯是出于刑罚人道化的考虑,也是站在实现和谐社会视角的一种选择。但无论是对主观恶性的判断,还是对是否适用及适用何种刑罚的选择,都是需要司法者去把控的问题，在法律有着明确规定的情况下，司法者并无选择的余地，因为法律是民众普遍意志的体现，卢梭认为："不必再问该由谁来制定法律了，因为法律是普遍意志的约定；不必再问君主是否凌驾于法律之上，因为他也是国家的一员；不必再问法律是否可以不公正，因为谁都不会对自己不公正的；也不必再问人怎样才能既保持自由又服从法律，因为法律只不过是我们的意志的记录。"①法律规定得越明确具体，则越说明该规定是被普遍认可的成功经验，在这种规定面前，司法者只能选择无条件地适用，这也是大多数司法者最愿意看到的情景，有了问题立法中就有明确的对应答案。但通常情况下，除了程序性、技术性较强的规定之外，法律不会直接给予明确而具体的答案，只是作出一个框架性的规定，为司法者设置一个上限或下限，框架内存在诸多选择，这也是司法者自由裁量权的存在空间。"世界上没有一个国家能订出足够的法规来规定人们的一切言论和行为，这种事情是不可能办到的；这样就必然会得出一个结论说：在法律未加规定的一切行为中，人们有自由去做自己的理性认为最有利于自己的事情。"②对于法官来说，就是在理性的指引下，在法律设置的框架内，去寻找最为适合的答案。存在诸多选择，并不等于说司法者可以任意选择，因为在诸多选择当中，与一个具体案件相对应的既合理又合法的选择只能有一个，从这个角度来说，司法者就是为某个具体案件寻找答案的人，就这个具体案件而言，司法者也就是立法者，因为一旦其所选择的答案被普遍接受，就会成为判例或判例法的组成部分。而如何作出一个正确的选择则涉及司法者的素养问题，之所以要求一个法官不仅要懂法律还要懂政治，其实也就是这个意思。如果法律均规定得明确具体，那么，法官只需懂法律即可，因为所有答案均可在法律中找到，但如果是这样的话，那么，法官也就没有了存在的必要性，因为法官的价值就在于自由裁量。法官懂政治，实际上就是要求法官在答案不明确时，在诸多选择当中，作出一个既符合普遍民意又符合社会发展规律，还要有助于促

① [法]卢梭：《社会契约论》，杨国政译，陕西人民出版社2004年版，第32页。

② [英]霍布斯：《利维坦》，黎思复、黎廷弼译，商务印书馆1985年版，第164页。

进社会和谐的选择,这就是法官应有的政治素养。因此,法官素养的高低决定了司法效果的好坏,“没有合适的人,立法、守法、司法皆成空谈”①。从目前我国刑事司法的努力方向来看,一方面要不断提升司法队伍的整体素养,不断提高司法者的政治素养、人文素养及法律素养,同时还要不断推进法律职业化进程,加强法律职业保障制度建设。另一方面,要充分利用现代科技成果,通过人工智能等辅助手段,来帮助司法者解决程式化问题,使司法者集中精力去研究人工智能等所无法解决的问题。因为刑事司法不是一个简单的定罪量刑过程,而是一个“治病救人”的活动,犯罪的发生虽有偶然性,但偶然之中有必然,因此,处理犯罪也不应简单化视之,而应结合犯罪的成因,结合犯罪行为人的具体情况,结合犯罪情节和后果等诸因素,综合判定犯罪行为人的主观恶性大小,并在此基础上,来慎重选择是否需要定罪量刑及如何定罪量刑。从这个意义上讲,刑事司法的过程也是一个道德教化的过程,一部缺乏道德基础的法律并非良法,同样,不具有道德教化功能的刑事司法也只是一种简单的惩罚活动,除了彰显法律的强制性、刑罚的惩罚性之外,并不能从实质上改变犯罪人,“因为法律一般说来是弱于情欲,只能约束人而不能改变人”②。能够对人的情欲发挥作用的主要还是道德,从教化的角度出发,法律只不过是辅助道德来彻底改变犯罪人的一种手段,缺乏教化功能的刑事司法,某种意义上可以视为是国家消极司法的表现,也可以视为是司法人员素质不高、司法技术粗糙的表现,因为无论是何种社会与国家,都不会将刑事司法简单地定位于惩罚性上,毕竟使犯罪人不再犯罪,使犯罪人重新回归社会,是每个社会与国家的一种理想追求。

最后,做好配套制度建设。儒家认为人性本善,但并不是说人就一定表现为善,也不是说善自然而然地就会与人永远相随,善虽非来自

---

① 夏锦文主编:《传承与创新:中国传统法律文化的现代价值》,中国人民大学出版社2012年版,第277页。

② 《卢梭文集——论人类不平等的起源和基础》,李常山、何兆武译,红旗出版社1997年版,第135页。

外,但也需要不断修身,否则就会容易迷失自我。修身不只是一个自我努力的过程,同时也需要外力的帮助,这种帮助最直接的表现就是教育。教育从外在来看,表现为一种知识的传授活动,但就实质而言,是帮助人保持善之本性,保持理性人生、道德人生、向上人生,最终成就和谐人生的一种方法。而在诸教育内容当中,人文教育应当处于基础地位,因为既然教育的目的是使人成之为人,那么,如何保持自我、成就和谐人生就成了教育的关键所在,这也就是所谓的人文教育。目前,我国的教育侧重于自然科学及社会科学知识的传授,却对人文教育关注不够。重视学校教育,而对家庭人文教育重视不足,由此导致了本末倒置的教育问题,一个人虽然满腹经纶,却不懂得做人,最终必然迷失自我,因为一个道德沦丧的人不可能成就和谐人生,一个不和谐的人不可能成就和谐社会。一个道德沦丧的人极易违法犯罪,而一个人文素养低下的司法者也难以担负促进社会和谐的重任。因此,应当加强人文教育,首先从强化家庭教育开始,从基本的礼俗教育入手,将人文教育贯穿学校教育的始终,将不断修身与反省自我作为人生中的重要组成部分,为和谐司法、和谐社会的形成奠定坚实的人文基础。另外,要不断完善社区矫正制度,因为刑事司法的最终目的是要促进社会和谐,社会和谐的基础是人的和谐,刑罚的意义更在于教化而不是惩罚,在选择适用刑罚时,应采取治病救人的态度,来慎重对待刑罚的适用,最终使犯罪人重新回归社会。监狱、看守所等监管场所是与社会隔离的区域,某种意义上相当于医院的重症监护室,隔离的目的在于救治,使之康复后,重新回归社会。如果在隔离区域内,不仅没有实现有效的救治,反而出现了“交叉感染”等现象,毕竟“故近朱者赤,近墨者黑;声和则响清,形正则影直”①。那么,这种隔离就是一个痛苦的等待过程,不会产生实质的救治效果。即使不存在“交叉感染”现象,一个人长期与社会隔离,这本身就增加了其重新回归社会的难度,因此,除非是将隔离社会作为治病救人的一种不得已的选择,否则,应尽量使犯罪人不脱离社会,以实现对其进行有效的社会教化。我国目前已经建立了社区矫正

① 《太子少傅箴》。

制度，根据 2018 年《刑事诉讼法》第 269 条的规定，“对被判处管制、宣告缓刑、假释或者暂予监外执行的罪犯，依法实行社区矫正，由社区矫正机构负责执行”。这是目前普遍适用的一种社会矫正方式，已经得到了世界多数国家的认可，我国从 2003 年开始进行试点建设，2009 年则在全国范围内，全面推行了社区矫正制度。从目前立法状况来看，社区矫正的适用范围相对有限，在适用程序及矫正方式、方法方面，也缺乏行之有效的法律规制。从实践状况来看，也存在形式化现象较为严重的问题，并未产生预期的矫正效果。而其中最大的就是矫正人员队伍建设问题，矫正的核心是人的思想及心理，改造一个人的思想无疑是最难的一项工程，因而也应当由最为优秀的人去从事这项工作。但现实社会中，社区工作人员连专门化、专业化的要求都未达到，多数仍由原有社区工作人员兼管矫正工作，能够维持日常的工作已经难得，难以进行针对性的矫正工作。因此，完善社区矫正制度的关键还是要不断加强社区工作人员的队伍建设，只有形成了高素质的社区工作人员队伍，才能使社区矫正真正产生实效。

综上所述，儒家思想不仅对中国古代产生了深远的影响，形成了独具中华文化特色的古代刑事司法模式，而且对于建构现代刑事司法模式，依然具有重要意义和价值。儒家刑事司法模式以和谐为理想目标，倡导“德主刑辅”，强调司法的教化功能，注重对人情伦理的维护，崇尚基于“仁”的恤刑思想，主张以刑去刑的司法价值观，上述思想和做法直到今天依然闪烁着智慧的光芒。尽管儒家思想在历史传承上曾遭遇波折，甚至曾一度遭到了毁灭性的破坏，但儒家思想并未就此消失，也从未被实质取代，其依然植根于每个中国人的内心之中，对中国的社会产生着实质的影响。在当今中国社会中，人们的伦理观念还是较强，比较注重人情观念，礼俗氛围依然浓厚，注重教育，有着积极的向上之心，贤人政治观念依然留存，天下本位观念仍然较为突出。这些不仅是儒家思想对当今社会产生影响的具体表现，同时也是儒家思想对中国社会进一步产生影响的社会基础。就儒家思想对建构现代刑事司法模式的影响而言，首先，表现为一种建构立场与路径上的影响。只有在民族文化的支撑下，才能准确把握自身的需要，并进而作出正确的选择。无论是法律继承、法律移植还是法制改革，都必须以民族文化为基础，否则，就易于迷失自我，进而走向歧途。其次，是对刑事司法价值的影响。刑事司法的终极价值取向仍在于促进和谐社会的形成，在具体价值取向方面，要突出价值取向的多元化，以实现为一个民族或国家所珍视的价值追求。再次，是对刑事诉讼构造的影响。要建立以审判为中心的司法模式，这不仅是刑事诉讼结构科学化、合理化的要求，也是儒家和谐思想在刑事诉讼构造方面的具体体现。最后，是对刑事诉讼基本制度的影响。基于儒家仁爱思想，明确确立无罪推定、不强迫自证其罪等原则，并对司法机关之间的互相配合原则进行适时调整。刑事诉讼制度要体现对伦理道德的维护，要彰显在促进社会和谐方面的价值，刑事司法不是一个简单的定罪量刑活动，而是促进社会和谐的重要组成部分。

# 结　语

实现和谐社会不仅是历代中国人的梦想，也是当今中国梦的应有之义。儒家以实现社会和谐为理想目标，认为人应当是理性之人、情感之人、向上之人、道德之人，秉持义务本位、伦理本位、道德本位、家庭本位、天下本位的社会哲学观，倡导无讼、仁政、德主刑辅、礼治、以刑去刑、教化为先的治国理政思想，认为刑事司法不应是一个简单的定罪量刑活动，而应成为促进社会和谐的重要组成部分。儒家思想既未消失，也未过时，在当今中国依旧具有深厚的社会基础，仍然影响着每个中国人的思想与行动，对于创建和谐中国、建构现代刑事司法模式，依然具有无可替代的意义和价值。只有植根于民族思想文化的基础之上，才能真切把握民众的普遍意志，才能摆正道德与法的社会地位及相互关系，才能准确地把控刑事诉讼改革的基本路向，才能以我为主地进行法律继承、法律移植和法制改革，最终形成以促进社会和谐为目标的现代刑事司法模式。法治社会并不等于和谐社会，德主刑辅也不是要否定法律的作用和价值，法律只是维护一个社会得以存在的最低保障线，并非创建理想社会的最高要求。只有在法治的基础上，充分发挥道德的教育与感化作用，不断强化人文基础教育，注重礼俗的正面引导作用，科学评价司法的目的和价值，重新审视刑事司法的教化功能，让自律、自强精神深入每个公民的内心，让“修身、齐家、治国、平天下”思想焕发新的时代意义，在道德的引领下，在法制的保障下，才能最终实现社会和谐。

# 参考文献


1. [英]霍布斯:《利维坦》,黎思复、黎廷弼译,商务印书馆 1985 年版。

2. [法]卢梭:《社会契约论》(第 3 版),何兆武译,商务印书馆 2003 年版。

3. [美]E. 博登海默:《法理学——法律哲学与法律方法》,邓正来译,中国政法大学出版社 1999 年版。

4. [法]卢梭:《社会契约论》,李平沤译,商务印书馆 2011 年版。

5. [英]洛克:《政府论》(下),叶启芳、瞿菊农译,商务印书馆 1964 年版。

6. 王伟光:《利益论》,人民出版社 2001 年版。

7. 张文显主编:《法理学》,法律出版社 1997 年版。

8. [法]爱尔维修:《论精神》,Chez Bassompière,Liège1938 年俄文版。

9. [法]托克维尔:《论美国的民主》(上卷),董果良译,商务印书馆 1991 年版。

10. 汪建成:《冲突与平衡——刑事程序理论的新视角》,北京大学出版社 2006 年版。

11. [英]霍布斯:《论公民》,应星、冯克利译,贵州人民出版社 2003 年版。

12. 陈瑞华:《刑事诉讼的前沿问题》(第 2 版),中国人民大学出版社 2005 年版。

13. 陈光中主编:《刑事诉讼法》(第 6 版),北京大学出版社、高等教育出版社 2016 年版。

14. 陈朴生:《刑事诉讼法实务》(增订版),台北,海天印刷厂有限公司 1981 年版。

15. 胡开诚:《刑事诉讼法论》,台北,三民书局股份有限公司 1980 年版。

16. [美]米尔伊安 · R. 达玛什卡:《司法和国家权力的多种面孔——比较视野中的法律程序》(修订版),郑戈译,中国政法大学出版社 2015 年版。

17. 梁漱溟:《东西文化及其哲学》(第 2 版),商务印书馆 1999 年版。

18. 陈卫东主编:《刑事诉讼法学》,高等教育出版社 2017 年版。

19. 张文显主编:《法理学》(第 4 版),高等教育出版社、北京大学出版社 2011 年版。

20. 梁漱溟:《人生的三路向:宗教、道德与人生》,当代中国出版社 2010 年版。

21. 梁漱溟:《中国文化要义》(第 2 版),上海人民出版社 2011 年版。

22. [英]伯特兰 · 罗素:《权力论:新社会分析》,吴友三译,商务印书馆 1991 年版。

23. 梁漱溟:《人心与人生》(第 2 版),上海人民出版社 2011 年版。

24. 费孝通:《乡土中国,生育制度》,北京大学出版社 1998 年版。

25. 陈光中:《中国古代司法制度》,北京大学出版社 2017 年版。

26. 金昌俊:《韩国刑法总论延边大学朝鲜韩国研究论集》第 9 辑,社会科学文献出版社 2016 年版。

27. [美]杜维明:《〈中庸〉洞见》,段德智译,人民出版社 2008 年版。

28.《韩国刑事诉讼法》,马相哲译,中国政法大学出版社 2004 年版。

29. [法]勒内 · 达维德:《当代主要法律体系》,漆竹生译,上海译文出版社 1984 年版。

30. 曾宪义主编:《中国法制史》(第 3 版),北京大学出版社、高等教育出版社 2013 年版。

31. 范忠信、陈景良主编:《中国法制史》,北京大学出版社 2007 年版。

32. 杨鸿烈:《中国法律对东亚诸国之影响》,中国政法大学出版社 1999 年版。

33. 任遂虎:《复兴的文明——新时代中国传统文化的归来与重生》,中国书籍出版社 2016 年版。

34. 范忠信、郑定、詹学农:《情理法与中国人》,中国人民大学出版社 1992 年版。

35. [法]孟德斯鸠:《论法的精神》(上册),张雁深译,商务印书馆 1982 年版。

36. 邓正来:《中国法学向何处去》,商务印书馆 2006 年版。

37.《卢梭文集——论人类不平等的起源和基础》,李常山、何兆武译,红旗出版社 1997 年版。

38. 余英时:《文史传统与文化重建》,生活·读书·新知三联书店 2012 年版。

39. 梁治平:《寻求自然秩序中的和谐:中国传统法律文化研究》,商务印书馆 2013 年版。

40. 李文玲:《中国古代刑事诉讼法史》,法律出版社 2011 年版。

41. 梁欣:《刑事诉讼文化论》,北京大学出版社 2011 年版。

42. [美]杜维明:《儒家传统与文明对话》,彭国翔编译,河北人民出版社 2006 年版。

43. 梁治平:《礼教与法律——法律移植时代的文化冲突》,上海书店出版社 2013 年版。

44. [德]何意志:《法治的东方经验:中国法律文化导论》,李中华译,北京大学出版社 2010 年版。

45. 熊十力:《体用论》,上海书店出版社 2009 年版。

46. 余英时:《中国文化史通释》,生活·读书·新知三联书店 2012

年版。

47. [美]杜维明:《体知儒学:儒家当代价值的九次对话》,浙江大学出版社 2012 年版。

48. 牟宗三:《中西哲学之会通十四讲》,吉林出版集团有限责任公司 2010 年版。

49. [美]本杰明·卡多佐:《司法过程的性质》,苏力译,商务印书馆 1998 年版。

50. 唐君毅:《中国人文精神之发展》,广西师范大学出版社 2005 年版。

51. 蔡仁厚:《儒学传统与时代》,河北人民出版社 2010 年版。

52. [美]塞缪尔·亨廷顿、[美]劳伦斯·哈里森主编:《文化的重要作用——价值观如何影响人类进步》(第 3 版),程克雄译,新华出版社 2010 年版。

53. 方朝晖:《文明的毁灭与新生:儒学与中国现代性研究》,中国人民大学出版社 2011 年版。

54. 张晋藩:《中国法律的传统与近代转型》(第 3 版),法律出版社 2009 年版。

55. 潘畅和:《东亚儒家文化圈的价值冲突:以古代朝鲜和日本的儒家文化比较为中心》,中国社会科学出版社 2012 年版。

56. 梁治平:《法辨:法律文化论集》,广西师范大学出版社 2015 年版。

57. 刘述先:《论儒家哲学的三个大时代》,贵州人民出版社 2009 年版。

58. 苏惠渔、孙万怀:《论国家刑权力》,北京大学出版社 2006 年版。

59. 梁漱溟:《梁漱溟先生讲孔孟》,商务印书馆 2011 年版。

60. [美]安乐哲:《和而不同——中西哲学的会通》,温海明等译,北京大学出版社 2009 年版。

61. 韩星:《儒家人文精神》,陕西人民出版社 2012 年版。

62. 唐君毅:《人生之体验》,广西师范大学出版社 2005 年版。

63. 唐君毅:《文化意识与道德理性》,广西师范大学出版社 2005 年版。

64. 何家弘主编:《检察制度比较研究》,中国检察出版社 2008 年版。

65. 张千帆:《为了人的尊严:中国古典政治哲学批判与重构》,中国民主法制出版社 2012 年版。

66. 曾宪义主编:《中国法制史》,北京大学出版社 2013 年版。

67. 张晋藩:《中华法制文明史》,法律出版社 2012 年版。

68. 张晋藩、林中:《法史钩沉话智库》,中国法制出版社 2016 年版。

69. 张晋藩:《中华法制文明的演进》,中国政法大学出版社 1999 年版。

70. 李贵连:《法治是什么:从贵族法治到民主法治》,广西师范大学出版社 2013 年版。

71. 李贵连、李启成:《中华法史三千年——法律思想简史》,中国民主法制出版社 2016 年版。

72. 段秋关:《中国现代法治及其历史根基》,商务印书馆 2018 年版。

73. 俞荣根:《儒家法思想通论》(修订版),商务印书馆 2018 年版。

74. 武树臣:《法家法律文化通论》,商务印书馆 2017 年版。

75. 武树臣:《中国传统法律文化》,北京大学出版社 1994 年版。

76. 范忠信:《中国法律传统的基本精神》,山东人民出版社 2001 年版。

77. 范忠信:《中西法文化的暗合与差异》,中国政法大学出版社 2001 年版。

78. 张中秋:《中西法律文化比较研究》(第 4 版),法律出版社 2009 年版。

79. 张仁善:《礼·法·社会:清代法律转型与社会变迁》,天津古籍出版社 2001 年版。

80. 瞿同祖:《中国法律与中国社会》,中华书局 2003 年版。

81. 黄源盛:《中国法史导论》,广西师范大学出版社 2014 年版。

82. 李启成:《中国法律史讲义》,北京大学出版社 2018 年版。

83. 马作武:《法律史思辨录》(修订版),法律出版社 2013 年版。

84. 段秋关:《新编中国法律思想史纲》,中国政法大学出版社 2008 年版。

85. 徐爱国:《法学的圣殿:西方法律思想与法学流派》,中国法制出版社 2016 年版。

## 图书在版编目(CIP)数据

儒家思想对刑事司法模式的影响研究 / 尹茂国著
. -- 北京 : 法律出版社, 2021
ISBN 978 - 7 - 5197 - 5486 - 0

Ⅰ. ①儒… Ⅱ. ①尹… Ⅲ. ①儒家-哲学思想-影响-刑法-研究-中国 Ⅳ. ①D924.04

中国版本图书馆 CIP 数据核字(2021)第 053881 号

**儒家思想对刑事司法模式的影响研究**
**RUJIA SIXIANG DUI XINGSHI SIFA MOSHI DE YINGXIANG YANJIU**

尹茂国 著

策划编辑 周丽君
责任编辑 周丽君
装帧设计 汪奇峰

**出版** 法律出版社
**总发行** 中国法律图书有限公司
**经销** 新华书店
**印刷** 北京虎彩文化传播有限公司
**责任校对** 王沁陶　杨锦华
**责任印制** 吕亚莉
**编辑统筹** 法律应用出版分社
**开本** A5
**印张** 8.375
**字数** 240 千
**版本** 2021 年 6 月第 1 版
**印次** 2021 年 6 月第 1 次印刷

法律出版社/北京市丰台区莲花池西里 7 号(100073)
网址/www.lawpress.com.cn
投稿邮箱/info@lawpress.com.cn
举报维权邮箱/jbwq@lawpress.com.cn
销售热线/400 - 660 - 8393
咨询电话/010 - 63939796

中国法律图书有限公司/北京市丰台区莲花池西里 7 号(100073)
全国各地中法图分、子公司销售电话:
统一销售客服/400 - 660 - 8393/6393
第一法律书店/010 - 83938432/8433　西安分公司/029 - 85330678　重庆分公司/023 - 67453036
上海分公司/021 - 62071639/1636　深圳分公司/0755 - 83072995

**书号**:ISBN 978 - 7 - 5197 - 5486 - 0　**定价**:45.00 元
(如有缺页或倒装,中国法律图书有限公司负责退换)